财政部"十三五"规划教材
应用经济学学科建设系列教材

现代产业经济学

王明友 高小珺 崔 纯 主 编

中国财经出版传媒集团
经济科学出版社
Economic Science Press

图书在版编目（CIP）数据

现代产业经济学/王明友，高小珺，崔纯主编．
—北京：经济科学出版社，2019.12
ISBN 978-7-5218-1175-9

Ⅰ.①现⋯　Ⅱ.①王⋯　②高⋯　③崔⋯　Ⅲ.①产业经济学　Ⅳ.①F260

中国版本图书馆 CIP 数据核字（2019）第 284330 号

责任编辑：宋　涛
责任校对：刘　昕
责任印制：李　鹏

现代产业经济学

王明友　高小珺　崔　纯　主　编
经济科学出版社出版、发行　新华书店经销
社址：北京市海淀区阜成路甲 28 号　邮编：100142
总编部电话：010-88191217　发行部电话：010-88191522
网址：www.esp.com.cn
电子邮件：esp@esp.com.cn
天猫网店：经济科学出版社旗舰店
网址：http://jjkxcbs.tmall.com
北京密兴印刷有限公司印装
787×1092　16 开　16.5 印张　330000 字
2019 年 12 月第 1 版　2019 年 12 月第 1 次印刷
ISBN 978-7-5218-1175-9　定价：52.00 元
（图书出现印装问题，本社负责调换。电话：010-88191510）
（版权所有　侵权必究　打击盗版　举报热线：010-88191661
QQ：2242791300　营销中心电话：010-88191537
电子邮箱：dbts@esp.com.cn）

前　言

产业经济学是应用经济学的重要分支。它以"产业"为研究对象，研究范围涉及：产业组织理论、产业结构理论、产业关联理论、产业布局理论、产业发展理论、产业政策理论等。其中产业组织理论主要是为了解决所谓的"马歇尔冲突"难题，也就是产业内企业的规模经济效应和企业之间的竞争活力的冲突。传统的产业组织理论体系主要由张伯伦、梅森、贝恩、谢勒等建立，形成了市场结构、市场行为和市场绩效理论范式（又称之为 SCP 模式）。20 世纪 70 年代，学者逐渐意识到 SCP 范式存在着缺点，引起了芝加哥经济学家的批判，进而形成了"芝加哥学派"，被其他人称之为"新产业组织理论"；在产业组织理论的基础上，产业经济学的研究进行扩展。产业结构理论主要研究产业结构的演变及其对经济发展的影响；产业关联理论侧重于研究产业的中间投入和中间产出之间的关系；产业布局理论主要研究影响产业布局的因素、产业布局与经济发展的关系、产业布局的基本原则等内容；产业发展理论主要研究产业发展过程中的规律、周期、影响因素等；产业政策理论主要研究产业政策调查、产业政策制定、产业政策评估等内容。

本教材主要由 14 章构成：

第一章是导论。从产业经济学的研究对象和学科性质来介绍现代产业经济学的研究内容，并从研究意义和研究方法来回答为什么要学习产业经济学以及如何学好产业经济学。

第二章是产业的主体：企业。重点对企业进行定义和分类，以分工理论、新制度经济理论为基础，探讨企业的目标、企业的结构和企业在产业中的地位与作用。

第三章是产业组织理论。主要阐述产业组织的定义与理论渊源，介绍竞争机制与资源配置效率的关系和规模经济、垄断与"马歇尔冲突"之间的联系。

第四章是市场结构。主要介绍市场结构的形态，阐述产业经济学研究的重点是不完全竞争市场，讨论不完全竞争市场的特点。

第五章是市场结构分析。主要介绍影响市场结构的因素和对反应市场结构的指标进行介绍。

第六章是市场行为：纵向控制。主要从纵向控制的角度分析在不完全竞争市场上，企业如何通过双重加成定价、捆绑销售等行为获得垄断地位。

第七章是市场行为：研究与创新。主要从研发与创新的角度分析在不完全竞争市场上，企业如何通过对研发的投入等行为获得垄断地位。

第八章是市场行为：企业并购。主要讨论企业如何通过并购行为在不完全竞争市场上获得垄断地位。

第九章是市场绩效。主要阐述了市场绩效的评价指标，以及影响市场绩效的因素。

第十章是市场结构。主要对市场结构进行概述，阐述了市场结构的演进规律、演进模式；讨论了市场结构优化，并对市场结构政策进行简要的说明。

第十一章是产业关联。主要系统地介绍了产业关联的分析方法，以及投入产出分析法的应用、产业波及效应分析。

第十二章是产业集群与产业布局。主要介绍了产业集群的概念、特征以及形成的条件等；产业布局的形成与发展，以及影响产业布局的因素。

第十三章是产业竞争力。通过对产业竞争理论的介绍，阐述产业竞争力的评价体系，以及提升产业竞争力的途径。

第十四章是经济全球化与产业分工。主要对产业经济学应用的扩展。阐述了经济全球化与产业分工的关系，介绍全球价值链，讨论了我国在全球价值链中的发展。

教材的编写组成员有：王明友、高小珺、崔纯、赵岫玉、李小路、高运、张连会、宋立、孙铭言、王薪棋、赵梦晴、赵微、张诗一、冯伟、杨楠、王慧杰、彭志、王莹莹、胡歆、李凤娇、张梦雅。

教材主要适用于经济学和管理学类本科生，以及产业经济学研究生的参考教材。

本教材是财政部的"十三五"规划教材。编写的过程中参考了国内外的经典教材，学者们的研究成果对本教材有很大的帮助，在此表示衷心的感谢，并对由于编写的疏忽而未能标出学者成果，深表歉意。由于时间仓促，本教材难免存在不足之处，敬请同行专家和广大读者不吝指正。

本教材的出版得到了经济科学出版社的支持，借此表示感谢！

编写组

2019.12.10

目　　录

第一章　导论 … 1
第一节　产业经济学的研究对象与学科性质 … 1
第二节　研究意义和研究方法 … 5

第二章　产业的主体：企业 … 8
第一节　企业理论 … 8
第二节　企业的目标 … 16
第三节　企业的结构 … 19
第四节　企业在产业中的地位与作用 … 24
本章案例 … 25

第三章　产业组织理论基础 … 27
第一节　产业组织的定义与理论渊源 … 27
第二节　竞争机制与资源配置效率 … 31
第三节　规模经济、垄断与"马歇尔冲突" … 32
本章案例 … 34

第四章　市场结构 … 37
第一节　市场结构及形态 … 37
第二节　完全竞争与完全垄断 … 39
第三节　垄断竞争市场与寡头垄断市场 … 43

第五章　市场结构分析 … 48
第一节　市场结构分析：市场集中度 … 48
第二节　市场结构分析：产品差异化 … 53
第三节　市场结构分析：进入壁垒 … 56
本章案例 … 58

第六章　市场行为：纵向控制 …… 60
- 第一节　双重加成定价 …… 60
- 第二节　捆绑销售与搭配销售 …… 62
- 第三节　古诺模型与伯川德模型 …… 68
- 第四节　纵向约束与纵向一体化 …… 73
- 本章案例 …… 79

第七章　市场行为：研发与创新 …… 82
- 第一节　研发与创新概述 …… 82
- 第二节　研发与创新激励 …… 84
- 第三节　厂商间的研究与开发合作 …… 89
- 第四节　研究与开发的模式与策略 …… 90
- 本章案例 …… 97

第八章　市场行为：企业并购 …… 100
- 第一节　企业并购概述 …… 100
- 第二节　横向并购 …… 107
- 第三节　纵向并购 …… 113
- 第四节　混合并购 …… 118
- 本章案例 …… 120

第九章　市场绩效 …… 123
- 第一节　市场绩效的评价指标 …… 123
- 第二节　市场结构与市场绩效 …… 129
- 第三节　市场行为与市场绩效 …… 136
- 本章案例 …… 148

第十章　产业结构 …… 151
- 第一节　产业及产业结构概述 …… 151
- 第二节　产业结构的演进规律 …… 159
- 第三节　产业结构的演进模式 …… 163
- 第四节　产业结构优化 …… 168
- 第五节　产业结构政策概述 …… 172
- 本章案例 …… 178

第十一章　产业关联 …… 180
- 第一节　产业关联概述 …… 180

第二节　产业关联分析方法：投入产出法 ……………………………… 183
　第三节　投入产出分析法的应用 ………………………………………… 188
　第四节　产业波及效应分析 ……………………………………………… 190
　本章案例 …………………………………………………………………… 192

第十二章　产业集群与产业布局 …………………………………………… 195
　第一节　产业集群 ………………………………………………………… 195
　第二节　产业布局 ………………………………………………………… 207
　本章案例 …………………………………………………………………… 220

第十三章　产业竞争力 ……………………………………………………… 224
　第一节　产业竞争力理论 ………………………………………………… 224
　第二节　产业竞争力评价 ………………………………………………… 226
　第三节　提升产业竞争力的途径 ………………………………………… 233
　本章案例 …………………………………………………………………… 236

第十四章　经济全球化与产业分工 ………………………………………… 240
　第一节　经济全球化与产业分工的关系 ………………………………… 240
　第二节　全球价值链 ……………………………………………………… 247
　第三节　我国在全球价值链中的发展 …………………………………… 250
　本章案例 …………………………………………………………………… 252

第一章 导　论

第一节　产业经济学的研究对象与学科性质

一、产业经济学的产生与发展

（一）产业经济学的产生

任何经济学都是社会经济发展到一定阶段的产物，都是为了说明和解决现实生活中存在的经济问题，适应经济发展的需要而形成和发展起来的。产业经济学也不例外，它是在第一次产业革命以后逐渐形成理论来源的。第二次世界大战以后，随着产业结构、产业组织、产业关联、产业选择、产业布局等因素在经济发展中的作用逐渐变大，产业经济学才成为一门新的学科。

产业经济学源远流长，最初把产业组织概念引入经济学，并提出其研究方向的是新古典学派经济学家马歇尔（A. Marshall）。他的名著《经济学原理》出版于1890年，他首先指出，组织可以提高经济效率，增加经济福利，并提出：（1）分工能提高效率；（2）专门工业集中于特定的地点能提高效率；（3）大规模生产也能提高效率。由于产业组织可以提高产业的经济效率，从而产业经济学（Industrial Economics）也称产业组织理论（Theory of Industrial Organization）。到20世纪初，随着现代制造业的兴起，产业经济学的研究开始了。张伯伦（E. H. Chamberhin）于1933年发表了《垄断竞争理论》一书，这本书重视寡头垄断这种市场结构在现代产业中的重要地位，并从理论上进行分析，对产业经济学也作出了贡献。伯利和米恩斯（A. Berle & G. Means）于1932年发表了《现代公司与私有财产》一书，详尽地分析了20世纪20年代到30年代美国的垄断产业和寡头垄断产业的实际情况。还有，梅森（E. Mason）第一个发表了有关产业组织体系的论文，并于1939年出版了《大企业的生产价格政策》一书。正是以上述一系列的理论研究为基础，才产生了产业经济学。

（二）产业经济学的发展

产业经济学产生至今不到90年。以1970年为界，大体可以分为两个阶段，或两次高潮。第一阶段（1930~1970年）以哈佛大学经济学教授梅森（E. Mason）和贝恩（J. Bain）为主要代表，形成了著名的"市场结构（Structure）—市场行为（Conduct）—市场绩效（Performance）"范式，简称SCP范式。SCP范式源于梅森和20世纪30年代其他学者的研究成果，特别是大量吸纳了张伯伦的学术观点。但是，明确形成SCP范式体系的却要归功于梅森的学生贝恩在理论方面的创造性工作。30年代，张伯伦和梅森首先在哈佛大学开设了产业组织课程。30年代后期，哈佛大学形成了产业组织研究小组，并运用案例研究的方法考察了美国主要行业的市场结构情况，并于1939年出版了美国主要产业在1935年的市场集中度资料。40~60年代，哈佛大学成为产业经济学研究的中心，贝恩也成了这方面的学术权威。这一时期的代表作是1959年贝恩出版的《产业组织论》，它首先提出了"结构—绩效"范式，是第一本系统论述产业经济学的著作，标志着产业经济学理论体系的基本形成。在随后的20多年一直被国外大学作为产业经济学的教科书。谢勒（Scherer）在1970年出版了《产业市场结构和经济绩效》一书，提出了完整的"结构—行为—绩效"范式，这也是SCP范式发展的第二阶段。总之，这一时期研究的基本脉络是运用案例研究和计量分析来建立和验证SCP范式，即"结构—行为—绩效"之间的内在逻辑关系。第二阶段（1970年至今）哈佛学派的主流产业经济学理论创立以来，一方面不断获得发展和完善；另一方面也不断受到批评和挑战。产业经济学的发展就分化成了两条主线：一条是代表主流学派、沿着SCP范式继续前进的"新产业组织学"；另一条是以芝加哥学派为首的其他非主流产业组织理论的崛起。前者的代表人物有考林（Cowling）、沃特森（Waterson）、鲍莫尔（Baumol）等人；后者以斯蒂格勒（Stigler）、德姆塞茨（Demsetz）、布罗兹恩（Y. Brozen）组成的芝加哥学派为代表。除此之外，还有重要的"后SCP"流派，引人注目的是以科斯（Coase）的交易费用理论为基础，由威廉姆森（Williamson）等人发展起来的"新制度经济学"。

二、产业经济学的研究对象和内容

（一）产业经济学的研究对象

产业经济学以"产业"为研究对象，主要包括产业结构、产业组织、产业发展、产业布局和产业政策等，探讨资本主义经济在以工业化为中心的经济发展中产业之间的关系结构、产业内的企业组织结构变化的规律、经济发展中内在的各种均衡问题等。通过研究为国家制定国民经济发展战略，为制定的产业政策提供经济理论依据。另外，中西方的产业经济学研究的对象是不同的。中国的产业经济学是以研究产业结构、产业关联、产业政策为主。而西方主要是受到马歇尔悖论（规模经济与垄断无效）的影响，其主要是研究产业组织，就是企业与企业之间的关系和反垄断。

（二）产业经济学的研究内容

产业经济学的研究内容包括产业分类理论、产业结构理论、产业关联理论、产业布局理论、产业组织理论、产业发展理论以及各大产业的发展规律及产业政策。研究产业类型的是产业分类理论；研究产业构成及其经济技术联系和变化规律的是产业结构理论；研究产业发展及产业升级换代的是产业结构优化理论；研究产业之间数量比例关系及其变化规律的是产业关联理论；研究产业在空间上分布及其变化规律的是产业布局理论；研究产业内部企业之间相互关系及其变化规律的是产业组织理论；研究各大产业、产业发展过程的是产业发展理论；研究以产业经济学基本理论作为指导，正确制定产业政策，以促进产业优化和发展的是产业政策理论。

三、产业经济学的学科性质、定位和地位

（一）产业经济学的学科性质

产业经济学是指按照某一共同特征而形成的企业群或企业集合，即产业、产业间的联系和联系方式、产业内企业之间关系等进行分析，以揭示产业发展演化规律的一门应用性学科。产业经济学是运用经济学的基本方法研究产业、产业之间或各产业内企业之间的关系。产业经济学以理论经济学为基础，研究产业活动的基本特征和规律，探讨制定产业政策的理论基础和方法，指导国民经济中各产业的运行和发展，实现资源在产业内、产业间的有效配置，具有鲜明的实践性和应用性。产业经济学也是一门应用经济学学科。

（二）产业经济学的学科定位

对于产业经济学的学科定位，在国际上的主流经济学界，早已达成的共识包括：

第一，产业经济学（Industrial Economics）等同于产业组织理论（Theory of animation）（某一产业内部、企业之间关系构成的"产业结构"，这种产业结构实质上是一种"市场结构"，是产业经济学得以建立的核心内容，这也是为何产业经济学又称产业组织学的原因）。产业经济学等同于应用价格理论（Applied Price Theory）。产业经济学属于应用微观经济学（Applied Microeconomics）。产业经济学是制定产业政策的理论基础。

第二，产业经济学是一门融合了经济学、管理学、文化学基本理论的学科。经济学和管理学是产业经济学的直接理论基础。经济学主要研究资源的有效配置问题以实现经济发展，其解决方式是市场机制；管理学主要研究如何将组织内有限资源进行有效整合以实现既定目标，其解决方式是行政指挥；研究产业经济学就是要寻找管理产业发展的良好方法，更有目的的促进经济的进步。文化学也是产业经济学的理论基础之一。各个国家的产业经济的发展规律除遵循普遍的产业经济规律之外，其表现形式都是寓于特定国家或地区特定的发展阶段之中的，必然包含自身特有的特征，这些特征都与该国该地区的文化传统有着密切的联系。所以研究一国或地区一段时间的产业问题必须考虑到自身的文化传统的特点。

第三，产业经济学是哲学社会科学的一个分支。哲学社会科学主要研究三个方面的问题：一是世界观、人生观、价值观的问题；二是理论认识和科学思维问题；三是社会规律和社会管理规律的认识和运用问题。而产业经济学是从属于第三个问题的，是揭示和运用产业发展规律的学科。

（三）产业经济学的学科地位与重要性

1. 从现代经济学科上分析产业经济学的地位

从现代经济学上看，产业经济学作为众多内容中的一个体系，内容较为完整。从经济内容体系中去看产业经济学，它随着经济在生产生活中的重要性提升，也越来越规范化和广泛化。产业经济学展示的是组织产业结构的特殊性，有助于人们认识经济的潜在规律，更能够成为人们进行经济行为的工具。产业经济学理论，不仅从概念上展示其专业的细化特质，更从其研究内容上，体现出经济的产业分析深入化。产业经济理论的完善和发展，更能够促进整体现代经济的发展。

2. 从微观经济学上分析产业经济学理论地位

从微观经济学角度出发，产业经济学理论，也是对其深入和细化的过程。微观经济学理论，作为经济学的一个重要组成部分，对于企业和个人在经济活动中的细化分析，都是为找到经济运行规律服务的。只有对其研究，才能看到产业经济学的个体作用，更能够从社会发展中，找到其相应的经济位置，从根本规律出发，找到产业经济学的相关组织结构地位，促进微观经济学的深入化和完善化，这也是和产业经济学的相关企业分工特点相符合的一个特性。

3. 从宏观经济学上分析产业经济学理论地位

从宏观经济学角度，可以看到在经济学的发展过程中对经济发展的影响性。每个时期，都应该根据发展特点，结合相关的理论框架，从而发展产业经济学理论。产业经济学从这样的整体出发，结合当前国民经济的特点，从而对经济结构能够起到广域上的整体量上的促进，能够促进国民经济的多样化和深入化。

第二节 研究意义和研究方法

一、产业经济学的学科体系

在综合国内外学者对产业经济学的研究成果的基础上,通过研究,认为中国特色产业经济学的学科体系包括以下几个方面:第一个层次,阐述产业经济学的研究对象、意义、方法,形成发展及理论基础,说明产业经济学主要是研究产业领域中有关人的经济行为的组织、结构、管理、对象、发展规律等,应用经济学研究产业经济学在于对产业经济发展规律的正确认识来指导产业经济的实践,以促进经济的有效发展。第二个层次,阐述产业经济学是一门融合了经济学、管理学与文化学基本理论的应用性经济学。就学科性质而言,它属于应用经济学的范畴。第三个层次,主体部分包括组织、结构、管理和发展四个方面。第四个层次,阐述产业经济学的关键在于"人为为人"。研究产业经济学要以"人为为人"的思想为指导。一切经济行为首先是人的行为,所以对人的行为的研究也就成了现代经济管理中的核心问题,产业经济学也不例外。"人为为人"是指导产业经济学研究的根本方法论和最终落脚点,是实现社会经济效益最大化这一研究产业经济学的最终目标的根本途径。第五个层次,阐述产业经济学的目的是在于获得最大的社会经济效益。

二、产业经济学的研究意义

研究产业经济学的理论意义:产业经济学的研究有利于统一的经济体系的建立;有利于经济学和管理学的沟通;有利于应用经济学的学科建立。

研究产业经济学的实践意义:有利于建立有效的产业组织结构;有利于产业结构的优化;有利于产业的合理布局;有利于加强产业间的联系和确定适合的产业发展战略。

研究产业经济学的现实意义:我国经济发展进入一个结构转换的新时期,需要产业经济理论和产业政策加以指导;我国经济发展中的很多现实问题的解决,都迫切需要以产业经济理论和产业政策理论为依据;我国加入WTO后对产业安全理论和政策理论的研究更为必要。

三、产业经济学的研究方法

（一）基本的研究方法

实证和规范的研究方法。实证分析往往是描述性的，主要回答经济现象"是什么"，以及社会所面临的经济问题"实际上是如何解决的"。规范分析则是一种命令性的表述，它做出"世界应该是什么样的"判断。即在有关经济现象分析中得出一种有价值的判断。

（二）理论分析方法和经验分析方法

理论分析方法是指在特定的框架内对事物进行理论上的演绎、推理和归纳；而经验分析方法则是运用数据或实际资料的经济学研究。

（三）具体的研究方法

1. 产业组织理论的研究方法

（1）案例研究（Case Study）方法（20世纪50年代），以实际中的经济现象作为案例，定性定量相结合地分析说明某一经济规律，特别适用于无法精确定量分析的复杂经济事例。（2）经济计量（Econometrics）方法（20世纪60年代），基本思路是以结构和行为为一方，以绩效为另一方，找出它们之间的一般关系。（3）博弈论（Game Theory）方法（20世纪70年代），用于研究垄断竞争和寡头垄断状态下的市场均衡和厂商行为，以成为新产业组织理论研究的统一方法，其中非合作博弈论及其分析方法又处于统治地位。（4）产业实验室研究方法（70年代至今），利用计算机在实验室内观察现实市场中无法察觉到的某些变量，如信心、边际成本等对产品价格、对厂商市场份额、市场集中度的影响，然后通过控制部分变量来考察研究者最为关心的变量之间的因果关系。

2. 产业结构理论的分析方法

（1）投入产出分析法是研究经济系统各个部分间表现为投入与产出的相互依存关系的经济数量分析方法。（2）比较分析法：①时间序列分析方法。时间序列分析主要用来揭示产业结构的演变规律和产业结构与经济增长之间的关系。②截面分析方法。分析比较处于不同发展阶段的研究对象在同一时间点上，或研究某一对象在同一时刻内部结构的数量指标的方法称为横断面分析方法。

参考文献

1. 石奇：《产业经济学》，中国人民大学出版社2011年版。
2. 芮明杰：《产业经济学》，上海财经大学出版社2012年版。

3. 唐晓华等:《现代产业经济学导论》,经济管理出版社 2012 年版。

4. 林恩·佩波尔等:《产业组织:现代理论与实践》,中国人民大学出版社 2014 年版。

5. 龚仰军:《产业经济学教程》,上海财经大学出版社 2014 年版。

6. 苏东水等:《产业经济学》,高等教育出版社 2015 年版。

7. 干春晖等:《产业经济学教程与案例》,机械工业出版社 2015 年版。

8. 高志刚等:《产业经济学》,中国人民大学出版社 2016 年版。

9. 刘志彪等:《产业经济学》,机械工业出版社 2017 年版。

第二章 产业的主体：企业

第一节 企业理论

一、企业的定义与分类

（一）企业的定义

企业是从事生产、流通与服务等经济活动的营利性组织，企业通过各种生产经营活动创造物质财富，提供满足社会公众物质和文化生活需要的产品服务，在市场经济中占有非常重要的地位。企业概念反映了两层意思：一是经营性，即根据投入产出进行经济核算，获得超出投入的资金和财物的盈余，企业经营的目的一般是追求营利性；二是反映企业是具有一定经营性质的实体。

（二）企业的分类

根据企业的财产组织形式可分为：独资企业、合伙企业和公司企业。

(1) 独资企业、个人独资企业是指个人出资兴办、完全归个人所有和控制的企业。个人独资企业的优点是：设立、转让、关闭容易，出资人拥有绝对决策权，管理灵活。个人独资企业的缺点是：负无限责任，风险大；受资金和个人管理能力的限制，规模有限。

(2) 合伙企业。合伙企业是指由两个或两个以上合伙人共同出资、共同经营、共享收益和共担风险的企业。合伙企业的优点：由于可以由众多合伙人共同筹资，因而可以扩大资本规模；也由于合伙人共负偿债的无限责任，减少了贷款者的风险；比较容易成长和扩展。合伙企业的缺点：合伙企业属无限责任企业，合伙人对经营有连带责任，风险大；合伙人皆能代表公司，权力分散，多头领导，意见易产生分歧，决策缓慢。

(3) 公司是由两个或两个以上自然人或法人投资设立的，具有独立法人资格和法人财产的企业。公司的优点是：容易筹资；公司具有独立寿命，不受出资人寿命影响；容易扩大规模。公司缺点是：手续复杂，透明度较高，而且容易受"内部人控制"。

根据企业组合方式可分为：单一企业、多元企业、经济联合体、企业集团、连锁企业。

根据所有制形式可分为：全民所有制企业、集体企业、私营企业、混合所有制企业、外商投资企业（包括中外合资经营企业、中外合作经营企业和外商独资企业）。

根据企业的行业性质可分为：工业生产企业、商品经营企业、服务企业。

根据企业生产经营领域可分为：工业企业、商业企业、生产型企业、流通型企业、服务型企业和金融型企业。

根据企业规模可分为：大型企业、中型企业、小型企业。

二、企业理论

（一）分工理论

根据《国民财富的性质和原因的研究》前三章的观点，斯密关于分工的论述重点可以表述为两个方面：分工有利于促进生产率的提高，进而促进财富增长；市场范围决定劳动分工，市场范围受运输成本和区位条件的影响。

1. 分工与生产率的关系

在《国富论》中，斯密开篇指出"劳动生产率的提高，以及在劳动使用过程中体现出的技能、熟练性和判断力等，似乎都是分工的结果"。它是斯密分工理论最坚实、最核心的基石。图2-1为斯密关于分工理论的简单框架。

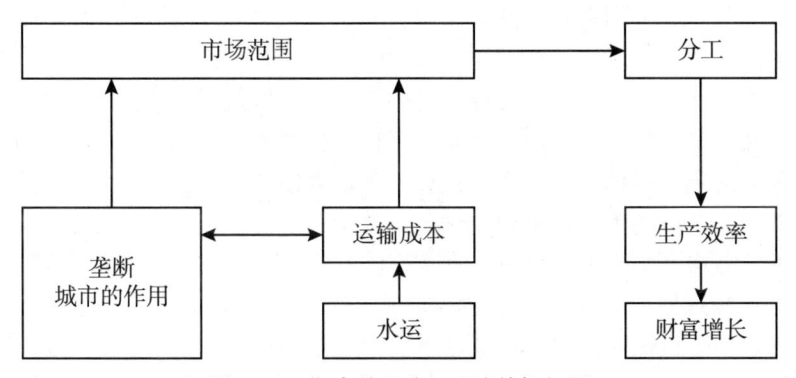

图2-1 斯密关于分工理论的框架图

资料来源：作者整理。

对于分工促进生产率提高的原因，根据斯密的综合，主要得益于三个方面：第一，专注于工作的某一个方面，使每一个承担固定工序的工人的熟练程度提高；第二，节约了从一种工作转向另一种工作通常要损失的时间；第三，有利于促进工具或机器的发明，方便和简化了劳动，提高了个人的生产效率。这三个从微观角度对分工促进生产力提高的解释具有无懈可击的说服力。很显然，分工使得劳动者越来越将其生产活动集中于较少的操作上，经过长期的劳动训练，劳动者的熟练程度必然能获得很大提高。这意味着一个劳动者在同一时间内或者说在提供一定量的生产劳动的情况下，能够生产更多的产品，即劳动生产力的提高。在第二个解释中，斯密认为：造成普遍丧失的时间有三种情况，即（1）转换另一工作时的闲逛；（2）做下个一工作的准备时间；（3）不能快速地将注意力转移到新工作上来，而且他认为这种丧失的时间"比我们骤然看到时想象的大得多"。斯密的解释与我们在生活中的实际经验是相符合的。再进一步的话，如果加总社会上每个工人在转换工作时的丧失时间，那么将是一种极其巨大的损失。第三个就更为明显了，"应用适当的机器在很大程度上便利和简化劳动"，这当然会提高劳动生产力。在论证了这三个部分后，斯密把分工理论进一步延伸，认为分工是经济增长和社会发展的根本原因。他写道："由于实行劳动分工的所有不同行业的产量成倍的增加，在一个治理得较好的社会就出现了普遍的富裕，推广到了最下层的人民"。可以这么说，正是分工引起的劳动生产力的提高促进了经济增长，进而带动了社会发展和进步。斯密将分工理论的观点应用到国际贸易理论，形成了国际贸易中的绝对优势理论，认为国与国之间的分工与贸易可以使每个国家都增加财富，并提出绝对优势的概念解释国际贸易产生的原因。

2. 分工与市场范围的关系

斯密还提出了市场范围与分工的关系问题，将城市（集聚）、运输成本等与分工联系起来。斯密指出，由于交换的意愿引起分工，所以分工的范围必然受交换能力范围的限制，换言之，受市场范围的限制。当市场的范围比较大时，对各种商品的需求自然较多，人们会竞相通过分工提高生产力以生产更多的商品，来追求更大的利润。因而专业化的分工就会日渐发展。（1）城市（集聚）、市场范围与分工。斯密强调了人口密集的"城市"和人口分布疏散的"农村"在市场范围和分工方面的差异，指出有些种类的产业，即使是最不需要技能的一种，也只能在大城市中进行。例如，一个搬运工在其他地方就找不到工作。一个村庄甚至一个普通的集市对他来说范围都太小，不足以使他维持固定的职业。集聚本身就意味着更大的市场范围，集聚相对于分散的经济活动主体来说也意味着更低的运输成本。城市是集聚的一种重要形式，同时随着产业集聚（集群）现象的大规模出现，集聚对分工的促进作用已经达成共识。（2）运输成本、市场范围与分工。斯密强调了运输成本对市场范围进而对分工的影响。随着交通的发展，运输成本降低，两地之间贸易活动大幅增加，由于相互提供市场，分工水平提高，从而促进各自产业的发展。

(二) 新制度经济学理论

由科斯及其追随者创立的理论体系被称为"新制度经济学"。新制度经济学的一个基本观念是,制度结构以及制度变迁是影响经济效率以及经济发展的重要因素,对制度研究与设计是经济问题的核心。我们可以用两个词来概括新制度经济学,一个是"产权";另一个是"交易费用"。其中,产权可以理解为受制度保护的利益;交易费用可以理解为达成契约和保证契约执行的费用。

经济学的基本假设是整个经济体系赖以建立的理论前提和逻辑起点。新制度经济学有六大基本假设。一是"经济人"假设。"经济人"假设就是把人抽象为专门利己、一味追求个人利益最大化的行为主体,否认人作为社会存在的其他一切特征。人的一切行为都表现为趋利避害,谋求自身经济利益的最大化。二是"资源稀缺性"假设。其含义是,相对于人们的无限需要而言,绝大多数资源都是稀缺的。经济学的主要任务就是研究对稀缺性资源的配置和充分利用问题。三是"不确定性"和"复杂性"假设。前者意指引入时间因素后事物属性和状态的不可预知性,后者侧重于考察静态条件下事物属性和状态的可变性。四是"非完全竞争市场"假设。在不完全竞争的市场上,基于产品的不同质性,个别出售者具有一定程度的控制某一行业的产品价格的能力,同时,基于行业壁垒的存在,厂商无论是进入或退出某一行业,都必须付出特定的经济代价。五是"有限理性"假设。该假设是对人的理性限度的承认,即在非完全竞争的市场上,受环境的不确定性和复杂性以及正的交易费用等诸多变数的影响和制约,人对信息的收集和处理能力是有限的。六是"交易费用为正"假设。交易费用指市场经济交换过程中产生的一些费用,它包括运输费用、佣金、谈判所花费的时间,包括关税在内的各种税收等。该假设是在以上假设条件的共同作用下所得出的逻辑推论和必然结果。

1. 交易费用理论

交易费用是新制度经济学最基本的概念。科斯认为,交易成本是指在建立商品交易过程中损耗掉的成本,譬如讨价还价花去的精力与时间,为防止受骗而采取的保险措施等,这些举动花费的成本都是交易成本。

交易费用的提出,对于新制度经济学具有重要意义。由于经济学是研究稀缺资源配置的,交易费用理论表明交易活动是稀缺的,市场的不确定性导致交易也是冒风险的,因而交易也有代价,从而也就有如何配置的问题。资源配置问题就是经济效率问题。所以,一定的制度必须提高经济效率,否则旧的制度将会被新的制度所取代。这样,制度分析才被认为真正纳入了经济学分析之中。

2. 产权理论

新制度经济学家一般都认为,产权是一种权利,是一种社会关系,是规定人们相互行为关系的一种规则,并且是社会的基础性规则。产权也是一种权利,是一个复数概念,包括所有权、使用权、收益权、处置权等。当一种交易在市场中发生时,就发生了两种权利的交换。交易中的产权所包含的内容影响物品的交换价值,这是新制度经济学的一个基本观点。产权实质上是一套激励与约束机制。影响和激励行为,是产权的一个基本功能。新制度经济学认为,产权安排直接影响资源配置效率，一个社会的经济绩效如何，最终取决于产权安排对个人行为所提供的激励。

3. 科斯定理

科斯第一定理：在交易费用为零的条件下，通过市场交易实现资源最优配置的结果将不受产权制度初始界定的影响。科斯第二定理：在交易费用为正的条件下，产权的初始界定会对资源配置的结果产生影响。

（三）交易成本与企业纵向一体化

纵向一体化一直是企业理论研究的核心问题，在经济学上，纵向一体化是指企业沿着产业链占据多个经营业务，包括前向和后向两个方面。前向一体化是企业对本公司产品做进一步深加工，或者资源进行综合利用，或公司建立自己的销售组织来销售本公司的产品或服务。后向一体化则是企业自己供应生产现有产品或服务所需要的全部或部分原材料或半成品。这样的一体化安排，可以使得社会上的分工和专业化得到进一步的深化，反过来看，也正是分工和专业化的存在使得纵向一体化得以实现。新制度经济学派认为，纵向一体化的目的在于节约交易费用，提高企业的生产效率。最有代表性的学者是威廉姆森（Williamson）。威廉姆森提出了描述交易性质的三个维度：第一个维度是交易所涉及的资产专用性。所谓资产专用性是指当一项耐久性投资被用于支持某些特定的交易时，所投入的资产就具有专用性。这时假如交易过早地终止，所投入的资产将全部或部分地无法改作其他用途，使得投资中的成本里包含部分或全部的"不可挽救成本"或"沉没成本"。因此，契约关系的连续性意义重大。第二个维度是交易所涉及的不确定性。其意义在于使应变性的、连续的决策成为必要。当交易受制于不同程度的不确定性时，对治理结构的选择就很重要，因为不同的治理结构有不同的应变能力。第三个维度是交易发生的频率。一种治理结构的确立和运转是有成本的，这些成本在多大程度上能被所带来的利益抵消，取决于在这种治理结构中所发生的交易的频率。多次发生的交易，较之于一次发生的交易，更容易使治理结构的成本被抵消。

威廉姆森用资产的专用性解释了企业纵向一体化现象。他认为只有懂得了资产专用性对于交易成本的影响，才能理解为什么有些市场交易让位给企业自己生产。他把企业看成是连续生产过程之间不完全合约所导致的纵向一体化实体，指出企业之所以会出现，是因为当合约不可能完全时，纵向一体化能够消除或至少减少资产专用性所产生的机会主义问题。其思路大致如下：如果交易中包含一种关系的专用性投资，则事先的竞争将被事后的垄断或买方独家垄断所取代，从而导致将专用性资产的准租金据为己有的机会主义行为。这种机会主义行为在一定意义上使合约双方相关的专用性投资不能达到最优，并且使合约的谈判和执行变得更加困难，因而造成市场交易的高成本。当关系的专用性投资变得更为重要时，用传统市场去处理纵向关系的交易费用就会上升。因此，企业的纵向一体化就被用来替代市场。因为在纵向一体化的企业组织内，机会主义要受到权威（企业家）的督察，从而大大降低了相应的市场交易成本。

（四）横向一体化与代理理论

1. 横向一体化

（1）横向一体化战略。横向一化战略也叫水平一体化战略，是指为了扩大生产规模、降低成本、巩固企业的市场地位、提高企业竞争优势、增强企业实力而与同行业企业进行联合的一种战略。横向一体化指企业现有生产活动的扩展并由此导致现有产品市场份额的扩大。该类增长可以从三个方向进行：①扩大原有产品的生产和销售；②向与原产品有关的功能或技术方向扩展；③与上述两个方向有关的向国际市场扩展或向新的客户类别扩展。（2）横向一体化优缺点。优点：采用横向一体化战略，企业可以有效地实现规模经济，快速获得互补性的资源和能力。此外，通过收购或合作的方式，企业可以有效地建立与客户之间的固定关系，遏制竞争对手的扩张意图，维持自身的竞争地位和竞争优势。缺点：横向一体化战略也存在一定的风险。过度扩张所产生的巨大生产能力对市场需求规模和企业销售能力都提出了较高的要求；同时，在某些横向一体化战略如合作战略中，还存在技术扩散的风险；此外，组织上的障碍也是横向一体化战略所面临的风险之一，如"大企业病"、并购中存在的文化不融合现象等。（3）横向一体化的表现形式。利用本企业外部资源快速反应市场需求，本企业只抓自己的核心竞争力的业务，而将非核心业务委托或外包给合作伙伴。通过收购竞争对手的产品和服务而获得新产品和服务。

2. 代理理论

代理理论最初是由简森和梅克林于1976年提出的。该理论后来发展成为契约成本理论。契约成本理论假定，企业由一系列契约所组成，包括资本的提供者（股东和债权人等）和资本的经营者（管理当局）、企业与借贷方、企业与顾客、企业与员工等的契约关系。（1）代理问题。代理理论主要涉及企业资源的提供者与资源的使用者之间的契约关系。按照代理理论，经济资源的所有者是委托人；负责使用以及控制这些资源的经理人员是代理人。代理理论认为，当经理人员本身就是企业资源的所有者时，他们拥有企业全部的剩余索取权，经理人员会努力地为他自己而工作，这种环境下，就不存在什么代理问题。但是，当管理人员通过发行股票方式，从外部吸取新的经济资源，管理人员就有一种动机去提高在职消费，自我放松并降低工作强度。显然，如果企业的管理者是一个理性经济人，他的行为与原先自己拥有企业全部股权时将有显著的差别。如果企业不是通过发行股票而是通过举债方式取得资本，也同样存在代理问题，只不过表现形式略有不同。这就形成了简森和梅克林所说的代理问题。（2）代理成本。简森和梅克林将代理成本区分为监督成本、守约成本和剩余损失。其中，监督成本是指外部股东为了监督管理者的过度消费或自我放松而耗费的支出；代理人为了取得外部股东信任而发生的自我约束支出（如定期向委托人报告经营情况、聘请外部独立审计等），称为守约成本；由于委托人和代理人的利益不一致导致的其他损失，就是剩余损失。代理理论还认为，代理人拥有的信息比委托人多，并且这种信息不对称会逆向影响委托人有效地监控代理人是否适当地为委托人的利益服务。它还假定委托人和代理人都是理性的，他们将利用签订代理契约的过程，最大化各自的财富。而代理人出于自我寻利的动机，将会利用各种可能的机会，增加自己的财富，其中，一些行为可能会损害到所有者的利益。当在委托人（业主）和代理人（经理）之间的契约关系中，没有一方能以损害他人的财富为代价来增加自己的财富，即达到"帕累托最优化"状态。（3）代理与被代理关系。代理是指代理人在代理权限内，以被代理人的名义与第三人实施法律行为，由此产生的法律后果直接由被代理人承担的一种法律制度。代理关系的主体包括代理人、被代理人（本人）和第三人（相对人）。代理人是代替被代理人实施法律行为的人；被代理人是代理人替自己实施法律行为的人；第三人是与代理人实施法律行为的人。代理关系包括三种关系：一是被代理人与代理人之间的代理权关系；二是代理人与第三人之间的实施法律行为的关系；三是被代理人与第三人之间的承受代理行为法律后果的关系。（4）代理的特征。代理人以被代理人的名义实施法律行为。代理人直接向第三人进行意思表示。代理人在代理权限内独立的意思表示。代理行为的法律效果直接归属于被代理人。（5）代理的适用范围。代理适用于民事主体之间设立、变更或终止权利义务的法律行为，同时也适用于法律行为之外的其他行为，如申请行为、申报行为、诉讼行为。但是，依照国家法律规定或行为性质必须由本人亲自进行的行为，则不能代理，如遗嘱、婚姻登记、收养子女、约稿、预约绘画、演出等。此外，只有某些民事主体才能代理行为，他人不得代理，如代理发行证券只能由有证券承销资格的机构进行。违法行为也不得适用代理。（6）代理的种类：委托代理，这是基于被代理人的委托而发生的代理；法定代理，这是基于法律的直接规定而发生的代理；指定代理，这是基于人民法院或者有关单位的指定行为而发生的代理；无权代理，是指没有代理权而以他人名义进行的民事行为，包括：没有代理权的代理；超越代理权的代理；代理权终止后的代理。

（五）委托—代理理论

委托代理理论是制度经济学契约理论的主要内容之一，主要研究的是委托代理关系。委托代理关系起源于"专业化"的存在。当存在"专业化"时就可能出现一种关系，在这种关系中，代理人由于相对优势而代表委托人行动。广义的委托代理指承担风险的委托人授予代理人某些决策权，并与之订立或明或暗的契约。狭义的委托代理指公司的治理机构，即作为委托人的出资人授予权利人在契约中明确规定的权利，凡在契约中未经指定的权利归属委托人。

1. 委托代理理论隐含的前提条件

（1）契约建立在自由选择和产权明晰化基础上，维持契约的条件是代理成本小于代理收益。（2）拥有剩余索取权的委托人是风险中性者，不存在偷懒动机，即具有监督代理人行为的积极性。（3）由于剩余索取权具有可转让性，委托人通过行使退出权，惩罚代理人的违约行为的威胁是可信的。

2. 委托代理问题

在委托代理关系中，对他方的行为承担一定的风险而获得监督他方的权力的一方称为委托方。委托方和代理方的风险承担取决于两者之间一系列契约的签订和执行。委托代理问题的产生因为信息不对称和有限理性。信息不对称会产生两种行为：（1）逆向选择。信息不对称导致委托人找到的是低质量的代理人，而且搜寻成本极高。（2）道德风险。道德风险是指代理人的机会主义行为，主要表现在：损公肥私、机会主义、偷懒。（3）机会主义与代理成本。代理人的机会主义包括事前机会主义和事后机会主义。事前机会主义行为包括：委托人隐瞒企业经营状况、经营环境等有关信息，以谋取委托人的较低的期望值，从而有较少经营压力，为以后谋取私利创造条件。事后机会主义行为包括：企业不采取必要的避险措施减少经营损失，增加不必要的费用以谋取私利等。

3. 代理成本

代理成本是企业所有权与经营权相分离而形成一定的委托代理关系后产生的，原因是委托人和代理人之间信息不对称。按照简森和梅克林的观点，代理成本由以下三个部分组成：（1）监督成本。委托人为了激励和控制代理人，使后者为前者的利益尽力的成本。（2）担保成本。担保成本是代理成本的一部分，指代理人用来保证其不采取损害委托人行为所付出的费用，以及如果采取了那样的行为将支付的赔偿。（3）剩余损失。剩余损失是指委托人因代理人代行决策而产生的一种价值损失，剩余损失的大小等于代理人决策与委托人在假定具有代理人的情况下实现效用最大化决策之间的差额。

4. 委托代理理论的主要观点

委托代理关系是随着生产力发展和规模化生产的出现而产生的。其原因一方面是生产力发展使得分工进一步细化，权利的所有者由于知识、能力和精力的原因不能行使所有的权利了；另一方面，专业化分工产生了一大批具有专业知识的代理人，他们有精力、有能力代理行使好被委托的权利。但在委托代理的关系当中，由于委托人与代理人的效用函数不一样，委托人追求的是自己的财富更大，而代理人追求自己的工资津贴收入、奢侈消费和闲暇时间最大化，这必然导致两者的利益冲突。在没有有效的制度安排下代理人的行为很可能最终损害委托人的利益。不管是经济领域还是社会领域都普遍存在委托代理关系。

第二节 企业的目标

一、内部监督激励机制

有效的激励机制是公司治理结构的核心内容。我们应坚持权、责、利相统一的原则,结合企业的实际情况,借鉴成熟市场经济国家的经验,设计一套有效的企业高层管理人员激励机制,以最大限度地调动其积极性,保证其行为目标与所有者要求相一致,避免和消除经理人员利用职权或信息优势侵害企业及利益相关者的利益。

(一) 显性激励机制

根据信息不对称理论研究提出激励措施,在委托人和代理人之间按一定的契约财产剩余索取权的分配,将剩余分配与经营绩效挂钩。这是目前绝大多数量权分离的公司实行激励经理努力的方法,不同的是剩余索取权的分配比例。1972年,阿尔钦和德姆塞茨提出的团队理论,认为企业采取团队模式进行生产会使得每个成员的努力程度不可精确度量,这会导致人们"搭便车式"的机会主义行为产生。为此,需要设立监督者,并以剩余索取权对监督者进行激励。这是一个突破,将企业的交易费用从企业外部的市场交易领域扩展到企业内部的代理成本领域。1976年,詹森和麦克林在《公司理论:管理行为、代理成本和所有权结构》一文中,用代理概念提出了与上述交易费用理论相类似的观点,认为代理成本是企业所有权结构的决定因素,让经营者成为完全剩余权益的拥有者,可以降低甚至消除代理成本。因此,越来越多的学者仍然强调监督的重要性。

(二) 隐形激励机制

20世纪80年代以来,经济学将动态博弈理论引入委托代理关系的研究之中,论证了在多次重复代理关系情况下,竞争声誉等隐形激励机制能够发挥激励代理人的作用,充实了长期委托代理关系中激励理论的内容。尤金·法玛的代表作《代理问题与剩余要求权》他的基本观点是在竞争性的激励市场上,激励的市场价值决定于其过去的经营业绩。从长期来看,经理必须对自己的行为负完全责任。因此,即使没有显性激励合同,经理也会有积极性的努力工作,因为这样做可以改进自己在经理市场上的声誉,从而提高自己未来的收入。霍姆斯特姆将上述思想模型化,形成代理人声誉模型。这一机制的作用在于,经理工作的质量是努力和能力的一种信号,表现差的经理难以得到人们对他的良好评价。因此,由于外部压力的存在,该经理意识到偷懒可能有害于他未来事业的发展。

二、外部的市场机制

（一）市场机制理论

在经济发展的大环境下，市场是买卖双方进行交易的重要场所。商品的供需决定其价格，供需的变动反过来影响市场价格的波动。在经济市场下，市场配置各种资源主要是通过各种市场机制进行调节的。在理论研究上，市场这只"看不见的手"的调节机制主要是靠市场机制进行论证的。市场机制是通过价值规律及与之相关的一切手段进行市场调节的，它主要包括：价格、市场竞争及市场供求等机制。

1. 价格机制

价格机制在市场机制中扮演着重要的角色，在市场上，商品的价格是由其本身的价值决定的，反过来，价值是通过价格在货币上进行表现的，此时的价值等同于价格，但是在现实的市场上受众多因素的影响，价值与价格之间存在不匹配性，通过价值规律的作用，价格围绕着价值上下波动，他们之间的差值随着时间的推移又呈现出相互抵消的态势。作为经济市场上的主要杠杆，价格作用于市场上的调节是灵活并及时的。

《资本论》中提到，商品价值的性质不是由单个人的生产商品所耗费的劳动生产时间决定的，而是由社会均等条件下生产商品所耗费的社会必要劳动时间决定的。更进一步讲，价值是在价值规律的作用下体现出来的，价值必须通过交换价值才能够表现出来，因此，价格也可以说是用货币表现的价值。另外，在对卖方生产者和买方消费者的作用上，价格机制是生产者进行商品贸易的竞争手段，通过低价竞争，这些生产者可以抢占销售商品的部分市场来增加市场占有率，进而带来整个社会生产水平的提高和社会必要劳动时间的大大缩减。对于买方消费者来说，其购买力受不同价格的影响，商品价格越低就越会增加消费者对商品的需求，这又反向地影响生产者对商品数量的供给，进而形成生产者、市场与消费者的循环。总而言之，价格机制在市场上通过价格的变动对供需双方的贸易活动进行调节，进而促进市场供需的平衡。

2. 市场竞争机制

市场经济的发展必然会产生竞争，竞争机制对市场的调节是不可忽视的。竞争的存在是买卖双方、卖方与卖方之间在商品经济中进行对抗和作用的表现。由此可见，市场竞争规律是客观的，不受人们的意志为转移，受价值规律的作用对各种市场资源进行配置。通过市场竞争机制的外部作用的施加，企业不断地调整经营战略和提高生产效率，紧抓发展，进而在市场竞争中取得较有利的竞争地位以获取长足发展。

3. 市场供求机制

除了价格机制和竞争机制以外，供求机制是市场中又一重要的调节机制。商品的供给和需求在市场中通过竞争和供求的变化相互制约和作用调节市场的均衡。当商品价格上升时，商品的需求就会相应的减少，生产者获得的利润就会大大的缩水，为了避免这一状况，生产者必会尽最大的努力缩短生产商品的社会必要劳动时间，降低其价值，进而降低出售商品的价格，刺激需求的增加，进而实现市场上商品供求的均衡。

（二）引入市场机制对企业具有重要的作用

随着企业经营发展的全球化、一体化进程的加快，企业内部引入市场机制进行调节经营管理可以改善企业的组织经营结构、整体生产经营布局；提升企业生产能力和企业适应外部市场环境的响应能力，增强企业综合竞争力。

市场经济发展迅速的当今时代，企业虽然乘机借势有了较好的发展，但是企业同样面临着前所未有的挑战和激烈竞争。为了趋利避害和适应这一迅速发展的市场，企业要加强内部的经营管理，传统的管理机制向更为合理有效的现代化管理体制进行转变。伴随着市场经济过程的推进，企业与市场结合，推行企业内部的市场机制是适应需求的必然举措。

企业与市场紧密不可分离，在大的市场环境中，两者既相互替代又相互补充。企业与市场的融合是经济在管理领域的应用和深化加强。人们在市场的发展演变中对经济和管理有了更深的认识，通过企业与市场机制的配合作用，促进了企业的发展，反过来又服务于市场经济的有序合理发展。企业内部的管理机制与市场机制进行结合，按照市场的规则进行企业内部的管理运作减少了企业的运作成本，提高了企业经营管理效率。企业内部通过推行市场机制进行管理，不仅优化了企业原有的组织管理结构，更增强了企业的适应能力。从目前的经济发展来看，无论是市场还是企业都已发生了一系列的变化，特别是竞争激烈的今天，企业在这样的大环境中，持续不断地改革调整才能健康发展。将市场机制高效应用于企业内部经营管理是其发展的重要手段。

三、企业短期经营目标异化

企业经营目标是指在一定时期企业生产经营活动预期要达到的成果，是企业生产经营活动目的性的反映与体现。不同的企业其经营目标是不同的，不同经营目标的背后实际上反映了不同的企业制度。所谓企业短期行为，是企业的经营者为了达到短期目标而采取的行为。

（一）企业短期行为产生的原因

现代企业制度的基本特征是所有权与经营权的分离。由于所有权与经营权分离而产生多层次的委托代理关系，股东、债权人和经营者之间构成最重要的委托代理关系。股东委托经营者代表他们管理自己的企业，为实现自己的目标而努力,但股东和经营者的目标是不一致的。股东的目标是股东财富最大化,而经营者的目标是追求最大合理效用,包括报酬、增加闲暇时间和避免风险等。经营者与股东目标的背离现实有可能导致经营者的道德风险和逆向选择,从而造成企业经营者采取短期行为来达到自己的目标。

(二) 遏制企业短期行为的主要途径

企业短期行为的存在,是市场经济健康、高效发展的严重障碍,必须加以遏制。遏制企业短期行为的主要途径有:

(1) 强化区域分工,完善区域经济社会发展规划。在地域辽阔、发展极不平衡的中国,必须强化区域分工意识,完善区域经济社会发展规划,使其与宏观发展战略目标相衔接,以此来共同引导微观行为的合理化。做好区域规划,就是自觉发展区域分工,在全社会范围进行生产力科学、合理的布局,使微观生产力成为区域生产力的有机组成部分,使区域生产力直接表现为社会生产力。

(2) 重建经济领导干部任期目标及考核制度。为在全社会有效地引导长期行为,经济领导干部的长期化抱负是决定性因素。要重建经济领导干部任期目标及考核制度,今后应着重看其所做出的具体决策与国家宏观调控目标的认同程度,以及在此前提下为之奋斗的努力程度和实际措施。

(3) 重视、强化社会信用制度的建设。在经济社会中更要强调"爱国守法、明礼诚信、团结友善、勤俭自强、敬业奉献"的基本道德规范。社会经济生活中大量的债权债务关系是在企业之间以及银行之间发生的,规范债权债务关系,必须重视、强化社会信用制度的建设。

(4) 消除不平等、不正当竞争,制定正面鼓励和培植长期行为的社会措施。为了在全社会有效地引导长期行为,必须采取社会措施逐步消除不平等竞争的因素和反对各种不正当竞争行为。要进一步深化改革,建立健全社会保障体系,尽快解决企业单位冗员过多、职工养老、破产企业失业问题,采取积极有效的措施,真正改变企业办"社会"的格局。

第三节 企业的结构

一、常见的企业结构

企业组织结构,指的是企业在特定的目标之下,对实现该目标所必需的活动加以分工和协调而呈现出来的某种格局或形式。从新制度经济学理论看来,企业内部的组织结构则是一种制度框架或制度安排,它是规范企业内部资源配置和权利交割的游戏规则。以下是常见的企业组织结构类型。

(一) U型组织结构

直线结构、职能结构及直线职能制都是U型组织结构，U型结构是现代企业最基本的组织结构，管理层级的集中控制是其最显著的特点。

1. 直线制

直线制又叫单线制，它是企业发展初期所采用的一种简单的组织形式。其特点是从最高管理层到最低管理层，上下垂直领导。各级领导者执行统一指挥和管理职能，不设专门的职能管理机构。图2-2为直线组织结构图。

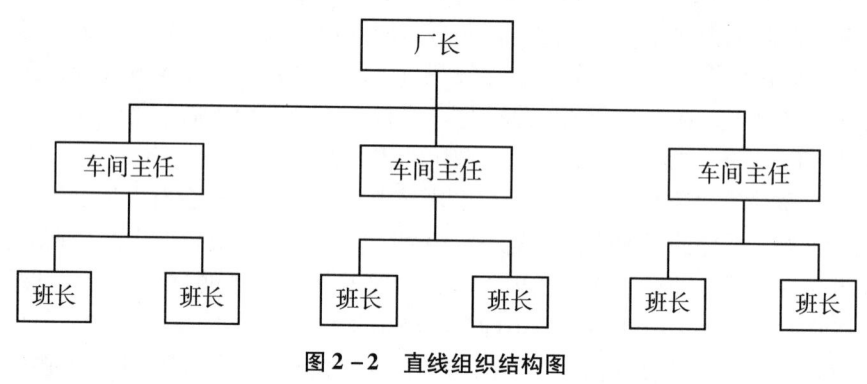

图2-2 直线组织结构图

资料来源：作者整理。

优点：结构简化，权力集中，命令统一，决策迅速，责任明确；缺点：没有职能机构和职能人员当领导的助手。在规模较大、管理比较复杂的企业中，主管人员难以具备足够的知识和精力来胜任全面的管理，因而不能适应日益复杂的管理需要。这种组织结构形式适合于产销单一、工艺简单的小型企业。

2. 职能制

职能制是在"直线制"的基础上发展起来的，它的特点是在各级行政领导之下，按专业分工设置管理职能部门，各部门在其业务范围内有权向下级发布命令和下达指示，下级领导者或执行者既要服从上级领导者的指挥，也要听从上级各职能部门的指挥。它的组织结构如图2-3所示。优点：不同的管理职能部门行使不同的管理职权，管理分工细化，从而能大大提高管理的专业化程度，能够适应日益复杂的管理需要。缺点：政出多门，多头领导，管理混乱，协调困难，导致下属无所适从；上层领导与基层脱节，信息不畅。

3. 直线职能制

直线职能制吸收了以上两种组织结构的长处而弥补了它们的不足，如图2-4所示。直线职能制又叫"生产区域管理制"或"直线参谋制"，它是以直线制为基础，在各级行政领导者之下设置相应的职能部门，分别从事专业管理，作为该级领导人的参谋部门，是企业管理机构的基本组织形式。职能部门拟定的计划、方

图 2-3 职能制组织结构图

资料来源：作者整理。

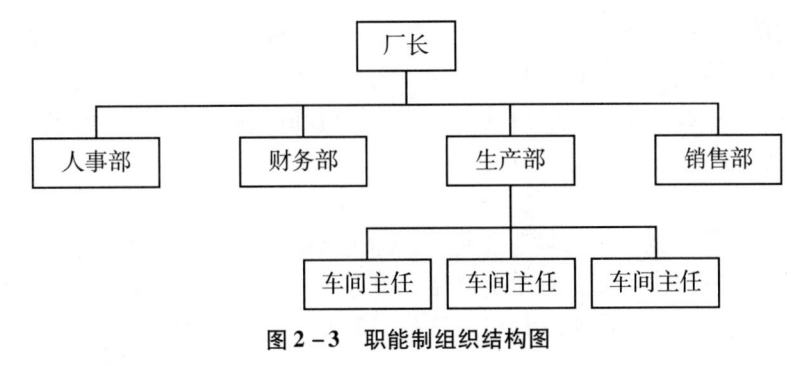

图 2-4 直线职能制组织结构图

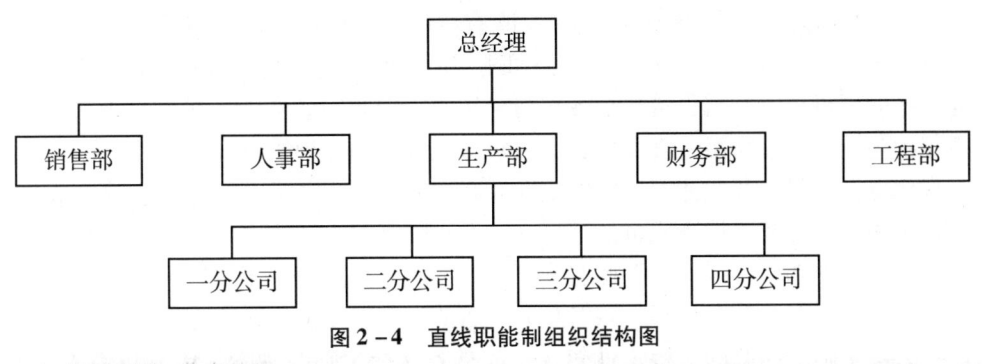

资料来源：作者整理。

案，以及有关命令，由企业行政领导者批准下达，职能部门不进行直接指挥，只起业务指导作用。

优点：各级直线领导人员都有相应的职能机构和人员作为参谋和助手，因此能够对本部门进行有效的指挥，以适应现代企业管理比较复杂和细致的特点；而且每一级又都是由直线领导人员统一指挥，满足了企业组织的统一领导原则。缺点：职能机构和人员的权利、责任究竟应该占多大比例，管理者不易把握。直线职能制在企业规模较小、产品品种简单、工艺较稳定又联系紧密的情况下，优点较突出；但对于大型企业，产生或服务品种繁多、市场变幻莫测，就不适应了。

(二) H 型组织结构

H 型组织结构，严格意义上来说并不是一个企业的组织结构形态，而是集团企业的组织形式。优点：组织规模大，实力强，有利于开展国内外市场竞争；能够在比较大的范围内组织经营资源，有利于企业资源配置的最优化；多角度经营方式的实施有利于防范经营风险，较大范围的资源共享；企业集团形式也十分有利于企业无形资产的构建和发挥作用。母、子公司在法律上都是独立法人，母公司无须承担子公司的债务责任，有利于经营风险的降低；这种独立性，使得子公司具有更多的经营积极性。缺点：集团最高层对下属企业的控制力较弱，母公只能通过股东大会和董事会来发挥影响作用，控制权较小；集团内部组织机构重叠，管理功能重复；由于都是独立法人，相互之间的经营往来及子公司的盈利所得要缴纳双重税收。由于规模巨大，企业往往对环境的反应能力不够灵敏。

（三）M型组织结构

M型组织结构也被称为事业部制或多部门结构，或者是产品部制结构或战略经营单位，这种结构可以针对单个产品、服务、产品组合、主要工程或项目、地理分布、商务或利润中心来设计组织结构。矩阵制组织结构和事业部组织结构都是M型组织结构。

1. 矩阵制

矩阵制又称"目标规划管理制"，既有按职能划分的纵向组织系统，又有按项目（或产品、服务等）划分的子公司或部门，两者结合起来组成一个矩阵。横向系统的项目小组所需人员是从各部门抽调的，因此一名员工既同原职能部门保持组织与业务上的联系，又受所在项目负责人领导的一种管理模式。

优点：加强了各职能部门间的横向联系，便于集中各类专门人才加速完成某一特定项目，有利于提高成员的积极性。在矩阵制组织结构内，每个人都有更多机会学习新的知识和技能，因此有利于个人发展。缺点：由于实行项目和职能部门双重领导，当两者意见不一致时令人无所适从；工作发生差错也不容易分清责任；人员是临时抽调的，稳定性较差；成员容易产生临时观念，影响正常工作。它适用于设计、研制等创新型企业，如军工、航空航天工业的企业。

2. 事业部制

事业部制是目前大型企业普遍采用的一种管理组织形式。其特点是：在总公司的统一领导下，按产品或地区、市场的不同，分别建立经营事业部。事业部是一种分权制的组织形式，实行相对的独立经营，单独核算，自负盈亏。图2-5为事业部组织结构图。

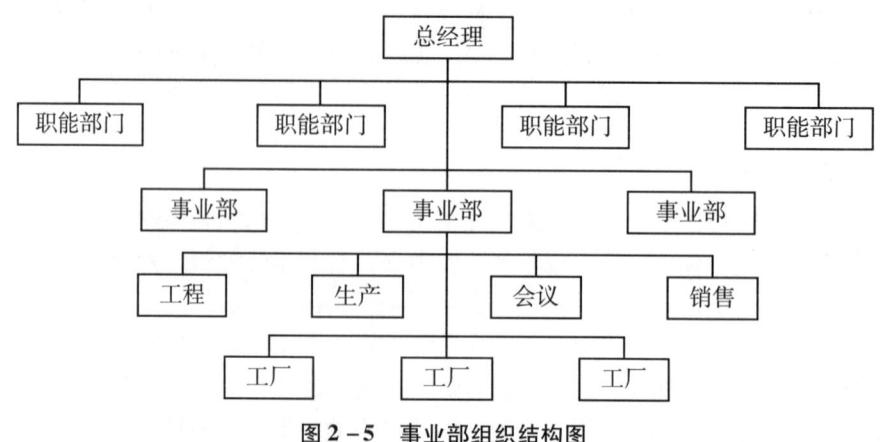

图2-5 事业部组织结构图

资料来源：作者整理。

优点：有利于调动各事业部的积极性，事业部有一定经营自主权，可以较快地对市场做出反应，一定程度上增强了适应性和竞争力；同一产品或同一地区的产品开发、制造、销售等一条龙业务属于同一主管，便于综合协调，也有利于培养有整体领导能力的高级人才；公司最高管理层可以从日常事务中摆脱出来，集中精力研究重大战略问题。缺点：各事业部容易产生本位主义和短期行为；资源的相互调剂会与既得利益发生矛盾；人员调动、技术及管理方法的交流会遇到阻力；企业和各事业部都设置职能机构，机构容易重叠，且费用增大。事业部制适用于企业规模较大、产品种类较多、各种产品之间的工艺差别较大、市场变化较快及要求适应性强的大型联合企业。

（四）混合型组织结构

将 U 型、M 型和 H 型组织结构混合起来，灵活设置的组织结构即为混合型组织结构。可以将地区和产品组合结合在一起，使公司内一部分部门以地区为主进行管理，另一些部门以产品/服务为主进行管理。规模庞大、业务种类繁多的公司适合这种组织结构。

二、股份制企业内部结构

股份制企业是指通过发行和认购股票筹措资本（金）而建立的企业，通常称为"股份公司"。它是适应商品经济大力发展和社会化生产的产物。股份制企业主要包括以下几个组织机构。

（一）股东大会

股东大会是全体股东所组成的机构。它是公司的最高权力机构和议事机构。公司的一切重大事项均由股东大会做出决议。股东大会的职权主要有：听取和审核董事会、监事会以及审计员的报告；负责任免董事、监察人或审计员以及清算人；确定公司盈余的分配和股息红利；缔结变更或解除关于转让或出租公司营业或财产以及受让他人营业或财产的契约；做出增减资本、变更公司章程、解散或合并公司的决策。

（二）董事会

董事会是由两个以上的董事组成的集体机构。它是公司对内执行业务、对外代表公司的常设理事机构，向股东大会负责。董事会的职权主要有：代表公司对各种业务事项做出意见表示或决策，以及组织实施和执行这些决策；除股东大会决议的事项外，公司日常业务活动中的具体事项，均由董事会决定。

（三）监事会

监事会是对董事会执行的业务活动实行监督的机构。它是公司的常设机构，由股东大会从股东中选任,不得由董事或经理兼任。监事会的职权主要有:列席董事会会议,监督董事会的活动,定期及随时听取董事会的报告,阻止董事会违反法律和章程的行为;随时调查公司业务和财务情况,查阅账簿和其他文件;审核公司的结算表册和清算时的清算表册;召集股东大会;代表公司与董事交涉或对董事起诉。

(四) 经理

经理是公司中对内有业务管理权限、对外有商业代理权限的人。其职能作用是辅助董事会等法定业务人员组织执行机关执行公司具体业务,也就是具体实施董事会的决议。各部门经理主管一个部门的工作或主管某项业务工作,如财务经理、销售经理、开发经理、项目经理等。

总经理的具体职权包括:(1) 执行董事会的决议,并依照决议确定公司大政方针,研究制定具体措施;(2) 确定内部组织机构,安排各个职能部门的人员;(3) 经董事会授权,代表公司对外签订合同和处理业务;(4) 定期向董事会报告业务情况,向董事会提交年度报告;(5) 招聘或解雇公司职工;(6) 主持公司的日常业务活动。

副总经理是总经理的副手。当总经理因故不能行使职权时,可授权副总经理代行其职权;一般情况下,协助总经理总揽公司业务工作。

第四节 企业在产业中的地位与作用

一、企业的地位

企业产生的根本动因是追求更多的价值增值。企业已成为现代社会大多数经济活动的直接参与者以及生产经营活动的主体。在现代社会中企业的经济地位和作用是如此关系重大,以致它开展活动的效果已经成为整个社会经济繁荣关键性的决定因素。

企业是产业分析和研究的出发点。产业简单地说就是具有某类共同特性的企业群或企业集合。不同企业所具有的某类共同特性就成了划分产业的基准。

企业行为本身就是产业组织理论研究的对象。同一产业内企业的数量和规模是划分不同市场结构的重要依据。而在不同的市场结构下,处于不同地位的企业具有不同的市场行为,各个企业不同的市场行为又是决定其各自市场绩效的决定性因素。所有这些特征正是产业组织理论研究的主要内容。

二、企业的作用

(一) 企业在经济中的作用

企业是社会财富的创造者,当今社会企业是整个人类社会赖以生存和发展的物质资料的生产者,是社会财富的主要创造者。企业是推动社会生产力发展、人类进步的主要力量,追逐利益最大化的内在动机与优胜劣汰的外在竞争压力要求企业必须不断采用新技术和设备,扩大生产规模,提高生产效率,从而推动整个社会生产力不断向前发展。企业是经济增长、经济发展的主要动力;企业是整个社会投资的主体,也是研究与开发的主体。

(二) 企业在产业发展中的作用

1. 企业将成为我国产业发展的主体和突破口

第一,要从根本上解决我国资源利用效率低下的问题,最终还要靠企业来完成;第二,企业能否适应国内外市场需求的变化,不断创新,是产业能否不断发展的关键;第三,企业是国家宏观调控的微观基础、国家优化资源配置的措施,如果没有企业的呼应,举措就不能落到实处;第四,现代企业制度的建立,很大程度上取决于企业自身的努力;第五,由于银行不良债权主要是企业经营不善或相互拖欠造成的,因此防范金融风险,企业也负有很大责任。

2. 企业是产业结构升级和增长方式转变这一系统工程的中心环节

企业是生产力飞跃的链条:教育(人才培养)—研究与开发(R&D)—科技成果转化(基本建设、技术改造、技术引进、技术市场等)—企业技术进步产业技术进步—经济增长质量提高和经济增长方式转变。企业不仅是提高生产效率、提升产业结构的主体,而且是研究与开发、进行知识和技术创新的主体。进入知识经济时代,企业将是一所大学校,是教育、研究、生产的重要阵地。

本 章 案 例

公地的悲剧[①]

1968 年 12 月 13 日,美国《科学》杂志发表了美国人类生态学家加勒特·哈丁的《公地的悲剧》一文,成为生态学界一篇经典性的文章。哈丁在文章中讨论了公共牧场的使用与管理问题。他说,假定有一个向所有牧人开放的牧场,那

---

① The tragedy of the commons. The population problem has no technical solution; it requires a fundamental extension in morality. [J]. Hardin G. Science (New York, N. Y.). 1968 (3859).

么，每个牧民都将在此牧场上放牧尽可能多的牲畜。这种情况，如果因天灾人祸使人和牲畜的数量不超过此公共牧场养活那么多人与牲畜的能力，就可以继续保持。否则，这种公地共享的逻辑便会产生悲剧。因为，每个牧人都会通过增加牲畜头数以尽可能地扩大自己的利益，而每增一头牲畜，都会有利弊两种后果：对增加牲畜者而言，他得到增加牲畜的全部收益；如果增加牲畜属于过分放牧性质，其所造成的危害则由全体牧人分担，他自己只承担全体牧民每人平均分担的那一小部分。这样一合计，他就决定增加牲畜。然而，他这样做，别的牧人也会这样做。其结果全体牧民落入一个在面积有限的公共牧场上无限增加牲畜的陷阱。换句话说，大家都利用自己使用公共牧场的自由，奋勇奔向毁灭之途，这就是他所称的"公地的悲剧"。

参考文献

1. 张维迎：《企业的企业家契约理论》，上海三联书店、上海人民出版社1995年版。

2. 科斯·阿尔钦等：《财产权利与制度变迁》，上海三联书店、上海人民出版社1994年版。

3. 刘易斯·卡布罗，胡汉辉译：《产业组织导论》，人民邮电出版社2002年版。

4. Bengt Holmstrom and Paul Milgrom. Multitask Principal – Agent Analyses：Incentive Contracts, Asset Ownership, and Job Design, *Journal of Law, Economics & Organization*, Vol. 7, Special Issue, 1991.

5. Williamson O E. The Vertical Integration of Production：Market Failure Consideration [J]. *American Economic Review*, 1971, 61.

6. Williamson O E. *The Economic Institution of Capitalism*：*Firms, Markets, Relational Contracting* [M]. New York：The Free Press, 1985.

第三章 产业组织理论基础

第一节 产业组织的定义与理论渊源

一、产业组织的定义

产业组织（industrial organization），通常是指生产同类产品的企业或具有密切代替关系的企业之间的组织或市场关系。这种企业之间的市场关系包括：交易关系、行为关系、资源占用关系和利益关系。

产业组织理论以价格理论为基础，通过考察分析产业内部企业之间竞争、垄断和规模经济的关系与矛盾，探讨产业组织状况及其变动对产业内资源配置效率的影响，为合理的市场秩序和经济效率提供理论依据和对策途径。

（一）产业组织理论的来源

现代产业组织理论的形成迄今只有四五十年的历史。然而，从其产生和形成的渊源来看，可以追溯到斯密关于竞争机制的论述，最早把产业组织引入经济学的是马歇尔，也有学者认为产业组织理论萌芽于马歇尔的"生产要素理论"。张伯伦和罗宾逊夫人的垄断竞争理论也是产业组织理论的重要思想来源。

（二）产业组织理论的萌芽

马歇尔的著作《经济学原理》的贡献：（1）首次把"组织"列为一个独立生产要素，并分析了工业组织的经济性，探讨了适应工业组织管理的企业家才能。（2）触及了现代产业组织理论的基本问题：规模经济与竞争的矛盾。他认为，规模经济可带来巨大经济收益，但企业追求规模经济的结果，往往引致垄断，而垄断常常阻碍竞争，使经济失去活力。二者之间的矛盾被后人称之为"马歇尔冲突"。

（三）产业组织理论的发展

马歇尔对微观经济进行了经典的解释后，市场理论的讨论便一直成为经济理论的主要重点。在罗宾逊夫妇、张伯伦等早期经济学家开创性的努力下，市场中竞争和垄断问题得到深入的研究，人们对经济领域的微观部分的认识大大加深了。产业组织理论正是在不断汲取前人的营养下逐渐从微观经济学分离出来，逐渐形成和发展为一种进一步解释微观市场的主流理论。近一个世纪以来，产业组织理论无论在研究方法、对象和解释的问题都发生了很大的变化，这从另一个侧面也反映了市场本身在许多方面已经出现了许多深刻的变革。

二、产业组织的研究对象

产业组织主要侧重于从供给角度分析单个产业内部的市场结构、市场行为和市场绩效。贝恩模型以主流的微观经济理论的主要推论为基础，更多地重视了实证研究，将产业分解为特定的市场，并开创性地通过结构—行为—绩效，即三分法对市场进行分析。强调了不同的市场结构会导致不同的厂商定价和非价格行为，也会导致不同的经济效率，这一思路与主流的价格理论推论基本一致。在主流的价格理论中，完全竞争、垄断竞争、寡占和垄断市场中的基本假定是不同的。根据这些假定，通过形式化的模型分析演绎出企业不同的定价行为。在完全竞争中，厂商是价格被动的接受者，无论是短期还是长期价格都等于边际成本；在垄断竞争中，厂商分为两个部分，具有垄断地位的厂商和众多价格接受者，在定价中有垄断地位的厂商不再是价格接受者，在定价行为上采用了剩余需求的方法；在寡占中，厂商的竞争局限在几个大厂商之间，其定价行为便是这几个大厂商讨价还价的结果。在垄断产业中，垄断者独占了整个产业，厂商则根据平均成本定价，榨取消费者剩余。从经济效率上看，最有效率到最低效率的依次是完全竞争、垄断竞争、寡占和垄断。尽管在贝恩模型中，进一步讨论了市场结构问题，强调了市场结构的决定因素是壁垒，但其结构→行为→绩效的范式与价格理论如出一辙。在新产业组织理论中，尽管不再强调S-C-P的直线关联，但仍然以其为主要分析对象，并深入分析后三种市场结构（垄断竞争、寡占和垄断）的厂商行为，而不孤立地区分市场结构状态。在绩效评价上，也与主流价格理论保持一致，强调边际定价的效率。因此，产业组织理论基本遵循了这一套价格理论的逻辑，但从另一角度，它也强化了主流理论厂商的分析（包括厂商和厂商之间），将厂商视为"组织"形态，讨论不仅仅局限在定价行为上，也包括了非价格竞争（广告、质量、研发、技术进步等）及策略性行为，这是对主流理论的扩展。

三、产业组织的内容

产业组织的内容包括以下几方面。

（1）产业组织内部企业的市场行为与有效竞争；（2）产业组织的市场结构及其对市场行为的影响；（3）产业组织的市场绩效及其影响；（4）市场结

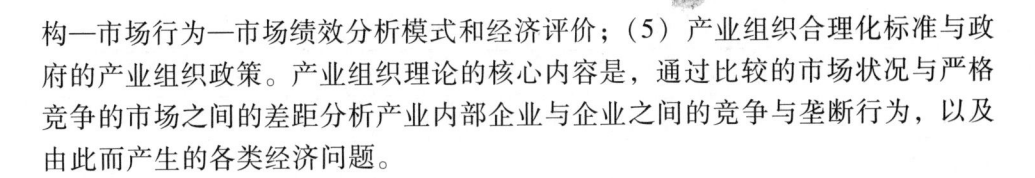

构—市场行为—市场绩效分析模式和经济评价;(5)产业组织合理化标准与政府的产业组织政策。产业组织理论的核心内容是,通过比较的市场状况与严格竞争的市场之间的差距分析产业内部企业与企业之间的竞争与垄断行为,以及由此而产生的各类经济问题。

四、哈佛学派的 SCP 分析

(一) 理论基础

SCP 分析模型,即 SCP (structure-conduct-performance,结构—行为—绩效)模型是由美国哈佛大学产业经济学权威学者贝恩、谢勒等人建立于 20 世纪 30 年代。哈佛学派以新古典学派的价格理论为基础,在承袭了前人一系列理论研究成果的基础上,以实证研究为主要手段,从结构、行为、绩效三方面对特定市场进行分析,该模型提供了一个既能深入具体环节,又有系统逻辑体系的市场结构(Structure)—市场行为(Conduct)—市场绩效(Performance)的产业分析框架。

SCP 分析方法的理论依据是传统的微观经济学。传统的微观经济学将完全竞争和垄断作为两极,将现实的市场置于其中进行分析,从而形成了新古典经济学派的价格理论。新古典经济学派认为,市场上企业数量越多,就越接近完全竞争状况,资源配置效率就越高。由于哈佛大学将市场结构作为产业组织理论分析的重点,因而信奉哈佛学派的人通常被称为"结构主义者"。

(二) 核心内容

SCP 框架的基本含义是,市场结构决定企业在市场中的行为,而企业行为又决定市场运行在各个方面的经济绩效。SCP 模型分析在行业或者企业受到表面冲击时,可能的战略调整及行为变化。SCP 模型从对特定市场结构、市场行为和市场绩效三个角度来分析外部冲击的影响。外部冲击:主要是指企业外部经济环境、政治、技术、文化变迁、消费习惯等因素的变化;市场结构:对市场内竞争程度及价格形成等产生战略性影响的市场组织特征。决定市场结构因素主要是市场组织特征。市场行为:指企业在充分考虑市场供求条件和其他企业的关系基础,所采取的各种决策行为。市场绩效:指在一定市场结构和市场行为条件下市场运行的最终经济效果(见表 3-1)。

表 3-1　　　　　　　　　　SCP 模型框架

市场结构	市场行为	市场绩效
买者与卖者的数量和规模	定价行为	利润率
产品差异	R&D	技术进步

续表

市场结构	市场行为	市场绩效
进入（退出）障碍	投资	产品质量
垂直一体化	广告	效率
多样化经营	并购	股东价值

资料来源：作者整理。

一个特定的市场属于哪种市场结构类型，一般取决于下面几个要素：(1) 交易双方的数目和规模分布。完全竞争市场存在众多的买者和卖者，企业的规模很小以至于不能单独对市场上的价格产生影响，只能是市场价格的接受者。一般情况下，随着交易双方数目的减少，双方的规模会相应增大，价格变动的潜力越来越强，出现垄断的可能性越来越大，到了一定阶段，必然会出现卖方垄断（买方垄断）。(2) 产品差异化在理想的完全竞争情形下，企业出售的都是同质的产品，只能通过价格进行竞争。在现实的世界中，产品间总是在某些方面存在差异，随着产品差异化程度的增大，不同企业间产品的可替代性变弱，企业获取垄断地位的可能性相应变大。但产品差异化所带来的消费者主观上的满足和企业的市场控制力导致的福利损失之间存在一定的可替代性。(3) 市场份额和市场集中度特定的市场中，市场份额（某个企业的市场销售份额比重）、市场集中度（少数几个最大规模企业所占的市场份额）与市场结构密切相关。一般而言，市场份额越大、市场集中度越高，少数几个企业的市场支配势力越大，市场的竞争程度越低。(4) 进入壁垒意味着进入某一特定市场所遇到的各种障碍，主要包括：国家立法、机构政策针对少数特定厂商授予特许经营权所形成的政策性壁垒；在位厂商采取措施抵制新厂商进入而形成的策略性壁垒；因资源分布的区域性导致某地厂商无法取得该资源而不能进入特定行业的资源性壁垒；潜在进入者获取行业核心技术的困难所形成的技术性壁垒；在位厂商的绝对成本优势所构成的成本性壁垒；此外，市场容量、规模经济、消费者偏好也会构成进入壁垒。

市场行为是市场结构、市场绩效的联系纽带，企业行为通过各种策略对潜在进入者施加压力从而影响市场结构。但必须在不完全竞争市场中讨论企业行为方有意义，完全竞争市场中企业微弱的市场控制力决定了企业广告、串谋等行为的无效性，企业可以按照市场价格销售任何数量的产品。

市场绩效是指特定市场结构下，通过特定企业行为使某一产业在价格、产量、成本、利润、产品质量、品种及技术进入等方面达到的状态。

（三）结论

1. 哈佛学派的 SCP 分析法

产业组织理论由市场结构（S）、市场行为（C）、市场绩效（P）三个基础部分和政府的产业组织政策组成。市场结构决定企业在市场的行为，而企业行为又决定市场运行的经济绩效。因此，为了获得理想市场绩效，最重要就是通过政府的产业组织政策来调整和直接改善不合理的市场绩效。

2. "集中与利润"假说

在哈佛学派的 SCP 范式中，对市场集中度和产业利润之间关系的研究处于最重要的核心地位。在集中度较高的产业中，由于少数企业间的串谋协调以及通过高进入障碍限制竞争的行为削弱了市场的竞争性，结果往往导致超额利润的产生，在产业利润率较高的同时，破坏了资源配置效率；反之，市场中若存在持续超额利润或经济利润，一般就说明市场存在垄断因素，利润越高，垄断性就越强。

哈佛学派将垄断利润作为判断市场绩效好坏的主要标志，对"市场绩效"的理解主要定位在"资源配置效率"和"公平分配"原则上，忽视了企业内部效率和技术等评价体系，是以一种静态的眼光看待市场结构，对技术进步和研究开发问题关注很少。

3. 公共政策

哈佛学派认为，寡占的市场机构会产生寡占的市场行为，进而导致不良的市场绩效，特别是资源配置的非效率。因此，有效的产业组织政策首先应该着眼于形成和维护有效竞争的市场结构，主张对经济生活中的垄断和寡头应采取规制政策。哈佛学派的这种政策主义对第二次世界大战后以美国为首的西方发达国家反垄断政策的开展和强化都曾产生过重大的影响。

总之，哈佛学派的 SCP 范式开创性地建立了产业组织理论的分析框架和分析范围。在分析框架中突出市场结构，在研究方法上偏重经验性检验，是哈佛学派区别于其他学派的两个重要特征。其基本结论是：高集中度的市场结构会产生垄断性的市场行为，进而导致不良的市场绩效，特别是资源配置的非效率。

第二节　竞争机制与资源配置效率

亚当·斯密的《国民财富的性质和原因的研究》，对于竞争机制是如何使每个人都无意识的参加到促进社会全体利益的发展中去的最初阐述，通过"看不见的手"的作用，创造出一个最优的经济社会。竞争是商品生产者之间经济实力较量和利益争夺的一种关系，竞争机制被西方古典经济学家认为是对资本主义经济中的各种问题，给出最优解决的组织形式，它能使有限的资源得到合理的配置。自由竞争的力量来自于自发决定的价格体系。很长时间以来，竞争一直被看作是对资本主义体制中各种经济问题能给出最优解的组织形式。在自由企业体制，市场经济为基础的发达资本主义国家中，竞争主义一直是作为效率主义的同义词，被作为是促进经济进步的最大动因，竞争活力也被作为信条成为市场经济赖以生存和发展的前提。保护和促进竞争政策，成为这些市场经济国家政治体系的最重要内容。

竞争机制的思想，产生于西方自由放任的哲学。西方经济学家认为，政府不应过多地干预经济活动，政府的作用及政策的制定，应着眼于如何维护正常竞争秩序以保证竞争机制的正常运行。

一、完全竞争市场

完全竞争市场又称纯粹竞争市场或自由竞争市场，是指一个行业中有非常多的生产销售企业，它们都以同样的方式向市场提供同类的、标准化的产品（如粮食、棉花等农产品）的市场。卖者和买者对于商品或劳务的价格均不能控制。在这种竞争环境中，由于买卖双方对价格都无影响力，只能是价格的接受者，企业的任何提价或降价行为都会招致对本企业产品需求的骤减或利润的不必要流失。因此，产品价格只能随供求关系而定。

二、帕累托最优状态

帕累托最优（Pareto optimality），也称为帕累托效率（Pareto efficiency），是指资源分配的一种理想状态，假定固有的一群人和可分配的资源，从一种分配状态到另一种状态的变化中，在没有使任何人境况变坏的前提下，使得至少一个人变得更好。帕累托最优状态就是不可能再有更多的帕累托改进的余地。换句话说，帕累托改进是达到帕累托最优的路径和方法，帕累托最优是公平与效率的"理想王国"。即对于任何两种资源，所有消费者的边际消费率全部相等，所有生产者的边际技术替代率相等，而且边际消费率与边际技术替代率也相等。在不损害另一方利益的情况下，已经无法再通过改变资源配置方式提高效率的状态。

第三节 规模经济、垄断与"马歇尔冲突"

一、规模经济

"规模经济"也称"规模利益"，是指在技术水平一定的前提下，对于某一产品而言，如果企业的平均成本呈现下降态势，则意味着规模扩张能够带来额外的收益，此时我们就能够断定该企业存在规模经济，具体表现为企业的长期平均成本（LAC）曲线的斜率为负的区间，LAC 曲线的最低点就是"最小最佳规模经济"。

二、有效竞争理论

有效竞争：1940年克拉克提出有效竞争，有效竞争是一种兼顾规模经济和竞争活力的理想状态，其实只是追求较高的经济效率。简单地说，就是既有利于维护竞争又有利于发挥规模经济作用的竞争格局。其中，政府的公共政策将成为协调两者关系的方法或手段。

有效竞争是一种竞争收益明显大于竞争成本的竞争。有效竞争必须要求竞争效益（收益与成本比）大于1，至于竞争效益具体要达到多大才能称得上是有效竞争，这是一个需要根据各时期的具体情况而定的问题，但至少它为有效竞争规定了一个最低限。有效竞争是一种适度竞争，既不是过度竞争也不是竞争不足；有效竞争应符合规模经济要求。规模不经济状况下的竞争是一种低水平的竞争，而低水平竞争意味着企业要以较多的资源投入才能得到一定量的产出，表现为经济效率低下。这显然是与以追求较高经济效率的有效竞争目标相违背的。因此，有效竞争应该是在满足最小经济规模条件下的竞争，这样才能实现较高的经济效率。

三、维护竞争与规模经济

"有效竞争"是既有利于维护竞争又有利于发挥规模经济作用的竞争格局。其中，政府的公共政策将成为协调两者关系的主要方法或手段。在规模经济的作用下，竞争的结果必然使市场结构中的垄断因素不断增强。

四、有效竞争标准

梅森归纳了两大类基本的有效竞争标准：一是将能够维护有效竞争的市场结构的条件归纳为市场结构标准；二是将从市场绩效角度来判断竞争有效性的标准归为市场绩效标准。有效竞争三分法（判断有效竞争的标准）：市场结构标准、市场行为标准和市场绩效标准。虽然关于有效竞争标准的研究仍存在不少缺陷，但是这一研究至少有三方面的作用：第一，不再将不现实的有效竞争作为理想的追求模型；第二，注意从不同的方面提供判断具体的有效竞争状况标准，使理论研究和政策制定有了坚实的基础；第三，这一标准体系有利于从不同角度对竞争是否有效进行更加全面的分析判断。

有效竞争的市场结构标准：市场结构是指卖者之间、买者之间，以及卖者和买者之间的力量的对比关系，或相互竞争的厂商之间的规模分布状态。市场结构的核心内容是竞争与垄断的关系，主要体现在厂商的规模分布。市场结构的类型：完全竞争的市场、完全垄断的市场、垄断竞争的市场、寡头垄断的市场。市场结构的影响因素：集中度、产品的差别化、市场进入和退出的壁垒、市场需求的增长率、市场需求的价格弹性等。

有效竞争的市场结构标准：不存在进入和流动的人为限制；存在对上市商品质量差异的价格敏感性；交易者的数量符合规模经济的要求。

有效竞争的市场绩效标准：市场绩效是指，在一定市场结构中，有一定的市场行为所形成的价格、产量、成本、利润、产品品质和品种以及技术进步等方面的最终经济成果。市场绩效的衡量标准：利润率指标（收益率），主要有销售利润率、资本收益率和成本利润率等（由于各行业税率差异较大，税后利润不可比，可采用税前利税总额计算）。销售利润（税）率：销售利润（税）率＝利润（税）总额/产品销售收入×100%。资本利润（税）率：资本利润（税）率＝利润（税）总额/自有资本×100%。成本利润（税）率：成本利润（税）率＝利润（税）总额/产品销售成本×100%。

有效竞争的市场绩效标准：利润水平刚好足以酬报创新、效率和投资；质量和产量随消费者需求而变化；企业近期努力引进技术上更优的新产品和新的生产流程；没有更过度的销售开支；每个企业的生产过程是有效率的；更好地满足消费者需求的卖者得到最多的报酬；价格变化不会加剧周期的不稳定。

五、马歇尔冲突

经济学家马歇尔经济理论中关于规模经济和垄断弊病之间的矛盾的观点。马歇尔认为：自由竞争会导致生产规模扩大，形成规模经济，提高产品的市场占有率，又不可避免地造成市场垄断，而垄断发展到一定程度又必然阻止竞争，扼杀企业活力，造成资源的不合理配置。因此社会面临一种难题：如何求得市场竞争和规模经济之间有效。合理的均衡，获得最大的生产效率。规模经济和竞争的活力之间这对难分难解的矛盾，最早是由马歇尔在他的名著《经济学原理》中揭示的，因此后人称这对矛盾为"马歇尔冲突"。

本 章 案 例

一、猎鹿博弈[①]

在原始社会，人们靠狩猎为生。为了使问题简化，设想村庄里只有两个猎人，主要猎物只有两种：鹿和兔子。如果两个猎人齐心合力，忠实地守着自己的岗位，他们就可以共同捕得一头鹿。要是两个猎人各自行动，仅凭一个人的力

---

① 卢梭：《论人类不平等的起源和基础》，浙江出版联合集体 2003 年版。

量，是无法捕到鹿的，但却可以抓住 4 只兔子。从能够填饱肚子的角度来看，4 只兔子可以供一个人吃 4 天；1 只鹿如果被抓住将被两个猎人平分，可供每人吃 10 天。也就是说，对于两位猎人，他们的行为决策就成为这样的博弈形式：要么分别打兔子，每人得 4；要么合作，每人得 10（平分鹿之后的所得）。如果一个去抓兔子，另一个去打鹿，则前者收益为 4，而后者只能是一无所获，收益为 0。在这个博弈中，要么两人分别打兔子，每人吃饱 4 天；要么大家合作，每人吃饱 10 天，这就是这个博弈的两个可能结局。

二、满意即最优[①]

假如原来甲有一个苹果，乙有一个梨，他们是否就是帕累托最优呢？取决于甲乙二人对苹果和梨的喜欢程度，如果甲喜欢苹果大于梨；乙喜欢梨大于苹果，这样就已经达到了最满意的结果，也就已经是"帕累托最优"了。如果是甲喜欢梨大于苹果；乙喜欢苹果大于梨，甲乙之间可以进行交换，交换后的甲乙的效用都有所增加，这就是帕累托改进。我们还假定两个消费者甲和乙，是航海中遇难的水手，他们遇难后登上一个荒岛，甲带着食品，乙带着药品；甲和乙都有药品和食品的需求，如何交换才能使他们二人的境况尽可能的好，使他们得到满足的最大化，用经济学的理论说是，两个人的食品与药品的边际替代率相等，在这一点上是两个人的满足程度是一样的。实现资源配置的最佳效率，就实现了帕累托最优。我国经济学家盛洪在他著的《满意即最佳》里说过一句话，"一个简单的标准就是，看这项交易是否双方同意，双方是否对交易结果感到满意。"而真是谁也不愿意改变的状态，就已经是"帕累托最优"了。我们通俗地讲"帕累托改进"是在不损害他人福利的前提下进一步改善自己的福利，用老百姓的俗话说就是"利己不能损人"。同样，只有在不损害生产者和经营者权利的前提下维护消费者的权益，才能在市场经济的各个主体之间达到"帕累托最优"的均衡状态。

三、发生在空中的帕累托改良[②]

航空公司总是希望航班上座率越高越好，然而他们也知道总有一小部分订了机票的旅客临时取消旅行计划。这就使他们开始尝试超额售票术，就是在一个合理估计的基础上，让售票数量稍大于航班实际座位数。不过，有时确实可能出现所有旅客都不打算改变行程，要按期出发的情形，航空公司必须决定究竟取消谁的座位才好。这里列举几种可能的决定方法。20 世纪在 60 年代，航空公司只是简单取消最后到达机场的乘客的座位，安排他们换乘后面的航班，而那些倒霉的乘客也不会因行程被迫改变而获得任何额外补偿。结果确认座位的过程演变成让人血压骤升的紧张时刻。为了避免这种情况，第二种选择可能是由政府出面明令禁止超额售票术。但是这样一来，飞机可能被迫带着空座位飞行，而外面其实还

---

① 作者整理。
② 斯蒂格利兹：《经济学》，中国人民大学出版社 2000 年版。

有急于出发的旅客愿意购买这些机票。结果航空公司和买不到票的旅客都受到损失。1968年，美国经济学家尤利安·西蒙提出了第三种方案。西蒙这样写道："办法非常简单，超额售票术需要改进之处就是航空公司在售票的同时交给顾客一个信封和一份投标书，让顾客填写他们可以接受的延期飞行的最低赔偿金额。一旦飞机出现超载，公司可以选择其中数目最低者按数给予现金补偿，并优先售给下一班飞机的机票。各方受益，没有任何人受到损害。"实际上，目前航空公司采用的超额售票术同西蒙的方案非常接近，区别在于通常干脆以免费机票现金补偿（有时提供相当数量的机票折扣）。人们远比估计的更加愿意接受这种安排。航空公司从中受益，因为他们可以继续超额售票，有助于实现航班满员飞行。事实上，免费机票本身可能属于根本卖不出去的部分，航空公司提供免费机票的边际成本接近于零。这是一个发生的真实世界的帕累托改良。其中牵涉的各方均受益，至少不会受到损失。

四、长途电话[①]

一方面，允许许多企业开展竞争——重叠的通讯网，无疑会导致经济资源巨大浪费，让其中一家企业扩大规模，将所有的业务都交给它经营，反而对整个社会是有利的。充分享有规模经济，对提高一个企业，乃至整个国民经济的经济效益，都具有不可估量的意义。如当一种车型年产量从1000辆增加到10万辆时，单位成本将下降55%。二战后，特别是近十几年，国际企业兼并一个重要的原因就是追求规模经济。另一方面，每个产业市场规模都不是无限的，当有限的市场规模和企业追求规模经济的行动碰在一起时，必然导致生产越来越集中，企业数目不断减少。最终有可能形成一个独霸市场的垄断寡头，从而使它获得人为操纵价格的力量。即使在少数几个企业占有某一产业大部分生产的垄断市场上，它们为了避免在竞争中两败俱伤，也常常可以通过合谋或卡特尔等形式，控制这一产业的价格，扭曲市场配置资源的机制。

参考文献

1. 夏大慰：《产业组织学》，复旦大学出版社1994年版。
2. 植草益：《产业组织论》，中国人民大学出版社1988年版。
3. 泰勒尔：《产业组织理论》，中国人民大学出版社1997年版。
4. 王俊豪：《产业经济学》，高等教育出版社2012年版。
5. 苏东水等：《产业经济学》，高等教育出版社2015年版。
6. 高志刚等：《产业经济学》，中国人民大学出版社2016年版。

[①] 陈代云：《电信网络的经济学》，上海财经大学出版社2003年版。

第四章 市场结构

第一节 市场结构及形态

一、含义及决定因素

市场结构狭义指买方构成市场，卖方构成行业；广义是指一个行业内部买方和卖方的数量及其规模分布、产品差别的程度和新企业进入该行业的难易程度的综合状态，也是某一市场中各种要素之间的内在联系及其特征，包括市场供给者之间（包括替代品）、需求者之间、供给和需求者之间以及市场上现有的供给者、需求者与正在进入该市场的供给者、需求者之间的关系。

决定市场结构的因素有：（1）市场集中度，衡量的主要指标有：行业集中度、洛伦兹曲线和基尼系数。影响市场集中度的主要因素有：企业规模、市场容量、行业进入条件、市场需求增长率。（2）商品差别化。（3）进入和退出壁垒。进入壁垒主要分为结构性进入壁垒和行为性进入壁垒。进入壁垒还涉及政府法律、法规和相关政策等形成的制度性障碍。结构性进入壁垒：绝对成本优势、规模经济、商品差别。行为性进入壁垒：进入遏制、进入封锁行为和驱逐竞争对手行为等。退出壁垒的成因：资产专用性和沉没成本；解雇费用；政策法律的限制。

二、市场形态的分类

（一）数量

市场结构的数量形态如表 4-1 所示。

表4-1　　　　　　　　　　　市场结构的数量形态

买方＼卖方	1家	2家	少数	多数
1家	双方垄断		买方垄断 卖方垄断	买方垄断
2家		双方双头垄断		买方双头垄断
少数	卖方垄断 买方寡头		双方寡头	买方寡头
多数	卖方垄断	卖方双头垄断	卖方寡头	完全竞争

资料来源：作者整理。

（二）产品差异化

市场结构的差异化特征如表4-2所示。

表4-2　　　　　　　　　　市场结构的差异化特征

卖方＼产品差异化程度	产品完全不可替代	产品差异化明显	产品同质
1家	完全垄断		
少数		差别化寡头	纯粹寡头
多数		完全竞争	完全竞争

资料来源：作者整理。

（三）壁垒

市场结构形态的壁垒特征如表4-3所示。

表4-3　　　　　　　　　市场结构形态的壁垒特征

市场形态	进入	退出
开放市场	自由	自由
进入限制市场	限制	自由
封闭市场	限制	限制

第二节 完全竞争与完全垄断

一、完全竞争市场的条件

(一) 大量买者和卖者

市场上有众多的生产者和消费者,任何一个生产者或消费者都不能影响市场价格。

由于存在着大量的生产者和消费者,与整个市场的生产量和购买量相比较,任何一个生产者的生产量(即销售量)和任何一个消费者的购买量所占的比例都很小,因而,他们都无能力影响市场的产量(即销售量)和价格,所以,任何生产者和消费者的单独市场行为都不会引起市场产量(即销售量)和价格的变化。

(二) 产品同质性

市场上有许多企业,每个企业在生产某种产品时不仅是同质的产品,而且在产品的质量、性能、外形、包装等方面也是无差别的,以至于任何一个企业都无法通过自己的产品具有与他人产品的特异之处来影响价格而形成垄断,从而享受垄断利益。

对于消费者来说,无论购买哪一个企业的产品都是同质无差别产品,以至于众多消费者无法根据产品的差别而形成偏好,从而使生产这些产品的生产者形成一定的垄断性而影响市场价格。也就是说,只要生产同质产品,各种商品互相之间就具有完全的替代性,这很容易接近完全竞争市场。

(三) 资源流动性

这意味着厂商进入或退出一个行业是完全自由和毫无困难地。任何一个生产者,既可以自由进入某个市场,也可以自由退出某个市场,即进入市场或退出市场完全由生产者自己自由决定,不受任何社会法令和其他社会力量的限制。

(四) 信息完全性

市场上的每一个买者和卖者都掌握着与自己的经济决策有关的一切信息。这样每一个消费者和每一个厂商都可以根据自己掌握的完全的信息,做出自己的最优的经济决策,从而获得最大的经济效益。

二、完全竞争市场结构的评价

在完全竞争市场上，厂商处于长期均衡状态时，市场是最有效率的。自由竞争是实现基本经济目标的最好手段，保证资源的合理配置，发挥供求双方的积极性。完全竞争市场在现实生活前提条件的情况下，很难成立。因而，完全竞争市场的效率也必须在具备了严格前提条件的情况下才会出现。完全竞争市场所必须的有大量小企业存在这个条件既不可能也不适用。在现实经济实践中，即使进入市场非常自由，由于其他各个方面条件的限制和影响，进入市场中的企业也不可能无限多。完全竞争市场也会造成资源的浪费。在完全竞争市场条件下，自由进入使效率更高、产品更能适合消费者需要的企业不断涌进市场，而那些效率低的产品已不能适应消费者需要的企业则不断地被淘汰退出市场。完全竞争市场中完整信息的假设是不现实的。一般情况下，无论是生产者还是消费者，都只能具有不完整的知识。生产者对其在现实市场中的地位、将来发展的动向及影响市场的各种因素的信息等知识，都不可能完整地掌握。

第一，完全竞争市场在现实生活中很难成立。因而，完全竞争市场的效率也必须在具备了严格前提条件的情况下才会出现。在现实经济实践中难以全面具备完全竞争市场的所有前提条件，因此实际上完全竞争市场在现实经济实践中很难出现。完全竞争市场只是西方经济学家在研究市场经济理论过程中的一种理论假设，是他们进行经济分析的一种手段和方法。这样没有实践意义就成了完全竞争市场形式的最根本的缺陷。在这种根本缺陷的条件下完全竞争市场还具有其他许多与前提条件相对应的具体缺陷。

第二，完全竞争市场所必须的有大量小企业存在这个条件，既不可能也不适用在现实经济实践中，即使进入市场非常自由，由于其他各个方面条件的限制和影响，进入市场中的企业也不可能无限多。即使市场中已存在有大量的企业，这些企业也只能是小企业。在有着大量小企业的情况下，市场中的商品价格就可能相对较高。因为小企业的生产规模较小不能进行规模生产，存在着规模不经济，生产成本高，因而小企业生产的产品价格高。小企业的生产成本下降潜力小，这是因为小企业无力引进先进的生产技术和设备，生产的效率难以有较大的提高，这样其产品的生产成本也就难以降低。即使能够引进先进的生产技术和设备，也无法达到规模生产，这时其生产成本不仅不能下降反而还会上升。

第三，完全竞争市场也会造成资源的浪费。在完全竞争市场条件下自由进入使效率更高、产品更能适合消费者需要的企业不断涌进市场，而那些效率低、产品已不能适应消费者需要的企业又不断地被淘汰退出市场。小企业在进步和外来干扰的冲击下很容易在竞争中失败成为完全竞争市场条件下正常的和经常的现象。那些因在竞争中失败而退出市场的企业，其整个企业的设备与劳动力在仍然可以发挥作用的情况下被迫停止使用，造成了宝贵的物质资源和劳动力资源的浪费。

通过以上的分析可以看出，完全竞争的市场在现实生活中是不存在的，它只是一种理论上的假设。同时，完全竞争市场也并非是一个高效的充满竞争的市场，它也会造成资源的浪费。而且它是一个非个性化的市场结构，所有的生产者和消费者都是相同的没有任何差别和优势，相互之间并没有太强的竞争意识，激烈的竞争也就无从谈起。

三、企业在完全竞争市场中的竞争策略

在大多数行业中都有强大的竞争力量促使经济利润的减少。这些竞争力量意味着许多战略优势都不会持续长久。如果市场条件近似于完全竞争模式迅速调整以争取短暂的竞争优势是很重要的。另外潜在的进入者还应当认识到，随着时间的流逝，目前行业中可观的经济利润很有可能会消失。这种考虑会影响企业长期资本投资和进入决策。在竞争性市场中，企业还必须力争提高效率和控制成本。那些低效率的企业会亏损，并强迫退出市场。

尽管完全竞争市场在现实经济生活中几乎是不存在的，但是，研究完全竞争市场类型仍有其积极的意义。分析研究完全竞争市场形式，有利于建立完全竞争市场类型的一般理论，当人们熟悉掌握了完全竞争市场类型的理论及其特征以后，就可以用其指导自己的市场决策。

四、完全垄断的特点

厂商数目唯一，一家厂商控制了某种产品的全部供给。完全垄断市场上垄断企业排斥其他竞争对手，独自控制了一个行业的供给。由于整个行业仅存在唯一的供给者，企业就是行业。

完全垄断企业是市场价格的制定者。由于垄断企业控制了整个行业的供给，也就控制了整个行业的价格，成为价格制定者。完全垄断企业可以有两种经营决策：以较高价格出售较少产量，或以较低价格出售较多产量。

完全垄断企业的产品不存在任何相近的替代品。否则，其他企业可以生产替代品来代替垄断企业的产品，完全垄断企业就不可能成为市场上唯一的供给者。因此消费者无其他选择。

其他任何厂商进入该行业都极为困难或不可能，要素资源难以流动。完全垄断市场上存在进入障碍，其他厂商难以参与生产。完全垄断市场和完全竞争市场一样，都只是一种理论假定，是对实际中某些产品的一种抽象，现实中绝大多数产品都具有不同程度的替代性。

五、完全垄断市场形成的原因

垄断市场形成的原因很多，最根本的一个原因就是为了建立和维护一个合

法的或经济的壁垒，从而阻止其他企业进入该市场，以便巩固垄断企业的垄断地位。

垄断企业作为市场唯一的供给者，很容易控制市场某一种产品的数量及其市场价格，从而可连续获得垄断利润。具体地说，垄断市场形成的主要原因有以下几个方面：一方面，生产和资本的集中发展到一定阶段时就产生了垄断的可能性。因为当生产和资本发展到一定阶段后，生产和资本逐步集中到少数的大企业手中，他们之间就容易达到协议，形成垄断，使其操纵、控制市场供给成为可能，而其他企业则无法与之竞争。另一方面，生产和资本的集中发展到一定阶段后，生产和资本必然集中到了少数大企业手中，这些大企业要在竞争中打败对方单独取胜，则很不容易。为了避免两败俱伤从而获取稳定的垄断利润，他们都有谋求妥协达成垄断的共同需要。

六、完全垄断的福利损失及其衡量

在现实资本主义市场上，完全竞争市场和完全垄断市场几乎都是不存在的，更为普遍存在于各行业的是垄断竞争市场与寡头竞争市场。因此在 SCP 框架下，对产业市场垄断程度的衡量就成为对该市场结构进行分析的基础。在产业组织理论的发展中，逐步推出了一系列指标对垄断程度进行衡量，其中包括两大部分：衡量单个企业垄断势力的指标和衡量市场垄断程度的指标。

（一）单个企业垄断程度指标

（1）勒纳指数（Lerner Index）的计算公式为：$I_L = (P - MC)/P$，其中 P 为价格，MC 为边际成本。勒纳指数实际上反映了价格与边际成本的偏离程度，I 越大，说明价格与边际成本的偏离（高于）程度越高，垄断程度越大。

（2）贝恩指数（Bain Index）的计算公式为：$I_B = (P - AC)/P$。

贝恩指数与勒纳指数类似，只是将其中的边际成本 MC 改成了平均成本 AC，作为衡量单个企业垄断程度的指标。贝恩指数还反映了垄断企业的超额利润，比勒纳指数更容易得出，也更能反映垄断所产生的绩效。

（二）市场垄断程度指标

衡量市场垄断程度的指标主要有集中度（Concentration Ratio，CRn）、洛伦兹曲线和基尼系数、赫芬达尔指数（Herfindahl Index）、交叉弹性（Cross Elasticity）等。这些指数均以行业内最大的若干家厂商为计算对象，指数越大，市场垄断程度越大（交叉弹性除外）。集中度以市场中最大的 4 家或 8 家厂商所占的市场份额来计量，在一定程度上反映了市场的垄断程度，但是由于它在数据采集的可行性和其他因素考虑上的不足，其应用受到一定局限性。赫芬达尔指数等于各个企业市场占有率的平方和。其采样范围涵盖了整个行业的所有企业，因此具有更大的广泛性，能够更好地反映市场集中度。与其他指数不同，交叉弹性指数反映的是两种相关产品之间的替代性和互补性，替代性越大，则竞争性越强。供给交叉价格弹性=(X厂商提供的X产品数量变动%)/(Y产品的价格变动%)。

第三节 垄断竞争市场与寡头垄断市场

一、垄断竞争市场的条件

垄断性竞争是经济学中比较典型的市场形式之一，并在以下条件下产生：（1）市场中具有众多的生产者和消费者；（2）消费者具有明确的偏好，商品和服务是"非同质的"；（3）自由进入。进行垄断性竞争的企业在短期具有垄断性质，而在长期则是零利润和生产能力过剩的。

二、垄断竞争市场的评价

垄断竞争市场的优点：规模经济。由于垄断厂商的规模可以很大，可以获得规模经济带来的好处。其研究和开发的能力也可能使得垄断厂商具有更低的成本。虽然垄断厂商在产品市场没有竞争者，但是在资本市场上却会面临竞争。长期中获得超额利润这一点可以促进生产新产品的垄断厂商或行业的进一步发展。

垄断竞争市场的缺点：在均衡状态中垄断市场价格要高于完全竞争。在长期均衡中，相对于完全竞争市场中的厂商，垄断厂商没有以可能的最低成本进行生产，所生产的产量也小于在完全竞争市场中应该达到的产量。垄断厂商获得的超额利润被视为收入分配的不平等。垄断竞争时，不但产品价格高于最低平均成本、产量低于最低平均成本所对应的产量，而且厂商为了形成产品差别，在提高产品质量、进行广告促销等方面有着额外支出，使产品成本上升，造成资源的浪费。

但有的经济学家认为，垄断竞争中存在的产品差别可以满足消费者多方面的需要，有助于增进消费者的福利。在非价格竞争中，厂商必须不断开展技术创新、提高产品质量、改进服务方式，也有利于增进消费者的福利。在这一点上，完全竞争市场就相形见绌了。在完全竞争市场上，产品价格虽然低廉，但同类产品都是清一色的，无法适应消费需求的多层次性。而且，厂商在创新上也缺少动力。

三、寡头垄断市场的特点

厂商极少。市场上的厂商只有一个以上的少数几个（当厂商为两个时，叫双头垄断），每个厂商在市场中都具有举足轻重的地位，对其产品价格具有相当的影响力。

相互依存。任一厂商进行决策时，必须把竞争者的反应考虑在内，因而既不是价格的制定者，更不是价格的接受者，而是价格的寻求者。产品同质或异质，产品没有差别，彼此依存的程度很高，叫纯粹寡头，存在于钢铁、尼龙、水泥等产业。产品有差别，彼此依存关系较低，叫差别寡头，存在于汽车、重型机械、石油产品、电气用具、香烟等产业。进出不易，其他厂商进入相当困难，甚至极其困难。因为不仅在规模、资金、信誉、市场、原料、专利等方面，其他厂商难以与原有厂商匹敌，而且由于原有厂商相互依存，休戚相关，其他厂商不仅难以进入，也难以退出。

寡头垄断市场结构有一点与垄断竞争相类似，即它既包含垄断因素，也包含竞争因素。但相对而言，它更接近于垄断的市场结构，因为少数几个企业在市场中占有很大的份额，使这些企业具有相当强的垄断势力。寡头垄断企业的产品可以是同质的，也可以是有差别的。前者有时被称为纯粹寡头垄断，后者则被称为有差别的寡头垄断。

寡头垄断的市场存在明显的进入障碍。这是少数企业能够占据绝大部分市场份额的必要条件，也可以说是寡头垄断市场结构存在的原因。最重要也是最基本的因素是这些行业存在较明显的规模经济性。如果这些行业中要容纳大量企业，则每家企业都将因生产规模过小而造成很高的平均成本。规模经济性使得大规模生产占有强大的优势，大公司不断壮大，小公司无法生存，最终形成少数企业激烈竞争的局面。对试图进入这些行业的企业来说，除非一开始就能形成较大的生产规模，并能占据比较可观的市场份额，否则过高的平均成本将使其无法与原有的企业相匹敌。

四、寡头垄断市场的模型

（一）双寡头垄断

双寡头垄断指市场份额全部或绝大部分由两家供应商掌控的垄断现象。双寡头之间虽然也有竞争，但同样存在客户或消费者被动接受过高定价和低质服务的现象。从鼓励竞争的长期趋势来看，双寡头垄断势必会瓦解，市场上会出现新的供应商来形成充分竞争。

形成原因：寡头垄断的市场存在明显的进入障碍。这是少数企业能够占据绝大部分市场份额的必要条件，也可以说是寡头垄断市场结构存在的原因。最重要也是最基本的因素是这些行业存在较明显的规模经济性。如果这些行业中要容纳大量企业，则每家企业都将因生产规模过小而造成很高的平均成本。规模经济性使得大规模生产占有强大的优势，大公司不断壮大，小公司无法生存，最终形成少数企业激烈竞争的局面。对试图进入这些行业的企业来说，除非一开始就能形成较大的生产规模,并能占据比较可观的市场份额,否则过高的平均成本将使其无法与原有的企业相匹敌。

(二) 多寡头垄断

在双寡头斯塔克尔伯格模型基础上可以得出多寡头的斯塔克尔伯格模型假设博弈参与方有 m 个寡头;寡头 1 先行动,进行生产;寡头 1 行动时并不知道寡头 i(=2,…, m) 将采取的产量决策,寡头 i(=2,…, m) 后行动根据观测到的寡头 1 的产量决定自己的产量;各个寡头 i(i =2,…, m) 之间并不知道任何一方的产量决策;每个寡头需要在产量上做出战略选择,同时使自身的利润最大化。

基于多寡头垄断模型的利润最大化分析:为了使研究更加简便,首先根据经典的古诺模型和斯塔克尔伯格模型做出如下假定:(1) 单位产品成本等于常数 C,则企业的生产成本为:Ci(qi) = cqi, (i =1,…, n);(2) 市场需求为线性的,即 $P = P(\sum_{i=1}^{n} qi) = \sum_{i=1}^{n} qi$, i = 1,…, n。

古诺模型中厂商的利润分析:在已知的古诺模型假设中 n 家寡头厂商生产的产品是同质的,为了获取更大的市场额,所有厂家都积极抢先进入市场,则此时寡头的利润为:$Wig = qiP(\sum_{i=1}^{n} qi) - Ci(qi) = qi(a - b\sum_{i=1}^{n} qi) - cqi$, i = 1,…, n。在保证厂商利润最大化的前提下求解,可较容易得出纳什均衡的解:

$$qig = \frac{a-c}{b(n+1)}, i = 1, \cdots, n; Wig = \frac{(a-c)^2}{b(n+1)^2}, i = 2, \cdots, n \quad (4-1)$$

斯塔克尔伯格模型中厂商的利润分析:

假设有一家厂商率先开始行动,进行市场开发,而其他厂商只能作为跟随者,先行动者并不知道跟随者的选择,但跟随者却可以根据先动者的产量做出相应的选择。若先行动者 1 首先进入开始市场,其选择产量为 q1,跟随者 i 根据 1 的产量来选择自己所生产的产量,则此时先动者 1 的利润为:$Wig = qiP(\sum_{i=1}^{n} qi) - Ci(qi) = q1(a - b\sum_{i=1}^{n} q1) - cq1$,而跟随者 i 的利润为:$Wig = qiP(\sum_{i=1}^{n} qi) - Ci(qi) = qi(a - b\sum_{i=1}^{n} qi) - cqi$, i = 2,…, n。经过计算可以求得先动者的最优选择为:

$$q1s = \frac{a-c}{2b}; W1s = \frac{(a-c)^2}{4b} \quad (4-2)$$

同时跟随者的最优选择为:

$$qis = \frac{a-c}{4b(n-1)}; Wis = \frac{(a-c)^2}{16b(n-1)}, i = 2, \cdots, n \quad (4-3)$$

将式 (4-1)~式 (4-3) 中得出的三个利润进行比较,可得出如下的结果:
(1) 当 2≤n≤12 时,Wis≤Wig;当 n≥13 时,Wis > Wig;

(2) W1n > Wig;

(3) W1n > Win。

由此可以得出以下相应的结论：

(1) 当 2≤n≤12 时，Wis≤Wig，即斯塔克尔伯格模型跟随者的利润小于古洛模型中厂商的利润；而当 n≥13 时，Wis > Wig，即斯塔克尔伯格模型跟随者的利润大于古洛模型中厂商的利润。

(2) 由上面的比较结果可知，斯塔克尔伯格模型先行者的利润不仅大于古洛模型的利润，同时大于斯塔克尔伯格模型跟随者的利润。由此可以证明先行动存在着优势，即率先进入市场的寡头的利润不仅大于后进入市场寡头的利润，而且大于各寡头厂商选择同时进入市场时各个厂商的利润。

（三）伯川德模型

伯川德模型（Bertrand duopoly Model）是由法国经济学家约瑟夫·伯川德（Joseph Bertrand）于 1883 年建立的。古诺模型和斯塔克尔伯格模型都是把厂商的产量作为竞争手段，是一种产量竞争模型，而伯川德模型是价格竞争模型。图 4-1 为伯川德模型。

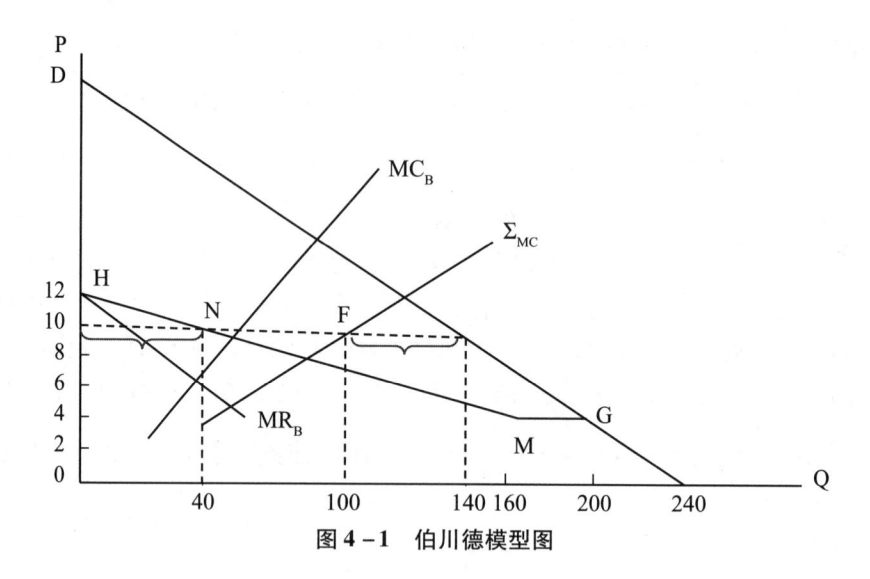

图 4-1 伯川德模型图

伯川德模型的假设为：

(1) 各寡头厂商通过选择价格进行竞争；

(2) 各寡头厂商生产的产品是同质的；

$$Q_i(P_i, P_j) = \begin{cases} Q(P_i), & \text{if } P_i < P_j \\ \frac{1}{2}Q(P_i), & \text{if } P_i = P_j \\ 0, & \text{if } P_i > P_j \end{cases}$$

（3）寡头厂商之间也没有正式或非正式的串谋行为。

伯川德模型假定，当企业制定其价格时，认为其他企业的价格不会因它的决策而改变，并且n个（为简化，取n=2）寡头企业的产品是完全替代品。A、B两个企业的价格分别为P1、P2，边际成本都等于C。

参考文献

1. 丹尼斯·卡尔顿、杰弗里·佩罗夫：《现代产业组织》，上海三联书店1998年版。
2. 刘志彪、安同良：《现代产业经济分析》，南京大学出版社2009年版。
3. 斯蒂格勒：《产业组织和政府管制》，上海人民出版社、上海三联书店1996年版。
4. 李明志、柯旭清：《产业组织理论》，清华大学出版社2004年版。
5. 刘志彪等：《产业经济学》，机械工业出版社2017年版。
6. 苏东水等：《产业经济学》，高等教育出版社2015年版。

第五章 市场结构分析

产业组织从创立以来，基本分析模式一直遵循市场结构—行为—绩效模式，即 SCP 分析。市场结构是一个反应市场竞争和垄断的概念。与市场结构有关的主要有以下几种市场关系，包括：（1）卖方（企业）之间的关系；（2）买方（企业或消费者）之间的关系；（3）买卖双方间的关系；（4）市场内现有买方和卖方与正在进入或潜在进入该市场的买方和卖方之间的关系。影响市场结构的主要因素有：市场集中度、产品差异化、进入壁垒、市场需求的价格弹性、市场需求的增长率、短期成本结构等，本章将讨论前三个因素。

第一节 市场结构分析：市场集中度

一、市场集中度的含义

市场集中度是指在特定产业或市场中，卖方或买方的数目及其相对规模的分布，是反应市场竞争程度的一个概念。如果产业内企业规模大，数量少，所占市场份额高，对市场的影响大，则容易形成市场垄断。由于市场集中度是反映特定市场的集中程度的指标，因此，它与市场中垄断力量形成密切相关。

市场集中度按分析对象可以分为卖方集中度和买方集中度。卖方集中度指的是卖方企业数及企业在市场上所占的份额；买方集中度指的是买方企业数或较大消费者在消费中所占份额的高低。由于买方集中度只存在于少数特殊行业中，所以产业组织理论研究的主要是卖方集中度。

市场集中度按分析范围可分为一般集中度和行业集中度。一般集中度用于表示少数较大企业在整个市场（国民经济）中的比例；行业集中度表示的是买者或卖者在特定行业市场中所占的比例。由于在研究中，一般以特定产业为研究对象，所以市场集中度多数指的是行业集中度。

二、影响市场集中度的因素

在不同的国家和地区，市场集中度存在着极大的相似性，在不同的行业中，市场集中度存在一定的差异。总结起来，影响市场集中度的因素主要有以下两大点。

（一）经济因素

1. 规模经济水平

规模经济指单位产品的成本随着规模的扩大而降低，从而实现收益递增的现象。包括产品生产规模的经济性、工厂规模的经济性和企业规模的经济性。一般情况下，市场上企业规模经济水平越高，效率越高、竞争力越强、市场占有率越高、市场集中度越高。

2. 市场容量

市场容量是不断变化的。正常情况下，市场容量扩大，企业扩展的余地越大；新企业更容易进入市场，大企业所占份额可能会变小，市场集中度可能会变小。反之，市场容量缩小，大企业会进行垄断，小企业进入会越来越难，大企业所占的份额会越来越大，市场集中度会变大。市场容量不变时，大企业也会扩大规模追求规模经济，市场集中度会变大。

3. 进入壁垒

进入壁垒的高低，是决定市场集中度的高低的一个重要方面。进入壁垒越高，市场集中度越高，新企业进入越困难，市场竞争力越低，大企业的支配地位越高，市场集中度越高。反之，进入壁垒越低，新企业进入越容易，市场集中度越低。

4. 金融因素

一般情况下，大企业的还款能力强，信用高，金融机构更愿意支持大企业。而小企业还款能力较小，风险大，使得金融机构不愿支持小企业。金融机构的趋利性会提高产业的市场集中度。

（二）企业战略与制度因素

1. 企业战略

企业为了经济和利益最大化，会采取一些策略来维护自己在市场中的地位。例如，形成产品差异化、设置进入壁垒、扩大企业规模以达到规模经济等，这些策略都会使市场集中度增加。

2. 制度因素

制度因素既有促进集中度的，也有抑制集中度的，还有兼有两方面的。促进集中度的政策制度有授予少数企业特种产品或服务的专营权，保护性关税，外资限制政策等。抑制市场集中度的政策制度有反托拉斯，公平交易法等。兼顾两方面的政策制度有专利法，一方面，专利有利于小企业发展，抑制市场集中度；另一方面，大企业的研发实力雄厚，往往具有较多的专利，专利巩固了大企业已有的优势，提高了市场集中度。

三、市场集中度的指标

（一）绝对集中度

绝对集中度是最常用、最基本的集中度指标，通常用规模最大的前几位企业的生产、销售、资产或职工的累计数量等占整个市场生产、销售、资产、职工累计数量的比来表示。其计算公式为：

$$CR_n = \sum_{i=1}^{n} X_i \Big/ \sum_{i=1}^{N} X_i$$

其中，CR_n 表示市场上规模最大的前几位企业的市场集中度，它介于 0~1 之间，数值越大，表示市场集中度越高，反之越低；

X_i 表示第 i 位企业的生产额、销售额、资产额或职工人数等数值；

n 表示行业中前几位企业数，一般为 4、8 等；

N 表示整个市场的企业数。

CR_n 含义明确，在现实生活中容易测量，也能较好地反映市场的几种状况，显示市场的垄断与竞争程度，因此，绝对集中度指标被广泛地使用。但有的时候绝对集中度所展示的并不完全真实：第一，绝对集中度只反映了前几位企业在市场中的规模与份额，不能将全部企业对市场集中度的影响表示出来；第二，这个指标难以反映市场份额和产品差异化程度的变化情况；第三，绝对集中度只表示了前几位企业总体对市场所占的份额，未反映出前几位企业的相对份额。例如，两个市场中的厂商绝对集中度指标都为0.9，如表5-1所示。

表 5-1　　　　　　两个市场中最大的 4 个企业的市场份额

	企业 1	企业 2	企业 3	企业 4
市场 A	0.80	0.05	0.03	0.02
市场 B	0.25	0.23	0.22	0.20

由表 5-1 可知，市场 A、B 的 CR_4 均为 0.9，但在 A、B 两个市场中，明显 A 市场是一个领头企业独占鳌头，为主导产业；B 市场则是前四位企业实力相当。

（二）相对集中度

相对集中度是反映市场中全部企业规模分布的指标，常用的衡量市场相对集中度指标的方法有洛伦兹曲线、基尼系数和企业规模的对数方差。

1. 洛伦兹曲线

洛伦兹曲线描述了某市场中规模从小到大的企业数量所占企业总数的比例与累计市场占有率的关系。横坐标表示企业从小到大占企业总数的百分比，纵坐标表示这些企业累计销售额占市场总销售额的百分比。当市场中企业规模完全相同时，洛伦兹曲线与对角线重合；当企业规模不完全相同时，洛伦兹曲线为对角线下方的一条曲线。曲线越凸向右下角，说明企业规模分布越不平均，即市场集中度越高。洛伦兹曲线虽然很直观，但它却不能反映出整个市场中规模相同的寡头垄断的市场结构。

2. 基尼系数

基尼系数是建立在洛伦兹曲线基础上的，等于均等分布线和洛伦兹曲线之间的面积与以均等分布线为斜边，以横纵轴为直角边构成的三角形面积之比。用公式表示为：

$$基尼系数 = \frac{均等分布线与洛伦兹曲线之间的面积}{均等分布线以下的三角形面积}$$

洛伦兹曲线与基尼系数原来是用来反映收入分配不均的指标，产业组织学者将其用来反映行业内部企业规模分布的不均。基尼系数值在 0～1 之间变动，当基尼系数为 0 时，洛伦兹曲线与均等分布线重合，所有企业规模完全相等；基尼系数越趋近于 1 时，企业规模分布越不均匀。

洛伦兹曲线与基尼系数可反映某一特定市场上所有企业的规模分布，但也存在一定的局限性：第一，洛伦兹曲线与基尼系数是对特定市场规模分布的相对度量而不是绝对度量，例如两家各自拥有 50% 市场占有率的企业组成的市场和 100 家各自拥有 1% 市场占有率的企业组成的市场具有相同的洛伦兹曲线与相同的基尼系数，很显然，这两种情况下市场结构是完全不同的。第二，当两条不同形状的洛伦兹曲线所围成的面积相等时，基尼系数也就相等了，此时，基尼系数并不能代表某一特定市场中唯一的企业规模分布。

3. 企业规模的对数方差

$$\delta = \frac{1}{N} \sum_{i=1}^{N} (\log S_i)^2 - \frac{1}{N^2} \sum_{i=1}^{N} (\log S_i)^2$$

式中，S_i 表示市场中第 i 位企业的市场占有率；
N 表示市场内企业总数。

企业规模对数方差反映出企业规模越均齐，厂商之间竞争性越强。

4. 赫希曼—赫芬达尔指数

赫希曼—赫芬达尔指数（HHI）是指某个特定行业市场上所有企业的各自市

场占比的平方和，其公式为：

$$HHI = \sum_{i=1}^{n} (X_i/X)^2 = \sum_{i=1}^{n} S_i^2$$

公式中，X 表示市场总规模；

X_i 表示市场中第 i 位企业的规模；

S_i 表示市场中第 i 位企业的市场占有率；

n 表示市场中的企业总数。

由于该值计算出来比较小，在实际生活中，人们常用该值乘以 1000 来表示 HHI 值。相比之下，HHI 值有以下几个优点：第一，HHI 包含了市场中所有企业规模信息，能够较为准确地反映出市场集中度的差别；第二，"平方和"计算具有放大性，使得 HHI 值对规模最大的前几位企业的市场份额变化特别敏感，能够真实地反映出企业之间规模差距的大小。当然，HHI 指数也有不足，为了计算某个指定市场的 HHI 值，必须收集该市场所有企业的市场份额，这样的工作成本是非常大的。

5. 勒纳指数

勒纳指数衡量的是产品的市场价格偏离边际成本的大小，计算公式为：

$$I = \frac{P - MC}{P}$$

式中，I 为勒纳指数；P 为价格；MC 为边际成本。

勒纳指数在 0~1 之间变动，在完全竞争市场中，由于价格等于边际成本，勒纳指数为 0；在不完全竞争中，厂商势力越大，对价格的影响力越大，勒纳指数越大，市场集中度越高。

勒纳指数有两个特点：一是厂商或产业的边际成本数据难以获得，通常用平均成本替代；二是勒纳指数只反映了企业的实际行为，并不代表企业潜在的垄断行为，例如，有时候大企业为了保持其市场地位而实行限制性定价或掠夺性定价，在短期内使得价格接近或低于边际成本，这时勒纳指数接近 0，甚至为负数，但这并不代表市场集中度低。

6. 交叉弹性

交叉弹性指的是需求交叉弹性，是指相关的两种商品中一种商品的需求量变动对另一种商品价格变动的反应程度。用公式表示为：

$$E_{AB} = \frac{\frac{dq_A}{q_A}}{\frac{dp_B}{p_B}}$$

式中，E_{AB} 表示 A 商品对 B 商品的交叉弹性；

dq_A/q_A 表示 A 商品的需求变化率；

dp_B/p_B 表示 B 商品的价格变化率。

需求弹性越大，产品差异化越小，厂商势力越小，市场集中度越小；反之，交叉弹性越小，产品差异化越大，厂商势力越大，市场集中度越大。由于交叉弹性所需数据获得难度较大，所以该指标的实用价值有限。

7. 贝恩指数

贝恩指数是贝恩提出的，是通过考察利润来确定垄断势力的大小。他的理论依据是，一个市场中若持续存在超额利润，那么一般情况下就表明该市场上存在垄断势力，超额利润越多，垄断力量越强，市场集中度越高。贝恩将利润分为会计利润与经济利润两种，会计利润的计算公式为：

$$\pi_\alpha = R - C - D$$

式中，π_α 表示会计利润；R 表示总收益；C 表示当期成本；D 表示折旧。经济利润的计算公式为：

$$\pi_\beta = \pi_\alpha - iv$$

式中，π_β 表示经济利润；i 表示正常投资收益率；v 表示投资总额。

贝恩指数为：

$$B = \pi_\beta / v$$

贝恩指数计算的就是超额利润。贝恩指数相比于勒纳指数，所需数据更容易获得，但它并不一定能反映出企业的真实情况，例如，垄断厂商使用限制性定价或掠夺性定价，贝恩指数是无法判断的。

第二节 市场结构分析：产品差异化

一、产品差异化

（一）产品差异化的含义

产品差异化是指企业在所提供的产品上足以引起消费者偏好的特殊性，使消费者将他与其他企业提供的同类产品相区别。产品差异化存在于不完全竞争市场，在市场中的企业所生产的产品既具有可替代性，又不能完全替代，这种不完全替代的过程就决定于产品差异化。产品差异化是一种有效的竞争手段，它能不同程度地改变消费者对企业产品的忠诚度和认可度，使企业在竞争中占据有利的地位。

（二）产品差异化形成的原因

1. 产品的物理特性

产品的基本用途相同，但款式、性能、绩效等方面有所不同，直接影响产品的使用效果，这是形成产品差异化的基础。

2. 买方的主观印象不同

各个企业大多都拥有自己的厂标、商标，也会有一些广告、宣传或者促销活动，由于消费者的习惯、偏好不同，这些都会引起消费者的主观印象不同。有时消费者还会受到潮流的影响，而对某种产品产生偏好。

3. 销售的地理差别

销售的地理差别包括因企业销售点的位置不同而带来的客观差异，如位置较远会增加时间、运输等成本；也包括销售位置不同而带来的主观差异，如在高档商业区与普通区销售会有较大的差异。

销售服务的差别，主要包括厂商对消费者提供服务、送货上门、技术维修、提供信用支付、提供培训等，都会使消费者产生不同的偏好。

二、产品差异化与市场结构的关系

产品差异化打破完全竞争状态，主要从两个方面影响市场结构。

第一，影响市场集中度。规模较大的垄断企业通过产品差异扩大市场份额，使市场集中度上升，改变市场结构；市场上规模较小的企业通过产品差异化提升自己的市场占有率，降低了垄断企业市场集中度，改变市场结构。

第二，形成进入壁垒。在位企业一般会通过产品差异化设置一些进入障碍，新企业想要进入，必须在设计、生产、促销等方面花费大量资金。一般情况下，产品差异化越大，消费者忠诚度越高，进入壁垒越大，即新企业越难进入。

三、产品差异化决策

企业扩大产品差异化的策略有很多，归纳起来主要有以下六点。

（一）产品主体差异化

产品可以分为核心产品、中间产品和延伸产品三个层次，通常情况下，同类竞争产品的核心产品部分基本是一致的，这就使得产品具有一定的可替代性。但在中间产品和延伸产品上有很大的差异化空间，比如款式、包装等，产品主体差异化是企业最常用，也是最有效的一种方法。

（二）品牌差异化

品牌差异化可以看成是产品主体差异化的一部分，指的是企业不仅仅要给自己的产品设计和注册一个有特点的品牌名称，而且这个品牌名称必须要让消费者对企业或产品产生有效的联想。品牌差异化是企业提高产品定位，树立良好形象的有效手段，企业应通过各种促销手段宣传品牌，丰富其内涵，提高其知名度。

（三）价格差异化

价格差异化是一种非常普遍而且易操作的差异化手段，不同的价格给消费者传递的信息不同。一般而言，高价格给消费者传递的是：该企业比其他企业的同类产品好；有的企业采取跟随的竞争策略，在模仿领先者产品时采用低价格，这时低价格给消费者传递的信息是：我们的产品与市场领先者的产品差别不大，但产品价格更便宜。

（四）渠道差异化

渠道是企业分销产品的路径，通过自己的产品选择不同的分销路径，实现一定程度的差异化。常见的分销渠道有直销、一层渠道、二层渠道、三层渠道以及特许经营、网上销售等。

（五）销售差异化

企业通过利用独特的促销手段，包括广告、人员推销、公关推销和销售促进等建立顾客对产品的认知。

（六）服务差异化

服务可以被看作是产品的延伸部分，包括向买方提供信息服务、送货上门、技术服务、允许分期支付、提供培训等，正是这些服务差异化使得消费者对产品形成偏好。

四、产品差异化与广告

（一）广告的特点

在市场上存在着产品的信息不对称现象，使得市场搜寻成本较大，广告是一种非常有效的传播与沟通信息的方式。根据传播内容，广告可以分为信息性广告和劝说性广告。信息性广告传递产品的客观信息，如价格、形态、功能等；劝说性广告传递产品的主观信息，试图改变消费者对产品的看法。对于不同的产品，广告策略并不相同，如果消费者在购买前就可以确定产品的质量，表明该产品具有"搜寻的性质"，这类产品称为先验品；如果消费者必须在消费后才能确定产品的品质，说明其具有"经验品"性质，这类产品称为后验品。一般而言，后验品需要多做广告，先验品则没有必要。

（二）广告的测量

广告是企业提高产品差异化程度的利器，可以用广告强度与广告绝对额来描

述广告支出水平,其公式为:

$$d = AD/SL$$

式中,d 表示广告强度;AD 表示广告费用绝对额;SL 表示商品销售额。

日本经济学家植草益 1997 年将日本 31 个产品根据广告费用绝对额和广告强度分为三类:

(1) d≥3.5% 或 AD≥20 亿日元,为很高产品差异产业;

(2) 1%≤d<3.5% 或 10 亿日元≤AD<20 亿日元,为高产品差异产业;

(3) d<1% 或 AD<10 亿日元,为中产品差异产业。

第三节 市场结构分析:进入壁垒

在市场结构分析中,对集中度和产品差异化的分析,侧重在位企业之间的市场关系;对进入壁垒的分析,则是从新企业进入市场的难易程度来考察市场关系的调整和变化,研究在位企业与潜在进入企业的竞争关系。

一、进入壁垒的概述

所谓进入,是指产业内进入新设立的企业,也可以是原来其他产业的企业进入新的产业领域。进入壁垒,是指产业内已有企业对准备进入或正在进入的新企业所具有的优势,或者说是新企业进入该产业中时所遇到的各种不利因素和限制。进入壁垒的高低反映了在位企业优势的强弱,也反映了新企业进入所面临困难的大小,所以进入壁垒的高低是影响该行业市场垄断和竞争的一个重要因素,也是市场结构的直接反映。

二、进入壁垒与市场结构的关系

进入壁垒作为市场结构的一部分,与市场结构的其他部分相互影响。由于进入壁垒的存在,市场中潜在进入者有进入的压力,使得市场集中度稳定,进入壁垒越高,集中度越稳定。产品差异化增大了进入壁垒,进入壁垒反作用于企业,进入壁垒的存在,使得市场中相应的少了一部分潜在进入者的竞争,在位企业有更多的时间与资金去增大产品差异化。

三、进入壁垒的分类

(一)结构性进入壁垒

结构性进入壁垒按其形成原因不同,可以分为六种类型,即绝对成本壁垒、规模经济壁垒、必要资本量壁垒、产品差异化壁垒、政策法律制度壁垒和网络效应壁垒。

1. 绝对成本

绝对成本是指在位企业占据若干方面的绝对优势，使得在位企业生产成本低于新进入者，这些优势包括对原材料的占有和支配、已拥有的专利技术、销售渠道、运输能力、获得资金的能力等，在这些优势下，即使新企业进入后达到MES水平生产，其平均成本也要高于在位企业。

2. 规模经济

在位企业享受着规模经济，也就是生产任何同一产品的平均成本都会低于新进入的未达到规模经济的新企业，正是由于新企业生产成本高于已享有规模经济的在位企业，而获利能力又不如在位企业，这就使得新企业在与在位企业的竞争中处于不利地位，这就是规模经济壁垒。

3. 必要资本量

必要资本量是指新企业进入市场时所必须投入的资本。不同行业的必要资本量不同，必要资本量越大，筹资越难。筹资难主要是因为新企业不易获得银行信用而难以获得贷款；或者是银行同意贷款，但是由于新企业风险较大，利息也就会变大，这使得新企业无利可图。因此，所需资本量越大的行业，必要资本量壁垒越大。

4. 产品差异化

产品差异化是形成进入壁垒的重要因素之一。在产品差异化明显的行业中，老企业品牌已被消费者所熟知，形成了良好的信誉，新企业进入需从零开始，要获取或转移消费者偏好需要花费一定的成本，新企业在与老企业竞争时，就需要额外支付促销方面的投入来吸引消费者，这就使得新企业处于不利的竞争地位。

5. 政策法律制度

国家对新建企业实施的行政管理以及相应的政策和法规，有可能构成制度壁垒，这种壁垒是很难通过降低成本或增加广告费用等手段加以克服的。例如，在一些国家和某些产业中，企业进入一个新产业时，需要经过复杂的许可程序，或者一些行业需要生产许可等。

6. 网络效应

网络效应是指对于一些商品，消费者从中获得的收益会随着此类商品使用人数的增加而增加。在网络效应很强的市场中，用户数量是一个企业非常重要的资本，当企业的用户数量高于关键数量时，网络效应自我强化机制会使用户数量进一步增加到更高水平；但是如果用户数量小于关键数量，哪怕非常接近，现有的需求水平也会迅速退化为零。在一些行业中，网络效应给予新企业巨大的进入壁垒。

（二）策略性进入壁垒

1. 概念

策略性行为是寡占市场中企业通过对影响竞争性对手选择的资源进行投资从而

改变竞争环境的行为。策略性进入壁垒是指在位企业通过策略性行为设置的进入障碍，也可以说是在位企业在拥有行动和信息优势下与潜在进入者的博弈过程。

2. 条件

要想成功地利用策略性进入壁垒阻止潜在进入者的进入，取决于三个基本条件：第一，策略性投资必须发生在进入者决策之前，而且被进入者观察到；第二，这种投资决策要能通过向进入者传递信息而改变进入者对进入后利润的预期，从而影响进入者的决策；第三，这种投资必须是不可回收或不可逆的，具有承诺价值。在位企业通过沉没成本投资，使进入者意识到他进入后在位企业一定会采取斗争行动，使得进入者无法获利，从而有效地阻止潜在进入者进入。

3. 影响未来成本结构的进入壁垒

采取策略性行为时，在位企业往往会进行生产能力投资，一旦潜在进入者进入，在位企业就扩大产量，使进入者承受损失。在位企业还可以通过其他提高对手的成本来增加自己的竞争力，例如：进行垂直一体化、利用政府管制、利用产品互补性和配件生产以及提高工资和其他投入品的价格等，通过生产能力的提升和提高对手的成本，会使得进入者进入后处于十分不利的环境。

4. 影响未来需求结构的壁垒

在位企业不仅可以提高未来竞争对手的成本，也可以通过策略性行为改变未来市场需求结构，使潜在进入者进入后难以从中获利而选择不进入。影响需求结构的策略性行为主要有三种：第一，产品扩散策略：在位企业通过产品差异化将市场细分，在细分市场中优先推出自己的品牌，使潜在进入者找不到获利空间；第二，提高转换成本：在位企业可以通过提高用户的忠诚度，使得新企业进入后难以吸引到消费者；第三，利用长期契约锁定产品需求：在位企业通过与用户签订长期契约来锁定未来需求，如果用户转移至新的供应商则应支付一定的违约金，从而使得用户更加稳定。

本 章 案 例

产品差异化[①]

2019年，随着年初新机潮的集中发布，蓝牙耳机也即将迎来新一轮换代。

苹果。代表产品：AirPods。近期外媒爆料，苹果最新款 AirPods 耳机将在 2019 年 3 月 25 日和大家见面。新款 AirPods 的充电盒将支持无线充电功能，并且还会有新的黑色版本加入。毫无疑问新款 AirPods 的面世也将成为 TWS 真无线耳机市场下一个高潮。

---

① 网站：我爱音频网。

华为。代表作品：FreeBuds 2 Pro

此前华为已经为我们带来自家两款 TWS 真无线蓝牙耳机，FreeBuds 以及 FreeBuds 2 Pro。其中华为 FreeBuds 2 Pro 是华为首款支持 HWA 标准的真无线蓝牙耳机，集众多黑科技于一身。华为 FreeBuds 2 Pro 不仅支持 Hi–Res Wireless Audio，还支持无线充电。同时还拥有最新的骨声纹解锁技术，将骨声纹传感器用于采集骨声纹信号和身份识别，为用户带来更加与众不同的使用体验。

小米。代表产品：小米蓝牙耳机 Air、小米蓝牙耳机 AirDots 青春版。

2018 年小米为我们带来了自家两款 TWS 真无线蓝牙耳机，小米真无线蓝牙耳机 Air 和小米蓝牙耳机 AirDots 青春版。小米蓝牙耳机 Air 最大的特点即支持主动降噪，并且主副耳可以自由切换，可独立使用。而小米蓝牙耳机 AirDots 青春版，采用升级的蓝牙 5.0 连接，两款耳机均支持小爱同学自能语音助手。

参考文献

1. 夏大慰：《产业组织学》，复旦大学出版社 1994 年版。
2. 植草益：《产业组织论》，中国人民大学出版社 1988 年版。
3. 泰勒尔：《产业组织理论》，中国人民大学出版社 1997 年版。
4. 王俊豪：《产业经济学》，高等教育出版社 2012 年版。
5. 斯蒂格勒：《产业组织和政府管制》，上海人民出版社、上海三联书店 1996 年版。
6. 刘志彪等：《产业经济学》，机械工业出版社 2017 年版。
7. 苏东水等：《产业经济学》，高等教育出版社 2015 年版。

第六章 市场行为：纵向控制

第一节 双重加成定价

一、双重加成定价概述

（一）条件

市场上只有一家生产商和一家零售商，且生产商、零售商都是垄断厂商。厂商面对需求曲线就是批发商的需求。垄断厂商控制价格。满足边际成本等于边际收益的条件。

（二）分析

所谓的双重定价，是指在上下游企业都有市场垄断力量的情况下，上游的垄断制造商向下游的零售商收取的批发价格高于边际成本，而在零售市场上，垄断的零售商在零售市场上和生产商一样，也将收取一个高于它自身边际成本的零售价格时，所出现的两次价格加成现象。

假设生产商和零售商都是垄断厂商，生产商定价为成本 c 加上第一次加重 a 为生产商定价为 c+a，零售商为获取利润在生产商定价基础上进行第二次加重定价也就是零售商最终定价为 c+a+b 向消费者出售，此时市场的需求曲线就是零售商的需求曲线，而零售商的成本价由生产商决定 $MC_2 = P_1$，生产商市场需求是零售商需求，$P_1 = MC_2 = MR_2$，MR_2 是生产商的需求 Q，生产商利润由 MC = MR 所确定的产量 Q 及其对应的价格 P_1 围成面积所确定，而零售商产量等于生产商的产量，生产商定价 P_1 也是厂商 2 的成本，零售商利润为 P_1、P_2 差额与产量乘积。

$P_2 = a - bq_2$，$q_2 = (a - p_2)/b$，零售商利润 $\pi_2 = (p_2 - p_1)q_2$，利润最大化可推出 $p_2 = (a + p_1)/2$；$q_2 = (a - p_1)/2b$；$\pi_1 = (p_1 - c)q_1 = (p_1 - c)(a - p_1)/2b$，利润最大化可推出 $p_1 = (a + c)/2$；$q_1 = (a - c)/4b$；$p_2 = (3a + c)/4$，$\pi_1 = (a - c)^2/8b$；$\pi_2 = (a - c)^2/16b$。

二、纵向一体化福利比较

(一) 概念

企业在现有业务基础上,向现有业务的上游或下游方向发展,形成供产、产销或供产销一体化,以扩大现有业务的企业经营行为。也就是说,在产品或服务的生产或分销过程中,企业至少是参与其中两个或两个以上的相继阶段,才可称为纵向一体化。

(二) 前向一体化

前向一体化是指在现有业务基础上,向下游业务发展,即通过收买、兼并、联合,建立经销系统,形成"产销"一体化。如钢铁企业自己轧制各种型材,并将型材制成各种不同的最终产品,即属于前向一体化。

(三) 后向一体化

后向一体化是指在现有业务基础上,向上游业务发展,即通过收买、兼并、联合等形式,拥有或控制企业的原材料及其他供应系统,实行"供产"一体化。如钢铁公司自己拥有矿山和炼焦设施;纺织厂自己纺纱、洗纱等。

(四) 福利

纵向一体化两家厂商合并,形成厂商3,厂商3独家垄断生产和销售。图6-1为纵向一体化的图形分析。

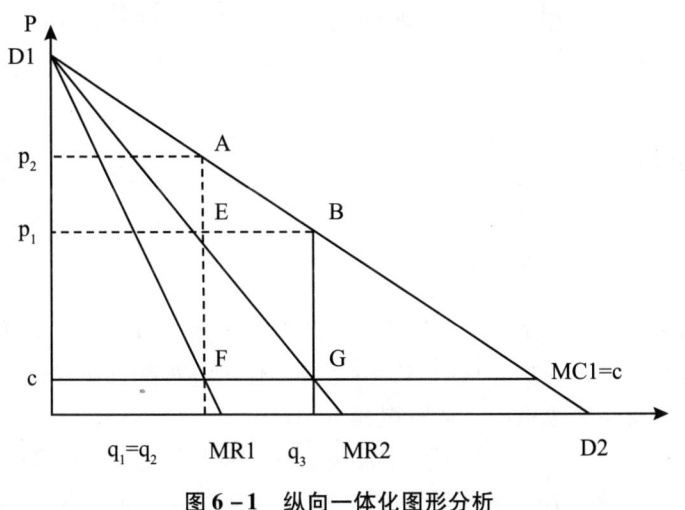

图6-1 纵向一体化图形分析

资料来源:作者整理。

图 6-2 为市场上厂商 3 垄断时的单一定价示意图，厂商 3 面临的市场需求曲线仍然是 D1D2，边际收益 $MR_3 = MR_2$，边际成本仍为 C，根据利润最大化原则，$MR_3 = C$，产量 q_3，定价 p_1。

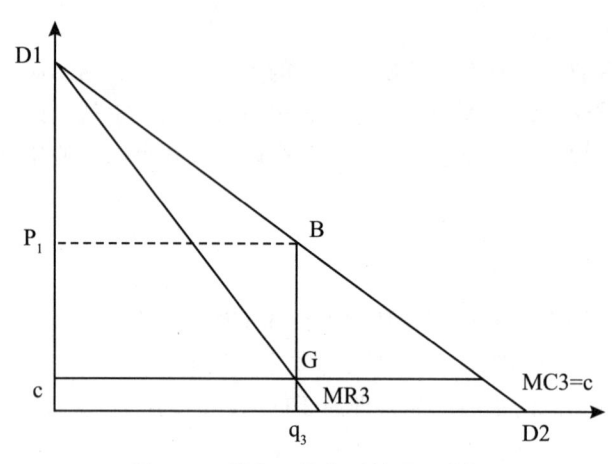

图 6-2 纵向一体化后的图形分析

资料来源：作者整理。

$\prod_3 = (p_3 - c)q_3 = (p_3 - c)(a - p_3)/b$，根据利润最大化条件，厂商 3 的均衡价格和均衡产量 $p_3 = (a+c)/2$，$q_3 = (a-c)/2b$，$\pi_3 = (a-c)^2/4b$。

纵向一体化与双重加成定价相比，均衡价格下降，产量上升，厂商利润增加，纵向一体化使厂商之间内部化，克服双重加成定价缺点，增加福利。

第二节 捆绑销售与搭配销售

一、捆绑销售

（一）捆绑销售的概念

捆绑销售是共生营销的一种形式，是指两个或两个以上的品牌或公司在促销过程中进行合作，从而扩大它们的影响力，它作为一种跨行业和跨品牌的新型营销方式，开始被越来越多的企业重视和运用。

不是所有的企业的产品和服务都能随意地"捆绑"在一起。捆绑销售要达到"1+1>2"的效果取决于两种商品的协调和相互促进，而不存在难以协调的矛盾。捆绑销售的成功还依赖于正确捆绑策略的制定。

(二) 实施条件

不是所有的企业的产品和服务都能随意地"捆绑"在一起。捆绑销售要达到"1+1>2"的效果取决于两种商品的协调和相互促进，而不存在难以协调的矛盾。所以，捆绑销售的成功依赖于下列条件。

1. 捆绑销售产品的互补性

联合捆绑销售的产品最好是互补性产品。在捆绑销售中具有战略性的互补产品具有两个特点：第一，他们在销售中被联系在一起或可以被联系在一起；第二，他们对彼此的竞争地位有显著影响。互补产品的关税，使得顾客将他们的形象联系在一起，综合地而不是单独地衡量他们的功能，或者把他们作为一个整体来衡量购买使用成本。所以，产品的互补性越强，则消费者完全有理由在购买一件产品的同时会需要另一种产品。这就消除了捆绑销售时的"强行搭配"之嫌。那么，捆绑的优惠促销就成为一种真正的动力而不是阻力。根据交叉弹性理论，一种商品的需求量和它的互补产品的价格是反方向变化的，那么，捆绑产品的降价能刺激彼此的需求，达到相互促进的效果。相反，假如是替代产品，消费者在选择其中之一的同时，一般不再需要另外一种产品。即两种产品不是相互促进而是相互竞争。那么，两种产品在一起销售存在一种无形的阻力，总是浪费了一部分消费者的钱。所以，捆绑销售的两种产品最好是互补产品，至少也应该是独立品，而决不能是彼此竞争的替代品。

2. 捆绑产品目标顾客的重叠性

在捆绑销售中，两种产品的目标市场应有较大交叉的部分。只有这样，才能保证两种或几种同时捆绑销售的产品是目标消费者所需要的。假定捆绑产品的消费群体是不同的，则只有不同的消费者同时购物并且达成利益均摊的协议，才有可能。而这样的概率却是微乎其微的。

3. 产品价格定位的同一性

根据市场营销学的观点，按照人们职业、收入、财富和教育水平等变量可以把社会划分成不同的社会阶层。处于一定社会阶层的人，具有特定的行为标准和价值观，其购买需要的层次也是特定的。所以，进行捆绑销售的相互促进，依赖于两个产品都能满足这个需求层次的消费者需求。捆绑产品如果同属于奢侈品，那么，富豪型和小康型社会阶层的消费者会乐于购买；或者捆绑产品同属于劣等品，低收入的温饱型和贫困型消费者更乐于选择。假定捆绑产品处于两个不同的档次，一个为奢侈品，另一个为劣等品，则难以协调。因为，贫困型社会阶层的消费者一般舍不得花钱购买过于超前的奢侈品，尽管奢侈品价格稍低；另外，高收入阶层难以接受廉价的劣等品，因为，劣等品的购买对他来说毫无价值甚至有损体面和地位。

(三) 与价格歧视的关系

价格歧视分为一级价格歧视、二级价格歧视、三级价格歧视。一级价格歧视是指垄断者对每一个消费者购买的每一单位产品收取的价格等于该消费者支付的意愿。二级价格歧视主要是根据消费者购买的单位价格取决于消费者购买数量。三级价格歧视是依据消费者特性将消费者进行分组，对不同组的消费者制定不同的价格，同组消费者价格相同。捆绑销售主要是减少对单一产品的价格顾虑，价格歧视主要在于获取每一分可以获得的利润。厂商在进行多种销售时，如能捆绑销售就捆绑销售，尽可能做出所有的捆绑组合。捆绑销售的本质是尽可能减少顾客对单个产品价格超出预期时选择不消费的情况，从而增加整体的销售额。价格歧视的本质是通过提供只满足价格敏感人群的基础产品和基础价格来吸引最多的客群，榨取每一分能赚取的利润。

（四）捆绑销售的方式

优惠购买，消费者购买甲产品时，可以用比市场上优惠的价格购买到乙产品；统一价出售，产品甲和产品乙不单独标价，按照捆绑后的统一价出售；统一包装出售，产品甲和产品乙放在同一包装里出售。

二、捆绑销售的理论分析

在研究消费者行为里面，通常采用一种叫做"保留价格"的方法来衡量消费者购买方向。所谓保留价格就是消费者对消费某商品能够接受的最高价格。

图6-3是一张单独定价的策略图。有A、B、C、D四个消费者，R1与R2是每个消费者对商品1或者商品2的保留价格，横竖两条线表示商品1与商品2的价格水平。

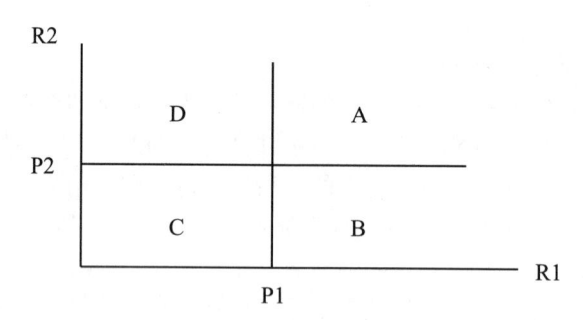

图6-3 单独定价策略图

资料来源：作者整理。

对于消费者C来说，无论商品1还是商品2，他的保留价格都低于商品1、商品2的实际价格，他将不购买任何商品。

对于消费者B来说，他对商品1的保留价格大于商品1的实际价格，也就是R1＞P1，他愿意支付商品1的价格高于商品1的实际价格，他更倾向于商品1，而对于商品 2 而言，保留效用太小，不消费。

对于消费者 D 来说，消费商品 2 而不消费商品 1，对于消费者 A 来说，两种商品他都会购买。

当商家开始将商品 1 与商品 2 捆绑打包销售时，PB 是将两个商品一起捆绑出售的价格，假定现在只有捆绑售卖的商品，爱买不买的情况，处于 PB 线以下的所有消费者，因为单一保留价格都小于捆绑的价格，所以他们不会购买"产品束"（两商品捆绑叫商品束），而 A 类消费者则会购买产品束，这种定价方法叫做纯捆绑（见图 6-4）。

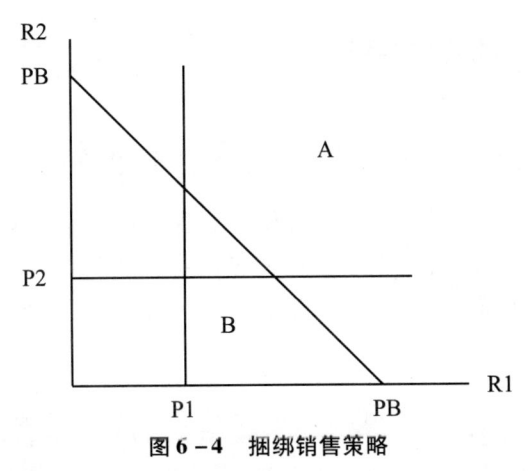

图 6-4　捆绑销售策略

资料来源：作者整理。

纯捆绑的消费者没得选择，他们只能选择购买产品束或者不购买产品束，所以为了获得更多消费者，厂商又想起了混合捆绑销售。所谓混合捆绑销售，就是商家既将产品捆绑销售，也允许消费者单独选择单一产品购买（见图 6-5）。

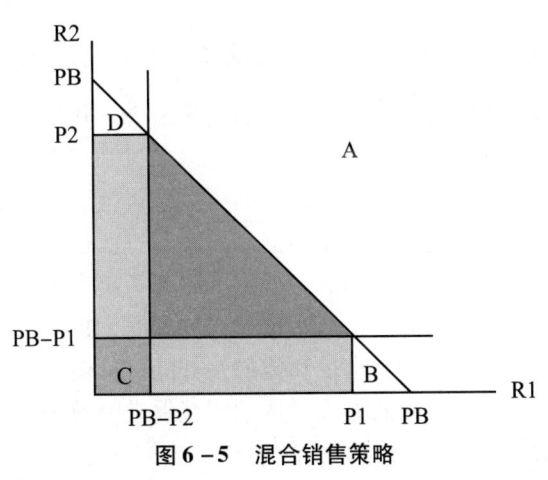

图 6-5　混合销售策略

资料来源：作者整理。

B右边的消费者选择购买商品1而不购买商品2也不买商品束。因为购买商品1效用大于购买商品束效用，CS1 > CSB，也就是，R2 < PB - P1，对商品2的保留价格（意愿支付价格）小于商品束价格减去单买商品1的价格，说白了偏好上就不喜欢商品2；然后是CS1 > 0。

D的上面部分选择购买商品2而不购买商品1也不购买商品束（理由同上，改一下主体客体）。在B左边的消费者不购买（也就是有颜色的区域属于C区，不单买商品也不购买商品束）。A肯定购买商品束的。混合销售的好处就是扩大了消费群体，在销售中获利更多。

三、捆绑销售的效应分析

（一）吸引消费者，取得更为广泛的消费者群体

一方面捆绑定价通过产品组合，降低了消费者的搜寻成本，尤其是在基本产品与捆绑产品互补性很强的情况下，这种交易成本的节约更加突出，消费者的购买欲会增加；另一方面，与单独出售相比。捆绑销售可以降低消费者的支付意愿的分散程度。

（二）捆绑定价策略可有效地排挤竞争对手，并设置进入壁垒

由于捆绑定价将多次销售行为整合为一次性的销售，这不仅降低了消费者的搜寻成本，而且也降低了竞争对手与自身争夺客户的机会。若产品是单独提供的，则顾客面临两次选择，但若微软采用捆绑定价销售，竞争就会变得只有一次，从而减少了对手赢得顾客的机会，有效排挤了竞争对手。另外，由于两种以上产品的一体化生产、捆绑销售，这样迫使竞争对手难以单独进入其中任何一个市场，从而有利于巩固在位厂商的霸主地位。

（三）捆绑定价可以使厂商获得规模经济，获得更大的利润操纵空间

通过捆绑可以取得整合优势。不同产品的大量一体化生产、销售，共享了企业的固定资本，相对节约了制造成本。企业可以通过共享产品的组合广告与销售队伍来达到降低每种产品的广告费用，从而可以取得范围经济的效果。当然，捆绑销售减少了交易次数、提高了产品的交易效率，进而也就节约了大量的交易费用。在捆绑定价的形式下，由于捆绑定价将产品作为组合进行销售，生产者可以通过操纵产品组合中不同产品的价格实现自己的利润，扩大自己的盈利空间。根据交叉弹性理论，一种产品的需求量和他的互补品的价格呈相反方向变化。捆绑产品价格的降低，能刺激彼此的需求，达到相互促进的效果。例如，生产者可以通过降低基本品的价格，提高捆绑品的价格，这样在总体捆绑价格不变的情况下，刺激了需求、扩大了销售，实现了垄断利润。

四、搭配销售

(一) 概念

搭配销售是指买方在购买一种产品或业务的同时被要求必须购买其他产品和业务。搭配销售又被称为商品联卖。如果是纯粹联卖，则指仅在一项打包中销售商品或服务，不能分散购买。如果商品既可打包销售，也可分售，则为混合联卖。

实施条件：(1) 企业必须生产或经营不止一种规格、牌号的产品或多种产品，而且，在本企业生产或经营的产品中必须具备既有滞销的品种、规格、牌号的产品，又要有畅销的品种、规格或牌号的产品；(2) 企业对滞销和畅销的品种、规格的产品必须具有全部或部分的自主经营权；(3) 企业生产和经营的滞销产品也必须是质量过关，具有相应使用价值的合格产品。

(二) 与价格歧视的关系

搭配销售可以作为价格歧视的手段。运用搭配销售手段来进行价格歧视，其前提是处理厂商必须对搭配产品要具有一定的垄断势力，知道消费者的支付意愿之外，还要求能够限制获得低价商品消费者把商品卖给愿意出高价的消费者，即阻止消费者之间的转卖行为。如果厂商在实施"一揽子搭配销售"指两种或两种以上的需求无关的产品或称为独立产品的销售计划时，顾客可以拆开产品包，并在公开市场上转卖，那么一揽子搭配销售计划必然破产；如果厂商在实施必需品搭配销售计划时，顾客可以从其他处按竞争性价格购买到被搭配的产品，那么必需品搭配销售计划必然会以失败告终。

如果有一种产品与某种垄断产品共同使用，消费者对垄断产品的赋值更高，这时就可以用搭配销售实施价格歧视计划。具体办法是对所有消费者用不太高的价格出租或出售垄断商品，而对与这种垄断产品共同使用的被搭配产品收取高于成本的价格，这样使用较多垄断产品的消费者将会较多地使用被搭配的产品，为这种搭配销售的安排付出更多。通过搭配销售垄断者就可以赚取比只销售一种产品更高的利润。

(三) 搭配销售的方式

搭配与被搭配的产品是生产同一产品的不同原料的搭配。这种搭配严格的说是产品的长短搭配销售中的配套供应的范畴。搭配与被搭配产品不是生产同一的不同原料，但同一生产企业由于生产的产品较多，而既使用搭配产品同时也使用被搭配产品。搭配与被搭配产品不能在同一企业内应用，由于生产企业一般不能经营非本企业生产的产品，故此，这种搭配只能销售给经营部门，使经营部门利用其以盈补亏的方式经销长短搭配产品。这种搭配销售实际是供方企业借助了经营渠道，由经营部门代为经营的方式。

第三节 古诺模型与伯川德模型

一、古诺模型

（一）概念

古诺模型又称古诺双寡头模型（Cournot duopoly model），或双寡头模型（Duopoly model），古诺模型是早期的寡头模型。它是由法国经济学家古诺于1838年提出的，是纳什均衡应用的最早版本，古诺模型通常被作为寡头理论分析的出发点。古诺模型是一个只有两个寡头厂商的简单模型，该模型也被称为"双头模型"。古诺模型的结论可以很容易地推广到三个或三个以上的寡头厂商的情况中去。

古诺模型假定一种产品市场只有两个卖者，并且相互间没有任何勾结行为，但相互间都知道对方将怎样行动，从而各自怎样确定最优的产量来实现利润最大化，因此，古诺模型又称为双头垄断理论。

（二）博弈论简述

博弈论是研究在策略性环境中如何进行策略性决策和采取策略性行动的科学。任何一个博弈都具有三个基本的要素即参与人、参与人的策略和参与人的支付。

所谓参与人就是在博弈中进行决策的主体如个人、企业甚至国家。参与人在博弈中选择最优的决策和行动来使自己的目标函数达到最大，在任何一个博弈中都至少有两个参与人。有时，我们也可以引入一个虚拟的参与人，例如在考虑出门是否带雨伞的博弈中就可以把天气看成一个虚拟的参与人，虚拟参与人通常以一种纯机械的方式采取行动，如天气在特定的时点上以特定的概率随机选择天晴还是下雨。

所谓参与人的策略指的是一项规则，根据该规则，参与人在博弈的每一时点上决定如何行动。每一个参与人都至少应有两个可供选择的策略。这是因为，如果只有一个策略，就没有选择的必要了。当然我们也可以把只有一个策略的情况看成是博弈的一种特例。

所谓参与人的支付是指在所有参与人都选择了各自的策略且博弈已经完成之后，参与人所得到的结果在一个博弈中，在所有的参与人都选择了自己的策略之后

(三) 占优与被占优策略

占优策略是博弈论（game theory）中的专业术语，所谓的占优策略就是指无论竞争对手如何反应都属于本企业最佳选择的竞争策略。显然，在公司的商务竞争过程中，具有占优策略的一方无疑拥有明显的优势，处于竞争中的主动地位。占优策略有时是显而易见的。

占优策略的原则：

原则1：如果一个博弈参与者拥有一个占优策略，则应该使用该策略。

我们用一个广告案例来说明这个原则。两家公司A和B，考虑是否通过广告促销。它们的利润额将依赖于哪一家公司做广告，或者两家公司都做广告，或者两家公司都不做广告。这些可能性和相应的利润额被总结在旁边的矩阵里（见图6-6）。

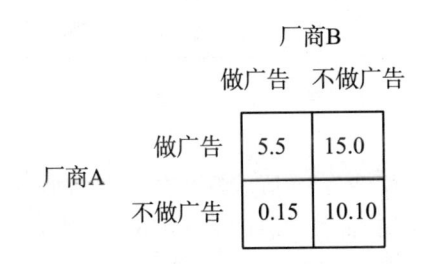

	厂商B 做广告	厂商B 不做广告
厂商A 做广告	5.5	15.0
厂商A 不做广告	0.15	10.10

图6-6　厂商A和厂商B的广告博弈

资料来源：作者整理。

观察：

对A：无论B怎么做，做广告都是最优的。所以做广告是A的占优策略。

对B：无论A怎么做，做广告也都是最优的。

所以做广告也是B的占优策略。

结论：两家厂商都应该做广告。

原则2：在纳什均衡时，对于给定其他参与者的行为，每个参与者的行为都应该是最优。

我们用一个稍加变化的广告博弈的例子来说明这个原则。A没有占优策略，如果B做广告，A的最佳对策是做广告；如果B不做广告，A的最佳对策是不做广告。对B来说，做广告是占优策略。

总体分析：应用原则1，B应该做广告。然后应用原则2，A应该采用他对B做广告的最佳对策，所以A也应该做广告。因此，在纳什均衡时，A和B都做广告。

二、古诺模型的假定

两个生产者的产品完全相同；生产成本为零（如矿泉水的取得）；需求曲线为线性，且双方对需求状况了如指掌；每一方都根据对方的行动来做出自己的决策，并都通过调整产量来实现最大利润。

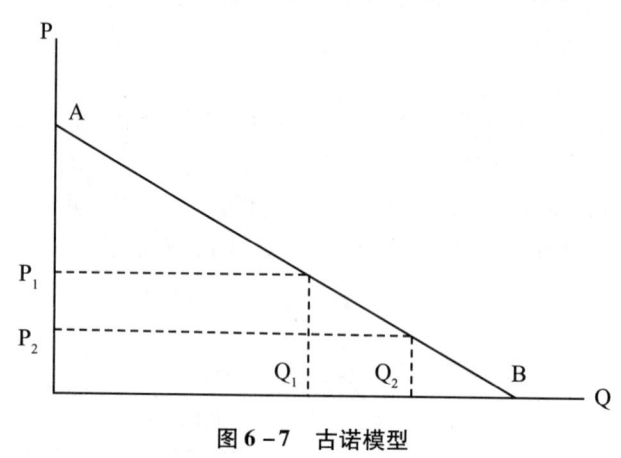

图 6-7 古诺模型

资料来源：作者整理。

如图，AB 为产品的需求曲线，总产量为 OB，开始时假定 A 厂商是唯一的生产者，为使利润最大，其产量 $Q_1 = \frac{1}{2}OB$（按 MC = 0 假设，OB 中点的产量使得 MR = MC = 0），价格为 P_1。当 B 厂商进入该行业时，认为 A 将继续生产 Q_1 的产量，市场剩余销售量为 $\frac{1}{2}OB$，为求利润最大，B 厂商的产量 Q_1Q_2 将等于 $\frac{1}{2} \times \frac{1}{2}OB = \frac{1}{4}OB$，价格下降到 P_2。B 厂商进入该行业后，A 厂商发现市场剩余销售量只剩下 $OB - \frac{1}{4}OB = \frac{3}{4}OB$，为求利润最大化，它将把产量调整到 $\frac{1}{2} \times \frac{3}{4}OB = \frac{3}{8}OB$。A 厂商调整产量后，B 厂商将再把产量调整到 $\frac{1}{2}OB(OB - \frac{3}{8}OB) = \frac{5}{16}OB$。这样，两个寡头将不断地调整各自的产量，为使利润为最大，每次调整，都将产量定为对方产量确定后剩下的市场容量的 $\frac{1}{2}$。

$$A\text{ 的均衡产销量} = OB\left(\frac{1}{2} - \frac{\frac{1}{2^3}}{1 - \frac{1}{2^2}}\right) = \frac{1}{3}OB, \quad B\text{ 的均衡产销量} = OB\left(\frac{\frac{1}{2^2}}{1 - \frac{1}{2^2}}\right) =$$

$\frac{1}{3}$OB。

如果寡头垄断市场内有 n 个厂商，我们可求出每个厂商的均衡产量为 $\frac{1}{n+1}$OB，总产量为 $\frac{n}{(1+n)}$OB。要是完全竞争的市场结构，厂商数目越多，单个厂商的产销量越小，而总产量 $\frac{n}{(1+n)}$OB 就越大；如果是完全垄断的市场结构，厂商的产销量则为 $\frac{1}{2}$OB。故寡头市场的总产量大于垄断市场的产量，小于完全竞争市场的总产量。

三、零售商之间的古诺模型

假设条件：上游只有一家生产企业 K，下游存在两家零售商 R1、R2，上游企业边际成本为 C，两家零售商边际成本都为 P_K，市场反需求函数为 $p=a-bq$。（q_{R1} 和 q_{R2} 表示零售商 R1 和 R2 的销售量，生产企业 K 产量 $q_k = q_{R1} + q_{R2}$）。

由古诺模型可以得出：$q_{R1} = q_{R2} = (a-p_k)/3b$，$q_k = q_{R1} + q_{R2} = 2(a-p_k)/3b$，$\pi_{R1} = \pi_{R2} = (a-p_k)^2/9b$。

生产商的利润为：$\pi_k = (p_k - c)q_k = [(p_k - c)^2(a-p_k)]/3b$，由利润最大化条件得：$a - 2p_k + c = 0$，得 $p_k = (a+c)/2$，$q_k = (a-c)/3b$，$\pi_k = (a-c)^2/6b$。

由此可以看出这个价格等于纵向一体化下的独家垄断价格，零售商进行古诺竞争，生产商的最优批发价格为一体化下的价格，此时生产商的均衡产量和均衡利润大于销售商也即垄断者时的均衡产量和均衡利润。但是，由于下游企业加价，销售量下降，利润有所下降。

四、生产商之间的古诺模型

假设条件：上游两家生产企业 K1、K2，下游议价零售企业 R，$p = a - bq_k$，MC = C，p_k 为批发价格。

$\prod_R = (p - p_k)q_R = (a - bq_k - p_k)q_k$，利润最大化条件：$-bq_k + (a - bq_k - p_k) = 0$，$q_k = (a - p_k)/2b$，$P = (a + p_k)/2$。

生产商古诺：$q_{k1} = q_{k2} = 1/3 q_k = (a - p_k)/6b$，$\pi_{k1} = \pi_{k2} = (p_k - c)q_{k1} = (p_k - c)(a - p_k)/6b$，$P_k = (a+c)/2$，$q_{k1} = q_{k2} = (a-c)/12b$，$p = (3a+c)/4$，$\pi_k = (a-c)^2/24b$，$\pi_R = (a-c)^2/16b$。

五、伯川德模型

（一）概念

伯川德模型是由法国经济学家约瑟夫·伯川德（Joseph Bertrand）于1883年建立的。古诺模型和斯塔克尔伯格模型都是把厂商的产量作为竞争手段，是一种产量竞争模型，而伯川德模型是价格竞争模型。

（二）伯川德双寡头垄断模型

伯川德模型考察只有两个厂商A、B的寡头市场，有基本假设为：
（1）两个寡头具有相同的成本函数，不变的平均成本都为C；（2）各寡头厂商生产的产品是同质的；（3）寡头厂商之间也没有正式或非正式的串谋行为；（4）两个厂商同时选择价格，并且厂商总能够供应他所面对的需求，不存在生产能力的限制；（5）信息完全的。

推导和结论：假设市场需求函数为 $P = a - bq$，根据模型的假定，由于A、B两个市场上的产品是完全替代品，所以消费者的选择就是价格较低的企业的产品；如果A、B价格相等，则两个企业平均分配需求。综上，每个厂商面对的需求函数为：

$$Q_i(P_i, P_j) = \begin{cases} Q(P_i), & \text{if } P_i < P_j \\ \frac{1}{2}Q(P_i), & \text{if } P_i = P_j \\ 0, & \text{if } P_i > P_j \end{cases}$$

因此，两个企业会竞相削价以争取更多的顾客。当价格降到 $P1 = P2 = C$ 时，达到均衡，即伯川德均衡。

结论：只要有一个竞争对手存在，企业的行为就同在完全竞争的市场结构中一样，价格等于边际成本。在一个只有两个厂商的寡头市场中，市场均衡价格 $P = MC$，寡头厂商的利润为零，即出现完全竞争的结果，理论上的完全竞争零利润与现实中寡头市场的高利润的不一致被称为伯川德悖论。

（三）零售商的伯川德竞争

假设上游一家生产商K，边际成本C，下游两家零售商R1、R2，成本 P_K，销售量是生产商产量 q_{k1}、q_{k2}，满足 $p = a - bq$。

$p_{R1} = p_{R2} = P_K$，$q_{R1} + q_{R2} = (a - p_k)/b = q_k$，生产商 $\pi_k = (p_k - c)q_k = (p_k - c)(a - p_k)/b$。

利润最大化可得 $p_k = (a+c)/2$，$q_k = (a-c)/2b$，$\pi_k = (a-c)^2/4b$。

上游处于垄断地位厂商制定了垄断价格，获得与其独家销售产品条件下相一致的垄断 Q 和 π，零售商利润是 0。

第四节　纵向约束与纵向一体化

一、纵向约束

（一）转售价格维持

转售价格控制是指上游的生产商（供应商）与下游的零售商（分销商）以契约的形式限定最终零售价格水平的行为。通常这种限定采用固定零售价格的方式，但作为其延伸，也包括最高限价（price ceilings）、最低限价（price floors）两种形式。如果零售商不按生产商的建议价格销售商品，生产商就会拒绝向零售商供货。

特许人和受许人在法律和财务上相互独立，但他们之间保持紧密和持续的合作。受许人依靠特许人授予的权利和义务，根据特许人的概念进行经营，双方通过直接或间接财务上的交换，受许人可使用特许人的商号商标、服务标记、经营诀窍、商业和技术方法持续体系及其他工业和知识产权，在经双方一致同意而制定的书面特许合同的框架和条款内进行经营。

转售价格 Pr。厂商指定"建议零售价"是零售商利润保证，必须保证各个通路合理的利润空间，产品才能很好地流动。厂商定价原则为：零售商毛利＞分销商毛利＞总经销商毛利＞品牌制造商毛利。同时兼顾当地市场的同类产品竞争情况作为参考依据。一般商品的建议零售价与实际销售价格相近，但更多情况是实际价格远远小于建议零售价。这一特殊价格出现之初的本意是避免商家擅自抬高商品零售价格，用以维护产品的品牌形象，也能为消费者提供一个参照价格，它的制定属于一种提议性质的企业行为。目的是上游厂商利用自身的垄断地位，获得更多利润。下游厂商市场价格略高于中间价格获得少量利润。

（二）特许权费

所谓特许权费就是资产的使用者在使用过程当中向提供资产者（提供资产者要提供相应的服务）所支付的使用费（由于设备或其他有形资产在一段时间内只能由单一使用者来使用，所以叫做特许权费）。

特许生产：就是转让技术专利和品牌给其他的生产厂家生产产品并取得法律保护的特许生产权。例如：优衣库将衣服生产的技术专利给为他生产的厂家，厂家获得法律认可的特许生产权。特许销售：受许人使用特许人的商标和零售方法来批发和零售特许人产品。

经营模式特许：在餐饮业的特许经营中，最引人注目的要算肯德基和麦当劳了，这两家享誉全球的快餐店都是20世纪50年代初期通过授予特许权而迅速发展起来的，可以说他们将特许经营带到了一个新的发展阶段。在此之前，特许经营总部的加盟店除了店名相同及产品相似外，其经营是各行其道的，且在服务与产品的质量上参差不齐，影响了其发展，有些甚至遭到失败。而肯德基与麦当劳的创始人为了避免重蹈他人覆辙，在授权加盟者时采取了一种全新的管理制度，要求所有加盟店出售的食品饮料及服务的品质完全一致，就连装修和营业员服装都有严格一致的要求。事实证明这种管理方法相当成功，如今肯德基已成为世界上最大的炸鸡连锁集团，肯德基的连锁餐厅遍及全球逾118个国家和地区，总数1万多家，平均每一天就会有一家肯德基餐厅在世界的某个角落开业，而每一天光临肯德基餐厅的顾客高达600万人，麦当劳快餐店同样遍布在世界的每一个角落；总数已达3.1万家。

经营模式特许经营的特点主要是：在限定时间和区域内，特许人不仅提供给受许人商品和商标，而且还给予一整套进行营销的经营"系统"。"系统"这个词对于特许经营来说是一个关键的问题，也就是受许人从特许人那里得到许多方面的指导和协助，如店址选择、人员培训、商务建立、广告、商品供应等。受许人在这一系统指导下进行业务经营，严格遵守特许人的操作守则；了解吸收和复制特殊技术。只有这样，受许人（加盟店）提供的商品服务才能与特许人（总部）保持统一质量标准。

经营模式特许经营按所需的资金额划分，可分为以下三种：（1）工作型特许经营。只需受许人投入很少的资金，通常可在受许人的家中开展业务而不需要营业场所。（2）业务型特许经营。需要相对较大的投资用于采购商品、设备和购买或租赁营业场所。因其经营规模比工作型的特许经营大许多，因此受许人需要雇用一些员工以便进行有效的经营。这种类型的业务范围相对较广，包括冲印照片、会计服务、洗衣以及快餐外卖等。（3）投资型特许经营。需要的资金数额是三种特许经营方式中最高的。投资型受许人首先关心的是获得投资回报，饭店业可作为投资型特许经营的典型。在很多情况下，由于建一个快餐店需要很高的费用，所以快餐店采用投资型特许经营的情况较为普遍。

经营模式特许经营还可按特许权的交易形式划分为以下几种：（1）制造商对批发商的特许。批发商经制造商许可后，可以经销制造商的商品。（2）制造商对零售商的特许。汽车行业开辟了这一特许类型的先河，为解决所面临的问题，建立了所谓的特许经销网。（3）零售商之间的特许。

（三）独家销售与区域限制

独家销售即生产商给予有限的几家经销商在它们的地域之内销售该生产商的产品的权利。销售主体为上下游关系，双方订立协议，协议内容为：协议一方当事人的上游厂商承诺在某个市场或市场的某个领域，只向作为对方当事人的下游厂商提供某种产品。

区域市场限制包括绝对限制和补偿限制两种类型。所谓绝对限制，即严格限制经销商的销售区域，禁止越区销售。这种政策通常是与厂商给予经销商以区域内独家经销权为代价的。但是，厂商又反过来会要求经销商不得代理任何竞争产品，并且承诺一定的销售量。补偿限制，即在发生越界销售时，销售所得利润要交给销售发生区域的经销商，作为补偿。

二、纵向一体化

（一）概念

纵向一体化又叫垂直一体化，指企业将生产与原料供应，或者生产与产品销售联合在一起的战略形式，是企业在两个可能的方向上扩展现有经营业务的一种发展战略，是将公司的经营活动向后扩展到原材料供应或向前扩展到销售终端的一种战略体系。包括后向一体化战略和前向一体化战略，也就是将经营领域向深度发展的战略。

纵向一体化的目的：是为加强核心企业对原材料供应、产品制造、分销和销售全过程的控制，使企业能在市场竞争中掌握主动，从而达到增加各个业务活动阶段的利润。

纵向一体化是企业经常选择的战略体系，但是任何战略都不可避免存在风险和不足，纵向一体化的初衷，是希望建立起强大的规模生产能力来获得更高的回报，并通过面向销售终端的方略获得来自于市场各种信息的直接反馈，从而促进不断改进产品和降低成本，来取得竞争优势的一种方法。但并不是所有的领域都适合纵向一体化，例如：伊利等奶制品产业并没有在全国建立专卖店，更加适合在超市中销售，那么它的前向一体化就是受到限制的。

（二）纵向一体化的方式

纵向一体化分为前向一体化以及后向一体化。前向一体化是指在现有业务基础上，向下游业务发展，即通过收买、兼并、联合，建立经销系统，形成"产销"一体化。如钢铁企业自己轧制各种型材，并将型材制成各种不同的最终产品即属于前向一体化。后向一体化是指在现有业务基础上，向上游业务发展，即通过收买、兼并、联合等形式，拥有或控制企业的原材料及其他供应系统，实行"供产"一体化。如钢铁公司自己拥有矿山和炼焦设施；纺织厂自己纺纱、洗纱等。

（三）纵向一体化的优势

纵向一体化的优势在于：（1）带来经济性。采取这种战略后，企业将外部市场活动内部化有如下经济性：内部控制和协调的经济性；信息的经济性（信息的获得很关键）；节约交易成本的经济性；稳定关系的经济性。（2）有助于开拓技术。在某些情况下，纵向一体化提供了进一步熟悉上游或下游经营相关技术的机会。这种技术信息对基础经营技术的开拓与发展非常重要。如许多领域内的零部件制造企业发展前向一体化体系，就可以了解零部件是如何进行装配的技术信息。（3）确保供给和需求。纵向一体化能够确保企业在产品供应紧缺时得到充足的供应，或在总需求很低时能有一个畅通的产品输出渠道。也就是说，纵向一体化能减少上下游企业随意中止交易的不确定性。当然，在交易的过程中，内部转让价格必须与市场接轨。（4）削弱供应商或顾客的价格谈判能力。如果一个企业在与它的供应商或顾客做生意时，供应商和顾客有较强的价格谈判能力，且他的投资收益超过了资本的机会成本（机会成本是为了得到某种东西所必须放弃的东西），那么，即使他不会带来其他的益处，企业也值得去做。因为一体化削弱了对手的价格谈判能力，这不仅会降低采购成本（后向一体化），或者提高价格（前向一体化），还可以通过减少谈判的投入而提高效益。（5）提高差异化能力。纵向一体化可以通过在管理层控制的范围内提供一系列额外价值，来改进本企业区别于其他企业的差异化能力（核心能力的保持）。例如，云南玉溪烟厂为了保证生产出高质量的香烟，对周围各县的烟农进行扶持，使他们专为该烟厂提供高质量的烟草；葡萄酒厂拥有自己的葡萄产地也是一种一体化的例证。同样，有些企业在销售自己技术复杂的产品时（一汽），也需要拥有自己的销售网点，以便提供标准的售后服务。（6）提高进入壁垒。企业实行一体化战略，特别是纵向一体化战略，可以使关键的投入资源和销售渠道控制在自己的手中，从而使行业的新进入者望而却步，防止竞争对手进入本企业的经营领域。企业通过实施一体化战略，不仅保护了自己原有的经营范围，而且扩大了经营业务，同时还限制了所在行业的竞争程度，使企业的定价有了更大的自主权，从而获得较大的利润。例如IBM公司是采用纵向一体化的典型。该公司生产微机的微处理器和记忆晶片，设计和组装微机，生产微机所需要的软件，并直接销售最终产品给用户。IBM采用纵向一体化的理由是，该公司生产的许多微机零部件和软件都有专利，只有在公司内部生产，竞争对手才不能获得这些专利，从而形成进入障碍。（7）进入高回报产业。企业现在利用的供应商或经销商有较高的利润，这意味着他们经营的领域属于十分值得进入的产业。在这种情况下，企业通过纵向一体化，可以提高其总资产回报率，并可以制定更有竞争力的价格。（8）防止被排斥。如果竞争者们是纵向一体化企业，一体化就具有防御的意义。因为竞争者的广泛一体化能够占有许多供应资源或者拥有许多称心的顾客或零售机会。因此，为了防御的目的，企业应该实施纵向一体化战略，否则面临着被排斥的处境。

（四）纵向一体化的效应

1. 排斥效应

2001年前后国内电解铝市场需求风起云涌，加之养护铝价格全球性低迷和电力过剩，各地政府纷纷以各种优惠政策鼓励电解铝投资，虽然中铝在国内氧化铝生产商处于绝对垄断地位，但电解铝企业完全可以弃置而选择进口。然而一段时间后，政府很快意识到电解铝企业的重复建设和盲目投资，并采取了一系列措施，最终结果是除了内部以内部优惠购买氧化铝和电力的企业之外，其他几乎都在亏损，原材料氧化铝涨价是导致电解铝行业亏损的重要原因，中铝不仅利用国内氧化铝垄断地位提高氧化铝价格，提高电解铝企业成本，同时在许多电解铝企业面临破产之际乘机收购下游企业，延伸产业链。从2004年开始，短短3年，中铝先后进入以焦作万方、遵义铝业、山东华宇、抚顺铝业等为代表的一批电解质铝业。中铝并购下游电解铝企业会导致氧化铝价格上升，并购规模越大，上升越多；氧化铝价格的上升增加了下游独立企业的生产成本，使下游企业的电解铝生产减少，市场份额下降，而中铝电解铝市场份额却不断上升。因此中铝完全拥有通过纵向一体化将上游市场的垄断方向向下游延伸的能力，上游垄断企业前向一体化具有明显的排斥效应；一体化后，中铝下游部门利润会增加，上游部门利润的变化因氧化铝供应的减少而不确定；由于电解铝行业进入退出壁垒的非对称性，上游氧化铝价格上升并不必然引起下游电解铝价格上升，下游电解铝价格下降也不必然引起上游氧化铝价格下降，而上游氧化铝价格下降却必然引起下游电解铝价格下降；随着上游垄断程度的下降，中铝并购下游电解铝企业和控制下游市场的能力将不断变弱，总相宜退化的排斥效应会降低，而中铝对电解铝企业的大规模并购在一定程度上缓解了降低程度；中铝的长远目标并不在于从电解铝到氧化铝的短距离一体化，而在于从铝土矿到铝深加工的长距离一体化，尽可能控制铝土矿这一最上游环节，并层层利用上游垄断的纵向排斥效应，最终在铝深加工环节上形成垄断优势才是中铝的长期追求。

2. 竞争效应

研究考察后向一体化后，上下游企业生产决策和竞争效应的变动情况，验证了纵向圈定效应存在的可能性。且发现了导致纵向圈定的两点新原因：(1)下游企业兼并某上游厂商之后，并不一定会为了提高其下游竞争对手的生产成本，而拒绝向其出售生产最终产品所必需的中间投入品。(2)实施后向一体化企业的竞争对手也并非处于被动地位，未实施一体化策略的独立企业在后向一体化行为发生之后所采取的决策，在一定程度上反而导致了"自我圈定"。纵向圈定效应的产生并不只是实施了纵向一体化的企业施加给其竞争对手的，而且还来自于未实施一体化的企业施加给自身的"自我圈定效应"。由于后向一体化之前，下游企业均独立地在最终产品市场上竞争。当某一下游企业采取后向一体化策略后，下游企业与竞争对手就不仅在最终产品市场存在竞争关系，而且在中间投入品市场上还发生了交易关系，因此其竞争对手为了在一定程度上弱化下游市场的竞争，在一定条件下愿意从一体化企业的上游部门购买中间投入品。同时最终产品的差别程度会对纵向一体化的竞争效应产生影响，产品差别化程度不高时，纵向一体化将不利于竞争，产品差别化程度较高时纵向一体化将有利于竞争。

(五) 纵向一体化的弊端

纵向一体化战略的局限性在于：(1) 带来风险。纵向一体化会提高企业在行业中的投资，提高退出壁垒，从而增加商业风险（行业低迷时该怎么办），有时甚至还会使企业不可能将其资源调往更有价值的地方。由于在所投资的设施耗尽以前放弃这些投资成本很大，所以，纵向一体化的企业对新技术的采用常比非一体化企业要慢一些。(2) 代价昂贵。纵向一体化迫使企业依赖自己的场内活动而不是外部的供应源，而这样做所付出的代价可能随时间的推移而变得比外部生产昂贵。产生这种情况的原因有很多。例如，纵向一体化可能切断来自供应商及客户的技术流动。如果企业不实施一体化，供应商经常愿意在研究、工程等方面积极支持企业。再如，纵向一体化意味着通过固定关系来进行购买和销售，上游生产商可能会因为销售是在本企业内部而降低在市场中的竞争力。反过来在从一体化企业内部某个单位购买产品时，企业不会像与外部供应商做生意时那样激烈地讨价还价。因此，内部交易会减弱员工降低成本，改进技术的积极性。(3) 不利于平衡。纵向一体化有一个在价值链的各个阶段平衡生产能力的问题。价值链上各个活动最有效的生产运作规模可能不大一样，这就使得完全一体化很不容易达到。对于某项活动来说，如果它的内部能力不足以供应下一个阶段的话，差值部分就需要从外部购买。如果内部能力过剩，就必须为过剩部分寻找顾客，如果生产了副产品，就必须进行处理。(4) 需要不同的技能和管理能力。尽管存在一个纵向关系，但是在供应链的不同环节可能需要不同的成功关键因素，企业可能在结构、技术和管理上各有所不同。熟悉如何管理这样一个具有不同特点的企业是纵向一体化的主要成本。例如，很多制造企业会发现，投入大量的时间和资本来开发专有技能和特许经营技能以便前向一体化进入零售批发领域，并不是总如他们想象的那样能够给他们的核心业务增值，由于同时进行生产和销售，这样会带来很多棘手的问题。(5) 延长了时间。后向一体化进入零配件的生产可能会降低企业的生产灵活性，延长对设计和模型进行变化的时间，延长企业将新产品推向市场的时间。如果一家企业必须经常改变产品的设计和模具以适应购买者的偏好，他们通常发现后向一体化，即进入零配件的生产领域负担很重，因为这样做必须经常改模和重新改进设计，必须花费时间来实施和协调由此所带来的变化。从外部购买零配件通常比自己制造便宜一些，简单一些，使企业能够更加灵活、快捷地调节自己的产品以满足购买者的需求偏好。世界上绝大部分汽车制造商虽然拥有自动化的技术和生产线，但他们还是认为，从质量、成本和设计灵活性的角度来讲，从专业制造商那里购买零配件而不是自己生产会获得更多的利益。

本章案例

一、通用汽车公司兼并费雪车身公司[①]

1919年，通用汽车公司与费雪公司签订了为期10年的提供封闭型车身的协议。协议规定通用汽车公司所需的所有封闭型车身必须在费雪公司购买，供货价格为成本加上17.6%的盈利（成本中不包括投资的资本利息），由于价格的变化主要来自于成本，因而费雪公司采用高度劳动密集型技术，同时拒绝将车身生产工厂建立在毗邻通用汽车公司的装配工厂附近，这种安排对于费雪公司是有利的，因为车身价格等于公司的可变成本加17.6%的利润率，即费雪公司的劳动力和运输成本上加上17.6%的利润率。最后，通用公司忍无可忍，购买了费雪公司的剩余股票，并于1962年最终吞并了费雪公司。而通用汽车之所以要兼并费雪车身公司，显然兼并对它是有利可图的，而对于费雪车身公司，如果保持独立能获得更大的收益，那么它也是不会接受兼并的，因此可以认定费雪公司至少没有从这次兼并中蒙受损失。

二、茅台、五粮液天价罚款[②]

为维护终端价格和品牌形象，2012年底，茅台对旗下经销商发出最低限价令，要求经销商不得擅自降低销售价格。2013年1月，3家经销商由于低价和跨区域销售被处以暂停执行茅台酒合同计划，并扣减20%保证金，以及提出黄牌警告。五粮液紧随其后，发布营销督查处理通报，对12家降价或窜货的经销商进行通报处罚。2013年1月15日，茅台遭到反垄断调查，发布声明，表示将立即根据相关部门的调查情况进行整改，撤销违反《反垄断法》的营销策略。1月18日，五粮液继茅台后接受发改委约谈，表示将根据要求彻底整改，并撤销对经销商的处罚。2月22日，贵州物价局发布公告，对贵州省茅台酒销售有限公司开出2.47亿元的罚单；同日，四川省发改委对宜宾五粮液酒类销售有限责任公司开出2.02亿元罚单。上述罚款金额总计4.49亿元，是上年度两家酒企销售额的1%。3月11日，茅台、五粮液已经认缴全部罚款，天价罚款案就此结案。

三、双汇收购美国猪肉巨头（纵向收购）[③]

双汇国际收购美国最大猪肉生产企业史密斯菲尔德，史密斯菲尔德股东可获

[①] 聂辉华、李金波：《资产专用性、敲竹杠和纵向一体化——对费雪—通用汽车案例的全面考察》，载《经济学家》2008年第4期，第44~49页。
[②] 厉潇逸：《从茅台、五粮液看转售价格维持》，载《前沿》2013年第9期，第97~98页。
[③] 编辑部：《双汇收购案 喜忧参半》，载《中国猪业》2013年第6期，第1页。

每股34美元现金,交易价值约为71亿美元(按当前汇率约合人民币437亿元),合并后的公司将成为世界最大的猪肉生产企业。

史密斯菲尔德是全球规模最大的生猪生产商及猪肉供应商、美国最大的猪肉制品供应商,具有优质的资产、健全的管理制度、专业的管理团队和完善的食品安全控制体系。2012年,史密斯菲尔德生猪养殖量约为1400万头,屠宰量约为2800万头,约占全美屠宰量的28%,肉制品生产量约为130万吨,收入约131亿美元。

双汇国际控股的双汇发展是中国最大的肉类加工企业,是中国肉类品牌的开创者,创造了巨大的经济效益和社会效益。2012年,出栏生猪31万头、生猪屠宰量1142万头、肉类总产量270万吨,实现销售收入393亿元人民币,利润总额38亿元人民币。公司在中国13个省拥有生产基地,并有4个加工基地正在建设。

合并后,双汇国际承诺保持史密斯菲尔德的运营不变、管理层不变、品牌不变、总部不变,承诺不裁减员工,不关闭工厂,并将与美国的生产商、供应商、农场继续合作。全美的消费者仍将继续享用史密斯菲尔德高品质、安全的猪肉产品。

"合并后的企业,将集中肉类行业中先进的科技、资源、技术和人才,优势互补,将形成世界最大的猪肉企业,为全世界提供优质、安全的肉类蛋白。"对于双汇国际来说,此次合作关乎提升效率、质量和食品安全。双汇是中国的行业领袖,在各个领域都遵循或采用行业最佳实践,但仍然有许多提升的空间。史密斯菲尔德在生产和加工上的创新将会在各个领域助力提升双汇的生产运营。更为关键的是,史密斯菲尔德是食品安全方面的顶级企业,基于各自深厚的积累,双方合并后必然会进一步加强在这些层面上的合作。

四、滴滴快的战略合并(横向)[①]

滴滴打车和快的打车都诞生于2012年,自成立之日开始,两者在市场中布局的步调就极为相似,竞争也格外激烈。资料显示,滴滴打车获4轮投资,公布的总金额超8亿美元。快的打车公布的融资金额与滴滴打车相似。随着大量资本的支持,滴滴打车和快的打车围绕市场份额争夺的"烧钱大战"也愈演愈烈。

腾讯和阿里两家巨头分别入股后,滴滴打车和快的打车也成为微信支付和支付宝获取移动互联网用户的桥头堡。2014年1月,滴滴打车宣布与微信合作,支持微信支付功能,与此同时微信中也添加了滴滴打车的入口;快的打车则在2013年8月接入了支付宝,二者在移动支付方面的角力开始凸显。

业务方面,随着打车软件市场已经趋于饱和,市场格局已经稳定,有着更大增量的专车成为滴滴打车和快的打车的新战场。滴滴打车2014年8月在北京启

[①] 刘昭郡:《滴滴打车、快的打车合并战略的分析》,载《现代商业》2016年第11期,第125~126页。

动专车业务"滴滴专车",快的打车则于同年 7 月宣布推出专车业务"一号专车"。就在今年年初,二者一前一后宣布了进军企业版服务,比拼开始蔓延到商务用车市场。

双方解释合并原因时指出,"专车领域面临着各种新的变化及更多新的力量,在包括代驾、拼车、公交、地铁等更广泛的移动出行领域,双方均面临着各种挑战与风险。作为行业的先行者,更需聚集移动互联网精英人才,独立地顺应市场与用户需求来发展。"

滴滴快的合并后,将成为中国移动出行领域单一最大企业。双方合并后,将集中两家公司的优势技术、产品人才,不断推出更为完美的出行服务产品,进一步加速市场拓展速度,产生更多的协同效应,提升整体竞争力,更积极有效地推动整个移动出行行业的发展。

参考文献

1. 高志刚等:《产业经济学》,中国人民大学出版社 2016 年版。
2. 林恩·佩波尔等:《产业组织:现代理论与实践》,中国人民大学出版社 2014 年版。
3. 唐晓华等:《现代产业经济学导论》,经济管理出版社 2012 年版。
4. 斯蒂格勒:《产业组织和政府管制》,上海人民出版社、上海三联书店 1996 年版。
5. 刘志彪等:《产业经济学》,机械工业出版社 2017 年版。
6. 苏东水等:《产业经济学》,高等教育出版社 2015 年版。

第七章　市场行为：研发与创新

第一节　研发与创新概述

一、研究与开发

概念：研究与开发是指企业为获取新产品、新技术、新工艺等所开展的各种研发活动，是企业进行自主创新的重要手段。企业通过研发新产品和新技术，创造新工艺，能够增强核心竞争力，促进发展战略实现。

类型：(1) 研发与创新包括科学技术基础研究和应用研究，以及新产品、新工艺的设计与开发；(2) 对于企业来讲，研究与开发涉及市场、技术、产品、生产、组织等各方面，其中主要是技术、产品和生产方面的研究与开发。

基本特征：研究与开发的基本特征是以生产为目的，将基础研究和应用研究与市场需求和具体的产品联系起来。

二、创新

(一) 概念

创新是指以现有的思维模式提出有别于常规或常人思路的见解为导向，利用现有的知识和物质，在特定的环境中，本着理想化需要或为满足社会需求，而改进或创造新的事物、方法、元素、路径、环境，并能获得一定有益效果的行为。

(二) 技术创新的分类

按技术应用的对象不同，技术创新可分成产品创新、工艺创新和管理创新。产品创新是指生产出新产品的技术创新活动。工艺创新是指在对企业生产过程中的工艺流程及制造技术改善或变动的技术创新活动。管理创新是指在产生新的组织管理方式而进行的技术创新的活动。管理创新涉及面很广，它包括企业性质、领导制度、组织结构、人事制度、分配制度、管理方式等多方面内容。特别在完善我国社会主义市场经济体系阶段，我国国有企业的管理创新具有非常重要的意义。

按创新的程度不同，可将技术创新分为全新型技术创新和改进型技术创新。全新型技术创新是指采用新技术原理、新设计构思，研制生产全新型产品的技术创新活动。改进型技术创新是指应用新技术原理、新设计构思，对现有产品在结构、材质、工艺等方面有重大改进，显著提高产品性能或扩大使用功能的技术创新活动。

按节约资源的种类不同，可将技术创新分成节约劳动的技术创新、节约资本的技术创新和中性的技术创新。这种分类方法是诺贝尔经济学奖获得者、英国著名经济学家希克斯（John Richard Hicks）在 1932 年出版的《工资理论》一书中给出的。节约劳动的技术创新，是指相对于劳动边际产品而言，增加了资本的边际产品，即那种能使产品成本中活劳动所占比重有所减少的技术创新。节约资本的技术创新，是指相对于资本边际产品而言，增加了劳动的边际产品，即那种能使产品成本中物化劳动所占比重有所减少的技术创新。中性的技术创新，是指以同样的比例同时增加了资本和劳动的边际产品，即不偏重于节约劳动，又不偏重于节约资本的技术创新。

三、研发与创新的动因与机理

（一）研发与创新的动因

1. 利润动机说

利润动机是指利润提供了能激励厂商组织生产活动的刺激因素。利润动机是经济学家用来解释经济行为的词语，而在现代社会中，管理则是一种社会行为，管理者把企业的管理活动看作是自己实现社会生活的途径，当然也有部分因素是为了维持生存。

2. 需求拉动说

需求拉动指各种最终需求的增长所引致的支出法地区生产总值增长百分点。其含义是支出法地区生产总值增长率中有几个百分点是由某种最终需求拉动引致的，例如，投资需求拉动 GDP 增长 4%，则称为投资需求对 GDP 增长率的拉动为 4 个百分点。

3. 市场结构说

市场结构是构成一定系统的诸要素之间的内在联系方式及其特征。在产业组织理论中，产业的市场结构是指企业市场关系（交易关系、竞争关系、合作关系）的特征和形式。作为市场构成主体的买卖双方相互间发生市场关系的情形包括4种情况：卖方（企业）之间的关系；买方（企业或消费者）之间的关系；买卖双方相互间的关系；市场内已有的买方和卖方与正在进入或可能进入市场的买方、卖方之间的关系。上述关系在现实市场中的综合反映就是市场的竞争和垄断关系。市场结构就是一个反映市场竞争和垄断关系的概念。市场结构是决定市场的价格形成方式，从而决定产业组织的竞争性质的基本因素。

（二）研发与创新的机理

1. 成本降低

企业的成本包括采购成本、生产成本、销售成本、管理成本等。企业用以抵御内外压力的武器，主要是降低成本、提高产品质量、创新产品设计和增加产销量。提高售价会引发经销商和供应商相应的提价要求和增加流转税的负担，而降低成本可避免这类压力。

2. 产品差异化

所谓产品差异化，是指企业在其提供给顾客的产品上，通过各种方法造成足以引发顾客偏好的特殊性，使顾客能够把它同其他竞争性企业提供的同类产品有效地区别开来，从而达到使企业在市场竞争中占据有利地位的目的。

3. 专利

专利对于企业的影响很大，表现为保护自身产品，防御对他人的侵权，增加企业的无形资产，知识产权是企业创新能力的证明，是企业收入来源的重要渠道，是企业投融资的重要手段，而对于专利的保护应用占有的保证就是企业的研发与创新，加强技术、管理等方面的创新。

4. 标准与产品兼容

兼容性是指产品在不同硬件厂商的不同硬件配置、软件系统环境下能够正常运行，并达到一致效果。标准是为在一定的范围内获得最佳秩序，对活动或其结果规定共同的和重复使用的规则、导则或特性的文件。文件经协商一致制定并经一个公认机构的批准。标准应以科学、技术和实践经验的综合成果为基础，以促进最佳社会效益为目的。

第二节 研发与创新激励

一、专利

（一）专利效应

专利，从字面上是指专有的权利和利益。"专利"一词来源于拉丁语 Litterae

patentes，意为公开的信件或公共文献，是中世纪的君主用来颁布某种特权的证明，后来指英国国王亲自签署的独占权利证书。在现代，专利一般是由政府机关或者代表若干国家的区域性组织根据申请而颁发的一种文件，这种文件记载了发明创造的内容，并且在一定时期内产生这样一种法律状态，即获得专利的发明创造在一般情况下他人只有经专利权人许可才能予以实施。在我国，专利分为发明、实用新型和外观设计三种类型。其效应如下：增加了无形资产的存量，提高了企业的品位。可独家"垄断"专利产品销售市场，独自实施专利，获得经济效益。通过转让专利技术或实施专利许可，获得经济效益。可以利用专利技术作为产品宣传的卖点，提高产品档次。专利权可以用来质押，向银行贷款；或作为保证进行融资。专利达到一定数量时，科技企业可申请享受政府税收、出口贸易等优惠政策。

（二）专利期限

专利权期限是指专利权的法定期满终止时间。从专利权授权公告之日起，如无因其他事由造成专利权终止的，则该专利权到专利权期限届满之日终止。根据专利法的规定，发明专利的期限为 20 年；实用型专利和外观设计专利的期限为 10 年，均自申请之日起计算。

（三）我国的专利保护

我国专利保护中，专利意识淡薄。我国专利制度建立已经 21 年了，由于宣传工作的力度还远远不够，在全社会，甚至在管理机构、专业人士中，其专利意识仍比较淡薄，因此不可能在工作思路上超前于科研人员而做出恰当的决策，也不可能对专利保护工作进行积极有效的管理。在我国专利申请中职务发明与非职务发明的比例为 3∶7，而国外的非职务发明仅占申请总数的 5%～6%。按《专利法实施细则》第四十二条的规定，对某装置中的若干个发明创造，可以分案申请，从而获得更大的保护范围。但专利的持有者为了节省费用，将多个分案专利合并为一个专利进行保护，这样做往往失去了保护的意义，有的根本就起不到保护作用。另外，专利持有者对专利法律知识欠缺，在技术转让、专利技术实施许可过程中，签订合同的保护条款约定不明确，致使权利丧失、利益受损。申请专利手续繁杂：专利一旦申请后，由于审查周期长、维权难、转化难，令专利权人不胜其烦，使得许多技术持有人望而生畏，知难而退，不再申请专利。根据对国家专利局的调查发现，我国平均一个发明专利从申请到授权需要 5～6 年时间，多数发明专利的审批周期为 4～5 年，最少也要 3 年，长的需 7～8 年的时间，甚至更长。而美国审查一个专利仅需要 2 年。

二、政府奖励与研发补贴

(一) 政府奖励

1. 企业研发投入政策

建立企业研发机构绩效考核制度,最高给予上百万元奖励。鼓励企业建立研发准备金制度,简化企业研发费用税前加计扣除申报手续。国有企业科技研发投入、收购创新资源支出、创新转型项目培育期3年内亏损等视同考核利润,允许高层次人才薪酬、创新奖励、中长期激励在工资总额外单列。鼓励企业收购或投资设立海外研发机构,最高给予上百万元奖励。

2. 创新平台建设政策

支持企业牵头组建新型研发机构,对新型研发机构按绩效择优给予每家每年最高上百万元奖励,并享受相关土地政策支持。支持高新园区和符合国内主导产业方向的企业建设省级以上产业(技术)创新中心,按国家或省拨经费给予1∶1共同支持。围绕主导产业建设市级以上公共技术服务平台,根据运行绩效给予最高500万元奖励。支持企业牵头组建国家级产业技术创新战略联盟,给予奖励。设立博士和博士后科技创新创业基金,支持企业创建国家、省级博站和市级"准博站"。建设在新型研发机构等载体内的"科创实验室",每个实验室最高给予支持。支持企业设立院士工作站、专家工作室等人才站点,更加聚焦关键核心技术攻关,更大力度引进高水平创新团队,最高一次性给予300万元项目资助。对企业获批国家级、省级研发平台,分别一次性给予200万元、100万元奖励;对国家级、省级制造业创新中心和工业设计中心,拨付到账资金给予1∶1配套支持。

3. 技术创新项目有关政策

对标志性重大项目、关键核心技术攻关、重点行业国际国内标准制定、重大兼并重组、重大商业模式创新等按"一事一议"方式给予支持。支持国内企业参与或承担国家科技重大专项,按照实际到账可以给予经费1∶1支持。围绕人工智能、大数据、生命科学等前沿领域和民生科技,设立重大科技专项。支持创新产品首购首用首保。建立国际技术转移专项基金,支持引进国际先进技术、成果和项目。

(二) 政府研发

熊彼特的创新理论认为创新是经济增长和发展的动力。研发投资是企业技术创新的必要条件。企业研发产品具有公共物品的社会属性,活动的溢出导致私人收益小于它的社会收益,在市场经济体制内,活动效率不足,私人厂商无法通过市场获取相应的研发收益,也就没有足够的动力去进行技术研发。

政府研发意义：政府研发补贴可以补偿因技术外溢导致的企业研发投资收益的减少，增加企业研发投资收益，缩小厂商研发投资收益与社会收益的差距，提升企业研发投资的积极性，分散企业研发投资的风险，促进企业增加研发投资，体现为一种互补效应。缺点是有些企业会利用信息优势对自身的研发优势进行扩大宣传以获得更多的政府补贴。与此同时我国政府权力配置经历了从集权到分权的过程，地方政府获得了财政自主权、经济管理权等权力，出于发展地方经济的需要，地方政府具有竞争资源的动机。国有企业在带动区域经济发展、增加就业促进技术进步、提高国家对于外界经济环境变化的适应性方面具有比民营企业更大的优势。

三、合作研发

（一）概念

合作研发是指企业、科研院所、高等院校、行业基金会和政府等组织机构，为了克服研发中的高额投入和不确定性、规避风险、缩短产品的研发周期，应对紧急事件的威胁，节约交易成本而组成的伙伴关系，它以合作创新为目的，以组织成员的共同利益为基础，以优势资源互补为前提，通过契约或者隐形契约的约束联合行动而自愿形成的研发组织体。该组织体在形成之后，有明确的合作目标和合作期限，共同遵守契约规定的合作行为规则、成果分配规则、风险承担规则，共同研发或分别研发，发明申请专利的权利共有。任何一方都享有优先受让的权利。一方放弃，另一方可单独申请，放弃一方享有免费实施专利的权利。

（二）效果

研究开发合作与单纯的技术资源外向不同，它的技术资源外向不仅仅是从外面得到资源，而且还将企业自有的部分技术资源外向。单纯的技术资源外向还具有间断的（经常是一次性的）、静态的特征，不利于技术诀窍的获得和技术体系的形成，而研究开发合作则可以实现连续的、动态的技术进步，通过与外部技术源的合作，迅速学习到技术诀窍，形成自有的技术体系。研究开发合作还与市场进入和寻找机遇有关，即由于合作伙伴可以更加有效地共享信息、知识和经验，因此使共同的监测环境变化和市场机遇的能力得到提高。

有助于克服市场无效率行为。企业之间的能力互补可以帮助企业抢先进入市场。一方面，企业之间知识的互补性和相互的交流可以减小企业研发的不确定性，提高研发的效率，因此，研发的平均速度较高。另一方面，适当选择合作伙伴，例如技术较强但推广能力较弱的企业与推广能力较强的企业合作研发，能够有效地缩短从研发到市场整个过程所占用的时间；合作研发可以减少市场交易成本。就合作而言，以交易费用理论为基础的经济学解释是：合作关系是一种介于市场交易和层级组织之间的组织形式。市场交易尽管有较强的灵活性和优化配置能力，但是在面临信息不对称和不确定的情况下，交易成本比较高，而合作则在一定程度上降低了市场交易的这一缺点。层级组织尽管具有良好的分配效率，可以大大降低交易过程中的信息成本和"道德风险"，但是由于层级组织所固有的"惯性"，缺乏应付高速变化所需的柔性。此外，在需要多领域参与的系统性问题上，一个层级组织又面临着资源不足的无奈或者由于范围或规模过大而引起管理成本高的危险。因此企业、研究机构、大学建立互利互惠、共同降低风险和成本的合作关系是当前技术、经济条件下的有效战略选择。合作企业可以共享信息和研究成果，从而提高研究开发的效率。

合作中相互学习能够提高企业自身开发新产品的速度。由于企业的技术人员以及企业过去累积的技术知识存量（如技术诀窍）都缺乏市场流动性，而且由于隐形知识的存在以及难以定价，企业很难通过市场交易的方式来获得知识。根据学习理论的观点，组织间的合作关系是企业间进行知识转移的一个非常有效的途径。其他企业在从事某项技术研发活动时，通过合作可以方便的"使用"这些技术人员和存量知识，而不合作则无法获得。企业之间进行合作研发的意义不仅在于完成共同的项目，还能从合作过程的知识交换中增强自己的能力，为未来的研发打下基础。合作行为可以使研究开发的外部效应内部化，克服个体理性和集体理性之间的矛盾，激励企业的研究开发投入。企业之间的协调可以消除研究开发的重复投资，承担单个企业无法独立承担的重大研究项目。格罗斯曼和夏皮罗（Grossman and Shapiro）认为，技术的研究开发合作会加速创新的进程，原因有二：其一，当专利保护不完全有效，且创新造成溢出时，单独开展研究开发的企业不会使其创新对手的正外部性内在化。这样，从产业观点看，会出现研究开发上的投资不足。研究开发合作至少会矫正成员之间的外部性，并因而增加成员的研究开发支出。其二，有这种情况，从事研究开发的固定成本太高，以至某些企业不可能自己单独使用研究开发的手段。而研究开发的合作则可以给这些企业一种利用规模递增收益和承担研究开发的手段。

降低和分担研发中的风险和成本。研发可以分散技术创新风险，由于市场及技术的不确定性，新产品生命周期的缩短和竞争的加剧，使得企业自主研究开发的不确定性增加和成本加大，给企业的创新带来了巨大的风险，即使是实力雄厚的大企业也不愿冒这种投资可能无法收回的风险。而且，独自开发所需的设备利用率也会在技术的快速发展中越来越低。在这种情况下企业与企业之间结成合作关系，共同开发就不失为一种明智之举，特别是在技术竞争已经或正在转向竞争前技术的角逐下，企业一般只能也只考虑在核心技术上保持领先，企业之间技术上的竞争与合作的相互渗透以及"在合作基础上的竞争"已成为部分企业发展的主旋律。

保证创新中组织的灵活性。管理研究认为目前企业所处的外部环境具有复杂快变的特点，我们认为目前的技术领域，尤其是高科技产业中的技术创新同样具有该特点，从而对企业的创新能力提出了挑战。新的知识往往出现在一个流动并且不断进化的群体中，因此孕育创新的组织结构必然具有灵活性，能够适应外界环境变化与发展的需要。

第三节　厂商间的研究与开发合作

一、厂商研发组织的类型

（一）按厂商科技研发的项目来源分析

厂商自建的科技研发组织；与其他单位共建的科技研发组织；购买、引进成果并承担建设任务的组织。

（二）按承担科技研发的主要职能及隶属关系分析

集中模式（由总公司负责科技研发工作的总体规划、开发、建设以及成果推广等一系列工作）。弊端：各产品公司倾向于培育各自的研发团队，两者难以有效协调。分散模式（集团承担中长期产品的研发，产品公司承担当前与短期的产品研发）。弊端：不利于研发资源的共享，研发技术力量较分散，难以产生整体研发效应。分层模式（成立集团研发中心，将各产品公司的研究所都搬进研发中心）。优点：形成研发资源共享机制，便于有步骤地进行系统内外部的技术开发。单项模式（对厂商攻关的研发项目进行单向研发）。强矩阵模式（由最高管理层充分、合理地调配经营资源，采取跨组织、跨部门的研究合作与项目任务相结合的研发模式）。

二、厂商研发组织的基本要素

（一）人员

在研发组织中，那些善于分析、有好奇心、独立、聪明、性格内向以及喜欢科研和数学的人最可能获得成功。这些人一般性情复杂、灵活、自立、敬业，能够容忍模糊和不确定性，一般有较高的自主和变革的需求，不愿顺从别人。研发组织需要团队合作，极度内向的员工不适合。有必要认真检查员工对模糊和不确定性的容忍度，以及对自主和变革的需求。自主和自信的员工最理想。研究人员要想成功，必须能够容忍"非常糟糕的管理"。研究表明，喜欢自己工作的人能够容忍较差的管理者，这里所谈"糟糕管理"，近乎于"无为"管理，而不是指外行的指手画脚。对于多数管理者，由于他们本身也是技术人员，常常更乐于花时间于自身的研究项目上，造成疏于管理的局面。反过来，如果作为研发组织的管理者，将"糟糕管理"理解为"凡事都要过问，频繁干预员工的工作状态"，要求员工能够容忍，那就大错特错了。研究人员应该具有另外一个理想品质：内在因素控制力，即通常把事情的发生归因于内因（如个人的能力和辛勤）而不是外因（如运气或他人帮助）。

（二）思想

员工需要习惯于抽象思维，对研发有真正的兴趣。允许员工提出新观点，并且不要马上对其合理性做出评价。"关键联络员"为别人提供有用信息，查找书面资料，参与新思想和新观念的创造过程，充当沟通的中介，中止某领域没有价值的研究，向决策者提供某一领域的研究动态，与组织内外人员的沟通。他们一般指把一半的时间用于研究工作。调查发现，约有1/7的研究人员充当此类角色中的一项或多项内容。一旦发现这类人才，要给予特别待遇，因为他们对于组织是无价的。"看门人"技术出众，富有个性且平易近人，时刻了解组织外的动态，但不是一个正式职位或职务。特别的是，"看门人"的作用尤其不能在官僚式的组织中得到发挥。这两类人在形式上的确立，将破坏其原有的作用。对于他们的角色，管理者给予额外的鼓励和报酬是较适宜的做法。

第四节　研究与开发的模式与策略

一、企业规模与研发

（一）大厂商的研发与创新优势

熊彼特、加尔布雷斯等强调大企业更具有创新动力和创新能力，他们认为拥有垄断力量的大企业比小企业更具有创新性，更有可能提高产业技术，因为相对于中小企业，大企业在维持研究与开发实验室方面能够轻而易举地获得资本，拥有更强的抵御风险的能力，而且具有规模经济。熊彼特称"大企业是技术进步最有力的发动机"，认为技术来源于企业内部创新部门，是内生的，并认为完全竞争与经济进步是不相容的。他发表的《资本主义、社会主义和民主》一书中强调了垄断在创新中的巨大作用，认为市场垄断地位是企业承受与创新相关的风险和不确定性的先决条件。加尔布雷斯则认为："明智的远……是使由少数大厂商组成的现代工业成为引起技术变革的尽乎完美的工具。"维拉德也认为，在垄断竞争条件下，企业为维持或扩大市场份额，就必须进行技术创新。其后的一些学者把大企业的技术创新优势归纳为以下几点：(1) 考莫瑙认为，R&D 投入是一种典型的趋向于规模经济的跳跃过程，技术创新需要较高的固定成本，因此只有大企业才有能力承担。(2) 卡米恩和施瓦茨认为，只有占有较大市场优势的大企业才能把技术创新作为利益最大化的手段。(3) 纳尔逊的研究指出，R&D 是一种风险投资，只有大企业才能通过向不同研究项目进行分散化的投资以降低风险，才更能发现创新的市场价值，从而减小创新的不确定性和风险性。(4) 谢勒尔认为，规模经济使新产品引入更加便利，规模经济使 R&D 投入的收益增加，从而能使大企业从创新中获得更大收益，大企业从创新带来的成本降低中获取的收益要远大于中小企业，这有利于提高大企业创新的积极性。

大企业进行研究开发的优势：(1) 具有强大的经济实力。目前大型企业一般都在本行业中处于垄断或半垄断地位，从资源到市场都具有其他公司可望而不可及的地位，因此往往形成巨大的垄断效益。(2) 具备强大的系统的研究实体。大型企业一般都有自己若干国家级的产业研究机构。世界上有很多大企业特别是电子产品研发企业一般都会与国家实体部门有联系，就像波音和福特在飞机研发上占据制高点，因此会与美国国防部有密切关系。国防部的一次订单就能抵得上中小企业几十年的业绩之和，同时他们还能够利用国家强大的信用优势非常容易地从社会募集到资金以支持自己的技术创新。(3) 具有雄厚的科技人才储备。大企业拥有自己强大的资金优势，可以不惜重金聘请高精尖技术人才来充实自己的技术研发团队。更重要的是他们有能力定期更新自己的研发团队，注入新鲜血液，以保证自己团队的效率同时还能确保技术人员的思想不僵化，永葆青春。拥有一大批科研成果和成熟的研究领域，就像现在我国的国家级产业研究院大多是 20 世纪 50 年代中后期建立的，并且受计划体制的影响，各自都有严格的分工，有自己的领域。比如原化工部在撤销之前有直属研究院所 31 家，他们有比较明确的分工：有石油化工、无机盐、化肥、天然气化工、氯碱化工、氟化工等。这些研究单位经过了半个世纪的发展，已经牢牢地占据了自己的研究领域，比新进入一个领域要有巨大的优势。(4) 具有成果转化的理想通道。大企业都有自己的巨型生产企业和各种产品，其中的研究单位大多直接面向自己公司的生产业务，因此项目立项时目的性强，成果实用性强，在转化过程中由一个上级进行协调。这种关系对于科研成果的转化是最理想的。国家对大型企业的政策倾斜力度较小企业大，就像我国七家国家寡头企业：中石化、中石油、移动、联通、电信、南方电网、北方电网，以及一些国家品牌企业像茅台、五粮液、海尔等，国家每年给他们注入大量资金供给他们的技术创新，同时规定了较低的市场准入指标等，都是小企业所无法比拟的，国家的技术创新就集中在大型企业。

（二）大厂商的研发与创新劣势

大企业病导致管理效率低下、市场上占有过多导致缺乏竞争压力和技术创新动力。熊彼特和加尔布雷斯这种大企业优势论也受到了一些学者的反对。反对者认为大企业也存在着许多的技术创新障碍：如灵活性差、转换成本高、组织与决策的惯性、企业家精神的削弱等。哈姆贝格和曼斯菲尔德等认为，尽管技术进步是促进集中乃至形成垄断寡占的重要原因，但是垄断一旦形成，企业就会失去技术创新的动力，而且企业规模过大还会降低创新的效率。谢勒尔在肯定大企业更倾向于增大 R&D 投入的同时，认为大企业的行政等级制度常常窒息研究人员的创新激情，大企业的官僚体制不利于创新的风险投入。罗斯韦尔认为一般情况下，与中小企业相比大企业决策层更趋于保守。植草益等人的研究表明，在研究开发活动中企业规模太大也会产生规模不经济性，企业规模越大决策所需时间越长，从而产生组织与决策的惯性，不能灵活应对市场的变化。

二、中小厂商的研发与创新优势

早期的熊彼特将技术看成是外生的经济变量，并高度强调企业家个人的作用，认为中小企业具有技术创新的优势。他的一些追随者如谢勒尔、罗斯韦尔等人研究了企业内部的交易成本对创新的影响，进一步解释了中小企业的创新优势：（1）中小企业领导层比较精干，更有利于根据市场的变化较快做出创新的决策；（2）中小企业宽松的管理环境有利于创新活动的开展，其技术创新活动常常得益于从大企业溢出的科研人员；（3）大企业对研究人员的最好的奖励往往是把他们调到管理层去，而中小企业却把创新作为他们竞争战略的核心；（4）大企业对那些小的、不太重要的技术创新或高风险的新兴产业兴趣不大，而这对中小企业来说正是一个机会，它们对这些创新往往比大企业表现出更大的热情，这些机会往往能使其赢得某种竞争优势，在激烈的市场竞争中获得生存和发展。

1. 创新体制和机制更为灵活

中小企业由于受计划体制的影响比较小，对使用新技术或改良技术具有较强的激励机制，同时又具有较灵活的运作空间，能及时应对市场的要求和变化。而且中小企业规模小，灵活性强；企业的管理结构简单宽松，组织与决策灵活高效，对市场变化反应迅速。而大企业森严的官僚体制不利于创新的风险投入，决策层更趋于保守，同时较大的行政等级制度和 R&D 成果的产权制度会抑制研究人员的创新积极性，产生组织与决策的惯性和更困难的管理问题，对市场反应迟钝。

2. 创新效率高

中小企业资本有机构成偏低，投资主体多元化，经济实力难与大企业相匹敌，因而，技术创新的选型选项往往从企业实际出发，量力而行，致力开发见效快、容易成功的项目，经济效益比较显著。而大企业由于面临强大竞争对手的技术和市场压力，在技术战略制定中往往偏向于难度大的技术项目研究以及全新产品的开发，因而创新效率低。在设备革新过程中，中小企业的设备往往小型居多，而小型设备的技术改装改造相对容易，浪费小，成本较低；大企业由于标准化的生产方式，设备的专用性程度高，技术改造时浪费多，转换成本大。

3. 创新速度相对较快

中小企业资金相对较少，科研力量相对薄弱，设备有限，这就决定了它在技术创新方向的选择上比较重视应用型技术创新，强调技术上的适宜性，经济上的合理性，生产上的继承性，注意发挥比较优势，扬长避短，从小处着手，注重现实，创新项目选择具有投资少、规模小、周期短、见效快、应用性强的特点。因此中小企业技术创新周期相对较短，创新速度较快。大企业从事技术创新，不但要立足眼前，更要着眼未来；不但要立足于国内，更要面向国际，因而不能不兼顾应用和基础研究两个方面，技术创新的周期较长。

4. 创新成果更易被市场所接受

随着经济的发展，科技的进步，生活水平的提高，目前市场需求呈现出潮流化、个性化和多元化的特点。多品种、小批量的生产方式正在推动传统大批量的工业生产方式的变革，科技成果的推广应用速度加快，产品的寿命周期大大缩短，这为经营灵活、适应性强的广大中小企业进行技术创新，生产个性化的新产品提供了市场机遇。中小企业由于经营规模小，与用户保持密切的接触，紧跟市场需求，因而他们的技术创新能以市场需求为导向，并且对市场和技术的变化能做出迅速而有效的反应，及时开发市场的急需品。

三、中小厂商的研发与创新劣势

自身资源条件的限制、不具有研发的规模经济性、规避风险的能力较差等。

（一）经营者创新素质不高

技术创新是一项系统工程，它包括创新项目的预见、决策、技术研发、生产、销售等众多环节。经营者对于技术创新工作的绩效起着决定性的作用。只有优秀的企业家才能使企业的技术创新成为可能。我国中小企业的经营者来源复杂，大多出身于农民和商业家庭，文化教育整体水平不高，对科学和技术的认识和掌握更是甚少，因而对技术创新缺乏足够的重视，创新观念淡薄。同时我国中小企业经营者的战略思维能力、理性决策能力、创新资源整合能力、创新组织管理能力以及冒险精神都难以适应技术创新对经营者能力的要求。

（二）资金来源不足

资金不足是中小企业技术创新的障碍之一，既包括市场融资的困难，也包括政府支持的力度不够。从市场融资来看，直接融资包括发行股票和公司证券，间接融资是从银行或其他金融机构贷款。目前，由于证监会对中小企业上市资格有严格的规定，发行证券成本很高，直接融资难度很大，向国有银行或其他金融机构贷款，正门难入，边际交易成本很高，其结果是很多中小企业在技术创新过程中，实质上很难从资本市场或金融机构获得足够的资金，只能凭借个人的积蓄或者很高的成本和风险从非正式的资金市场获取资金。

（三）人才匮乏，人才待遇不平等现象严重

由于中小企业的工资水平、福利待遇、社会地位、发展预期以及技术创新的层次与大企业无法相提并论，因而很难吸引和挽留更多的技术人才，人才流失和紧缺现象严重。而且还存在着重技术人员、轻其他人员的不公平现象，往往认为技术创新只是技术人员的事，而与其他人员无关，忽视其他劳动者在技术创新中的作用，更不重视其他劳动者的能力培养和知识技能的培训。技术人员和非技术人员在工资水平、福利待遇、发展前景方面往往有很大的鸿沟，从而影响其他人员的主动性、积极性和创造性的发挥，公司凝聚力下降，最终不利于技术创新的开展。

（四）合作精神欠缺

目前中小企业的技术创新有个突出特点，就是喜欢单枪匹马而不愿与其他单位合作。在经济冲出国门走向世界的今天，比较有竞争实力的跨国企业纷纷采取联合的方式来共同经营、共同开发新产品，以应对日趋激烈的竞争。中小企业相对这些大企业来说在竞争中简直不堪一击，但中小企业往往又孤芳自赏，不愿将自己掌握的信息与技术拿出来与人合作，共同进行技术创新，这会增大它们的创新难度和风险，而且中小企业还有可能进行重复的技术创新，这样可能造成某些中小企业失去技术上的优势，从而造成资源的浪费。

（五）享受政府待遇和法律保护太少

我国曾出台了一系列有利于中小企业技术创新的经济政策。但随着改革开放的深入，这些优惠政策有的贯彻落实不够，有的甚至逐渐被取消，因而政府的一系列扶持中小企业技术创新的政策并没有真正"到位"和发挥功效。比如各级政府因为资金有限只能把有限的财力首先支持国有大型企业，而对中小企业只是给予象征性的表示，而且政府资助往往带有严格的资格审查，因而最终能得到资助的中小企业屈指可数。我国知识产权的法律体系还不够完善，侵犯知识产权的现象屡见不鲜，而中小企业创新成果被盗所遭受的损失比大企业要大得多。

（六）企业文化较为传统保守

技术创新是一个创造性破坏的过程，创新的实施是集体化合作的结果，创新成功需要有一个良好的企业文化环境。我国许多中小企业实施军队式的行为规范管理，强调员工的服从和忠诚精神，不鼓励变革、不支持冒险、不容忍失败、不包容异议，企业中低层管理者和企业员工在这样的文化氛围中，求稳怕变、观念传统、行为保守。传统的民营企业文化还带有浓厚的家族式经营色彩，企业管理层与普通员工关系呆板缺乏亲情观念；工作程序化，员工缺乏创新空间；重视业绩，忽视人性，缺乏相应的创新激励机制。

四、大厂商与中小厂商的比较

创新是高投资高风险的企业活动，而那些大型的技术创新活动所需费用尤其昂贵而且风险巨大，企业要想成功实现创新，既需要有雄厚的资金作支撑又要具备承担巨大风险的能力。首先从这一角度来分析企业规模影响技术创新的机理，大规模企业往往拥有雄厚的资金，具有较强的经济实力。同时通过从事多样化经营，投资多个创新项目使得技术创新的风险得以扩散。而中小企业无论是在资金实力和风险化解上都远不如大企业；通常大规模企业具有较完备的组织结构，完善的用人机制，具备竞争力的薪酬体制，以及多样化的员工培训机制，从这一角度看，大企业中的科技研发人员的技术研发能力更强，而且可以不受薪酬等外在因素的困扰，在完善的员工培训机制的培养下，科研人员的研发水平会不断提高，这就为大企业进行高水平高层次的技术创新储备了资源。而小规模企业由于薪酬体制不完善，研发平台低，科研人员流动率高，创新水平不高，在政策层面的创新资金的支持力度上，政府通常会划拨大额资金给国有企业以支持其开发新的创新项目，而我国的国有企业多属于大规模企业，相比之下，小企业得到的创新资金支持差得太远，即便在信贷政策上，小企业也很难顺利筹集到创新资金。但随着企业规模的扩大，大企业的组织结构冗长，管理成本上升，经营效率低下，这在一定程度上不利于技术创新活动的开展或技术创新效率的提高。而小规模企业组织结构简单，组织内部沟通顺畅，创新效率高，但由于资金实力的限制，小规模企业进行的创新多为低层次、低水平、渐进性的。

五、市场结构与研发创新

（一）无专利竞赛时的研发与创新激励

假定：模型是一个过程创新。

结论：在无专利竞赛的情况下，创新对竞争性企业的价值比垄断企业的价值高，因此竞争性的市场对企业的创新激励更强（见图7-1、图7-2）。

创新带来的社会福利：创新使社会福利增加，净增加量为面积BCEF。

创新对完全垄断者的价值：创新使垄断企业的利润有所增加（见图7-2）。

图7-1 创新对竞争性企业的价值

图7-2 创新对完全垄断者的价值

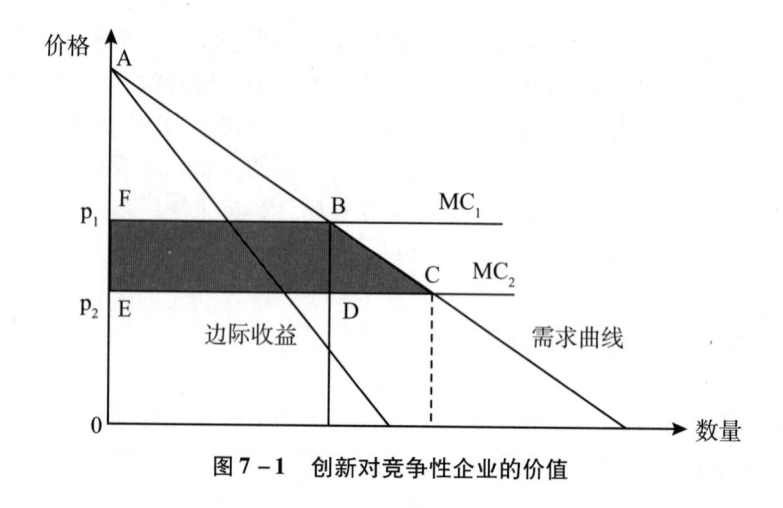

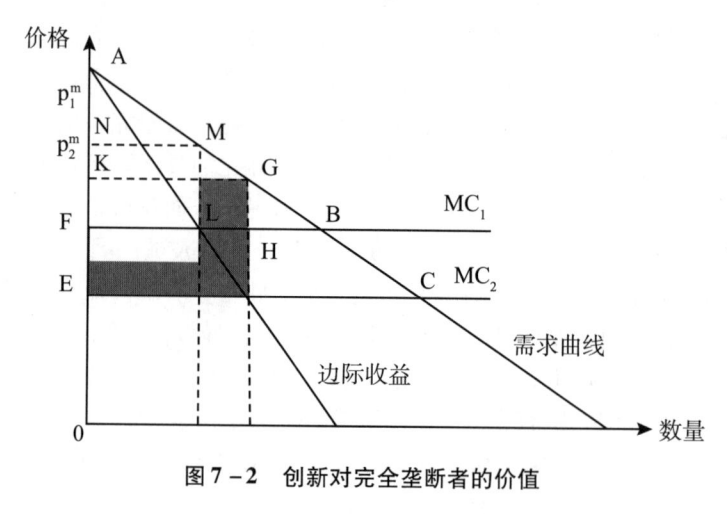

(二) 专利竞赛与研发创新激励

如果垄断厂商首先实现创新，它就维持了它的垄断地位。如果潜在的竞争对手首先实现创新，它就必须与现有的厂商竞争（因为是非剧烈创新），双寡头的市场结构也就由此而产生了。这场竞争的报酬是非对称的：垄断厂商若不能首先创新的话，其损失比其潜在竞争对手的损失要大。若在专利竞赛中失利，竞争对手仅损失它的研究和开发成本，而垄断厂商损失它的研究和开发成本及一部分垄断利润。在这样一个专利竞赛中，不输是垄断厂商的主要目标，它并不特别在意自己是否能成功实现创新，它只是关注自己的竞争对手是否实现创新。如果垄断厂商首先成功创新并获得了专利，它可能会让它的专利"沉睡"。

创新成果的重要特性是外部性，如果没有知识产权的保护，创新企业研发的成果便可能会由竞争对手侵占，创新成本得不到补偿，企业创新的动力受到打击，进而没有企业愿意从事研发，整个行业的创新产出便会大幅度下降。而专利是对创新产权保护最有力的工具之一,其为创新企业获得合法的垄断地位提供了坚实的制度壁垒。专利保护完善的行业,创新成果能够得到最大程度的保护,创新企业可以获取创新带来的几乎全部收益,有利于增强其在市场上的势力,提高市场份额,这会极大地刺激企业进行创新,从而有利于整个行业的技术创新水平在一种有序的竞争状态下得到提升。

综上分析,企业的技术创新活动会通过降低产品的生产成本从而扩大产品市场需求,进而提高创新企业的市场占有率来影响市场结构,同时通过获取创新所带来的超额利润为新一轮的创新活动积累资金,这会极大提高创新企业的创新积极性,也会给行业内其他企业带来示范效应,在相继采用创新的过程中,依然使用原有生产技术的低效率企业会被淘汰出市场,随着部分企业的退出,市场集中度上升,市场结构发生变化,通过产品差异化来满足顾客群的多样化。

本 章 案 例

一、平台型创新分析[①]

平台型创新是当今时代发展的必然产物。首先,平台型创新是全球化 3.0 和世界平坦化进程在创新领域的继续推进。平台能够使全球任何地方的个体和组织在生产、生活以及创新等领域开展合作,财富和权力越来越多地聚集到那些成功建设平台或在平台上开展创新工作的主体那里。其次,平台型创新是网络时代合作创新的最佳选择。互联网时代与网络社会为平台型创新创业创造了前所未有的契机,促使人们开展广泛的合作创新,为"大众创新、万众创业"提供了技术支撑和社会基础,平台型创新是创新 2.0 与政府 2.0 时代创新模式的必然选择。最后,平台型创新是平台经济时代的大势所趋,是平台模式在创新领域推广应用的结果。平台经济模式广泛出现在生产生活、技术革新等各个领域和各行各业,带动了全球经济十余年的快速增长。在平台时代,平台领导对行业创新影响深远,平台革命正在成为席卷全球的商业革命。平台时代决定了处于枢纽位置的平台进一步壮大,创新者完全可以借助平台的力量来增强效果,平台革命必然驱动产业创新模式的转型。平台型创新是创新范式转换的需要。从组织创新系统到创新生态系统再到平台创新生态系统,遵循的是创新系统适应竞争环境变化的演化路径。《2014 全球创新指数报告》指出,中国国家创新体系的主要制约因素在于"生态系统性"的缺失,表现为创新主体网络力量薄弱,多元主体难以形成合力;包括政治、法制和商业环境在内的创新制度环境相对落后,全球排名 100 名以外;高等教育人力资本和研究对创新的贡献度全球排名第 115 位;在线创意性产

---

① 刘家明、柳发跟:《平台型创新:概念、机理与挑战应对》,载《中国流通经济》2019 年第 10 期,第 51~53 页。

出排名第87位。美国是世界上最富有创造力的国家，是第一个在政策文件中提出创新生态系统战略的国家。创新生态系统是围绕在核心企业或平台周围，多元主体进行创新协作而形成相互依赖、互动合作的网络。因此，推动基于平台的创新、联结创新生态、转换创新方式、布局创新空间、提供创新载体、设计创新规则是创新模式转换的需要。平台型创新是平台领导创新战略推动的结果。在技术革新加速和市场竞争加剧的平台时代，基于平台架构的技术创新对于新兴产业愈发重要，平台领导一般采取开放平台的策略，鼓励外部主体基于平台开展互补组件的技术创新；平台领导还要与提供互补性产品及服务的其他公司合作，实现产品和服务的创新。为此，加韦（Gaw-er）论证了平台对于推动21世纪创新和平台领导竞争优势的重要价值。平台型创新不仅是创新科学研究的新兴内容，更是平台经济学、平台领导学与战略学研究的重要分支和热点话题。

二、我国体育器材专利研发主体网络的技术扩散[①]

我国体育器材专利研发主体内部技术扩散程度存在较大差异性，研发主体内部技术扩散程度越高，其研发水平越高，高校内部专利研发水平相对较高，但研发中技术扩散的范围较窄；企业内部研发数量多、技术应用范围广，但其核心技术的扩散不足；个人研发主要集中于"实用新型"专利，技术应用范围较广，但总体上技术融合度较低、技术网络结构不合理。高校在我国体育器材专利技术扩散中起着重要作用，高校与企业的合作不仅能够有效提高"发明授权"专利的技术扩散，直接影响我国体育器材技术创新的水平，同时高校与个人的合作有利于改善"实用新型"专利的技术扩散，对技术创新链前端的技术改进有积极影响。个人研发在我国体育器材专利研发主体网络中技术扩散的作用小于企业与高校的合作，但在"实用新型"专利研发主体网络的技术扩散较好。通过不同研发主体间的合作，可以有效地促进体育器材专利研发主体网络的技术扩散；我国体育器材专利技术研发网络中的技术扩散程度与"发明授权"专利技术扩散程度具有高度相关性；高水平的"发明授权"专利缺乏、不同类型专利间技术扩散不足是制约我国体育器材专利研发主体网络的技术扩散的主要因素。提高专利技术研发水平、在强化"产、学、研"模式的基础上，扩大高校及其他科研机构体育器材专利研发范围，构建"跨平台混合研发模式"，促进不同研发主体开展多层次的合作，增强不同专利技术在不同研发主体间的技术扩散。

三、华为的"获取分享制"[②]

"获取分享制"是相对于"授予制"而言。授予制，是自上而下进行业绩评价和利益分配，容易滋生"以领导为中心"、下级迎合领导来获取利益的风气。

---

① 明宇、伍胜福：《我国体育器材专利研发主体网络的技术扩散》，载《首都体育学院学报》2019年第5期，第422~425页。

② 丁伟化、陈金心：《获取分享制——华为奋斗者的价值链管理》，机械工业出版社2018年版。

华为的"获取分享制",是指使任何组织与个人的物质回报都来自于其创造的价值和业绩,作战部门(团队)根据经营结果获取利益,后台支撑部门(团队)通过为作战部门提供服务分享利益。华为的研发团队组织结构发生过两次重大调整,从1987~1997年的第一阶段,是华为创业的前十年,跟中国许多传统企业一样,华为对研发部门采用了职能式管理,分为中央研发、中试和生产三大部门,无项目管理,无可行的计划,无产品数据管理,无版本管理,无技术管理,无企业标准。从1998~2011年,是华为进入弱矩阵管理阶段。虽然仍然保持中央研发、中试和生产三大部门,但开始实施项目经理制,由项目经理负责产品的中央研发、中试和生产。华为在研发人才激励方面采取的"获取分享制":作战部门根据经营结果获取奖金,后台支持部门通过为作战部门提供服务分享奖金。其高级表现形式为员工执股计划,通过让员工执有股票,使员工享有剩余索取权的利益分享机制和拥有经营决策权的参与机制。为了鼓励研发人员沉下心在技术的道路上做专做精,华为的研发人才晋升通道分为技术通道和管理通道,这样很多技术专家的地位并不比管理职位差。

参考文献

1. 龚仰军:《产业经济学教程》,上海财经大学出版社2014年版。
2. 刘志彪等:《产业经济学》,机械工业出版社2017年版。
3. 苏东水等:《产业经济学》,高等教育出版社2015年版。
4. 林恩·佩波尔等:《产业组织:现代理论与实践》,中国人民大学出版社2014年版。
5. 斯蒂格勒:《产业组织和政府管制》,上海人民出版社、上海三联书店1996年版。
6. 干春晖等:《产业经济学教程与案例》,机械工业出版社2015年版。

第八章　市场行为：企业并购

第一节　企业并购概述

一、并购的概念

并购，是兼并（merger）和收购（acquisition）的简称，英文缩写为 M&A，代表了企业当中最广泛的两种资源整合与重组的方式。兼并是指两家或多家公司通过股权收购、股权交换等资本运作方式，合并成一家存续公司的商业活动。而收购是指一家公司通过收购另一家公司股权（所有权）的方式，成为该公司的新股东，收购后的母、子公司仍各自独立、继续存在。在实际运作中，这两种方式并没有本质区别，都代表了资源的联姻，因此习惯上就把这两者结合到一起，统称为并购。

并购代表了企业资源通过再配置，以达到特定的战略目标和商业目标。市场经济的优越性体现在资源配置的高效率上，资源在市场上自由流动的目的就是要寻找能最大化其价值的归宿。其实质是在企业控制权运动过程中，各权利主体依据企业产权作出的制度安排而进行的一种权利让渡行为。并购活动是在一定的财产权利制度和企业制度条件下进行的，在并购过程中，一部分权利主体通过出让所拥有的对企业的控制权而获得相应的受益；另一部分权利主体则通过付出一定代价而获取这部分控制权。企业并购的过程实质上是企业权利主体不断变换的过程。

二、并购的类型

在并购重组实际经济活动中，一般应基于对目标企业及自身资产状况、财务状况、组织管理结构、税收负担等的综合评价，并结合本次并购拟达到的经济目的和现实的法律环境来确定所要采取的并购方式，并据此设计出最为合理最为有利的交易结构。

（一）以产业特征分类

（1）横向并购是指市场上的竞争对手之间的合并，比如生产同类商品的厂商间，或者是在同一市场领域出售相互竞争的商品的分销商之间的并购。横向并购的目的，在于消除竞争扩大市场份额、增加并购企业的垄断实力，形成规模效益。有些国家经常通过法律严格限制此类并购活动的发生。

（2）纵向并购是指与企业的供应厂商或客户合并，也就是优势企业将与本企业生产紧密相关的从事生产、营销过程的企业收购过来，以形成纵向生产一体化。纵向并购能够扩大生产经营规模，节约通用的设备；可以通过协作化，加强生产过程各环节的配合；可以加速生产流程，缩短生产周期，节省物流费用等；纵向并购也较少受到各国反垄断法规的限制。

（3）混合并购是指既非竞争对手又非现实或潜在的客户或供应商的企业间的并购。这种并购形态因收购公司和目标公司没有直接的业务关系，其并购目的往往较为隐晦而不易为人察觉和利用，有可能降低并购成本。

（二）以公司法分类

（1）新设合并型是两个以上公司通过并成一个新公司的形式而进行的合并。采取这种形式的合并，合并双方均解散，失去法人资格。

（2）吸收合并型是指一个公司通过吸收其他公司的形式而进行的合并。采用这种方式，被吸收的公司解散，失去法人资格；继续存在的公司称为存续公司，存续公司要进行变更登记，被吸收公司的债权、债务由存续企业继承。

（3）控股型即并购双方都不解散，但一方为另一方所控制。在这种情况下目标公司被收购后仍保留其法人地位。

（三）按出资方式的不同分类

（1）购买资产式并购。收购公司使用现金购买目标公司的全部或绝大部分资产，以实现并购。出资购买资产式并购能做到等价交换、交割清楚，没有后遗症或遗留纠纷。这种并购类型主要适用于非上市公司。

（2）购买股票式并购。收购公司使用现金、债券等方式购买目标公司一部分股票，以达到控制目标公司资产和经营权的目标。通过市场出资购买目标公司股票是一种简便易行的并购方式，但因受到相关法规的约束，如持有目标公司股份达到一定比例时要向其股东发出公开收购要约等，往往容易被人利用而哄抬股价。

（3）以股票换取资产式并购。收购公司向目标公司发行自己的股票以交换目标公司的大部分资产。一般而言，并购公司获得一定权利的同时往往要承担被并购公司的部分债务。另外，并购公司和目标公司之间还要就目标公司的董事及高级职员参加并购公司的管理活动达成相关的协议等。

(4) 以股票换取股票式并购。在这类并购中,并购公司直接向目标公司股东发行并购公司所发行的股票,用来交换他们所持有的目标公司的股票。总的来说,交换的股票数量应该至少达到收购公司能控制目标公司的足够表决权数。

(四) 按被并购方的态度分类

(1) 善意并购：是指目标公司的董事会一致同意向其股东们推荐接受并购意向的并购方式。在董事会不能达成一致意见而多数董事同意的情况下,要附上不同意董事的意见及理由。

(2) 敌意并购：是与善意并购相对的一种并购方式,是在目标公司不愿意的情况下,当事人双方采用各种策略,通过并购、反并购的激烈对抗完成的并购行为。敌意并购虽然有一些负面影响,但它是市场经济发展的必然产物,对监督和激励企业管理者、促进经济发展起到了积极的推动作用。

(五) 其他并购方式

(1) 杠杆并购是指企业以其准备并购的企业的资产和将来的收益能力作抵押,通过大量的债务融资来支持并购的行为。杠杆并购的实质就是一家公司主要通过借债来获得另一家公司的产权,又从后者的现金流量中偿还负债的并购方式。

(2) 管理层并购是指目标公司的管理层通过大举借债或与外界金融机构合作,收购他们所在公司的行为。目标公司一般有以下几个特点：①没有利润产生或利润很少,从而使现有的股东们得不到相应的投资回报；②在现有的所有制结构中,公司的经营绩效难以得到令人满意的改进；③现金周转困难,但股东们没有准备,或无力开辟新的资金来源；④母公司需要收取现金；⑤公司出售可以减少母公司所面临的被并购威胁或压力。

(3) 联合并购是指两个或两个以上的收购人事先就各自取得目标公司的哪一部分以及收购时应承担的费用达成协议而进行的并购行为。联合并购之所以发生,主要是因为意欲进行并购的单个公司能力或规模相对较小,难以独自完成对目标公司的收购；或者是并购方只想得到目标公司的某些部分而不是全部；或者是并购方在收购整个目标公司时会面临反托拉斯或反垄断的限制。

三、企业并购的基本方式

普通合并——A类并购,目标公司与收购公司按公司法的合并规则,签订合并协议,收购公司取得目标公司的全部资产和负债,目标公司进行清算。

换股合并——B类并购,收购公司只用自己全部或部分有表决权的股票交换目标公司的股票的并购行为,并在并购后立即控制了该公司。

股票换资产——C类并购,收购公司用自己全部或部分有表决权的股票交换目标公司实际上所有资产的并购行为。并购完成以后，目标公司必须进行清算。其结果类似于普通合并，实质是以股票为收益的实质资产出售。

反向子公司兼并，收购公司设一全资子公司，让子公司被目标公司兼并，目标公司获得的是子公司持有的收购公司股票，而目标公司的股票作为对价被收购公司获得，也称反向三角兼并。

混合型并购，法定合并下，目标公司股东获得的对价为"股票加现金"。

四、西方企业并购的演进

（一）第一次并购浪潮——以横向并购为特征的第一次并购浪潮

第一次并购浪潮发生在1893年经济大萧条之后，时间跨度为1897~1904年，并在1898~1902年达到顶峰。19世纪下半叶，科学技术取得巨大进步，大大促进了社会生产力的发展，此次并购几乎影响了所有的矿业和制造业：主要集中在钢铁、食品加工、化工、交通设备、石化、金属制造产品、机械、煤矿八个行业。这些行业的并购约占这一时期并购的2/3。在1899年美国并购高峰时期，公司并购达到1208起，是1896年的46倍，并购的资产额达到22.6亿美元。1895~1904年的并购高潮中，美国有75%的公司因并购而消失。在工业革命发源地英国，并购活动也大幅增长，在1880~1981年，有665家中小型企业通过兼并组成了74家大型企业，垄断着主要的工业部门。

后起的资本主义国家德国的工业革命完成比较晚，但企业并购重组的发展也很快，1875年，德国出现第一个卡特尔，通过大规模的并购活动，1911年就增加到550~600个，控制了德国国民经济的主要部门。在这股并购浪潮中，大企业在各行各业的市场份额迅速提高，形成了比较大规模的垄断。

这次并购浪潮以横向并购为主要特征，占所有并购数量的78.3%，纵向并购占总并购数量的12%，混合并购占9.7%，使美国工业集中度有了显著提高，形成了垄断的市场结构。这次并购浪潮使大部分行业集中度大幅提升，重复建设和低水平竞争迅速减少，产生了大批企业巨头，如杜邦公司、标准石油、通用电器、柯达公司、全美烟草、国际收割机公司等，加快了美国重工业化进程，彻底改变了美国经济结构，提升了美国国际竞争力，并为日后美国公司的全球扩张奠定了基础。

（二）第二次并购浪潮——以纵向并购为特征的第二次并购浪潮

20世纪20年代（1925~1930年）发生了第二次并购浪潮，随着第一次世界大战的结束，美国经济发展势头强劲，投资资本非常充足，出现了许多行业里处于某一阶段（如原材料、生产、流通）的公司吸收或加入同行业里不同阶段的公司，也就是纵向并购，即把一个部门的各个生产环节统一在一个企业联合体内，形成纵向托拉斯组织，行业结构从垄断转向寡头垄断。发动收购的企业往往是大企业，目的是确保大企业在供给、生产和流通等方面能平衡发展，达到垄断整个产业。那时以收音机做广告首次出现，很多大公司借此来增加自己的市场份额，成为全国知名品牌，一些公司时至今日仍然是世界顶级公司。该次纵向并购浪潮中，涉及公用事业、银行业、制造业和采矿业，近12000家企业在这次并购潮中消失，26个行业中的1591家连锁店并购了10519家零售店。在该次浪潮中，汽车工业、化学工业、化纤工业等资本密集型产业得到了很大的发展。

事实上，该次并购潮演变成纵向并购潮，一个主要的原因是监管力度的加强。在1914年，美国国会通过了克莱顿法案（The Clayton Act），加强谢尔曼法案中关于反垄断的内容，克莱顿法案规定价格歧视是不合法的。此外，如果收购另一家公司的股权导致竞争的减少，也会违反克莱顿法案的有关内容，因此，以上两个法案对横向并购的监管非常有力而且严格，导致了由横向并购向纵向并购的演变，大公司不再去吞并其竞争对手，而去收购其上游或下游公司，从而降低生产成本，提高竞争能力。

随着1929年10月24日股市大崩盘，第二次并购浪潮也正式结束，在大衰退期间，投资资金及消费者支出大幅萎缩，美国公司已无力再进行扩张，只希望能熬过艰难时期，等待新的机会来临。

（三）第三次并购浪潮——以混合并购为特征的第三次并购浪潮

20世纪50年代中期，各主要工业国出现了第三次并购浪潮。战后，各国经济经过40年代后期和50年代的逐步恢复，在60年代迎来了经济发展的黄金时期，主要发达国家都进行了大规模的固定资产投资。随着第三次科技革命的兴起，一系列新的科技成就得到广泛应用，社会生产力实现迅猛发展。在这一时期，以混合并购为特征的第三次并购浪潮来临，其规模、速度均超过了前两次并购浪潮。

第三次并购浪潮的基本特征是：企业收购了一系列与本企业经营业务毫不相干的企业，由不同行业的中小企业合并成分散性经营的大公司，产生了许多巨型和超巨型的跨行业公司，也就是联合并购，目的是缓解或抵冲经济波动可能对本企业经营带来的风险。理论上讲，某企业在某一业务方面的亏损可能会由该企业其他业务的盈利来弥补，这样就可以降低经营风险。但在实际经济活动中，没有足够说服力的证据表明高度多元化经营公司的合并利润在萧条时期或经济困难阶段比多元化程度较低的公司的利润更加稳定，或更少受到衰退的影响。

美国这一时期并购资产的数量占全部工业资产的21%，在1960~1969年的9年间发生并购2500多起，被并购的企业超过20000家，从而确保企业能以较高速度增长。通过联合并购的企业通常叫联合大企业，有些联合大企业在高峰期拥有几百家公司。但从20世纪70年代末开始，许多超大型联合大企业已经解散，有的通过卖掉一些下属公司筹集资金来拯救另外一些下属公司，有的则把不盈利公司卖掉。

（四）第四次并购浪潮——金融杠杆并购为特征的第四次并购浪潮

20世纪80年代兴起的第四次并购浪潮的显著特点是以融资并购为主，规模巨大，数量繁多。1980~1988年企业并购总数达到20000起，1985年达到顶峰。多元化的相关产品间的"战略驱动"并购取代了"混合并购"，不再像第三次并购浪潮那样进行单纯的无相关产品的并购。此次并购的特征是：企业并购以融资并购为主，交易规模空前；并购企业范围扩展到国外企业；出现了小企业并购大企业的现象；金融界为并购提供了方便。

这次并购浪潮最明显的两大特征，第一个是回归主业，也就是逆多元化经营，通过兼并、分拆的方式，对企业内的枝节行业出售、关闭，腾出更多的资源，发展公司的主营业务。

经济学家弗兰克·利希滕贝格（Frank Lichtenberg）对此曾作了专门的研究，结果表明：20世纪80年代后半期大部分消失的企业，原来经营的业务范围多于平均数。而同期新出现的企业的经营业务更为集中在该次并购浪潮中，还出现了一种令人注目的新的并购方式：杠杆收购。因为当时许多公司的价值实际上高于他们的股票市值。因此这些公司成为非常有吸引力的收购目标。这些收购许多是通过杠杆收购的形式来实现的，即一个人或多个人通过目标公司的资产抵押获得贷款来收购目标公司的全部或部分资产，或通过发行高利率债券筹资兼并。收购方实际出资比例极低，收购方通过改善目标公司的经营，或通过对目标公司进行业务重组、分拆、变卖等方式，最终达到获利的目的，甚至有时会将上市公司变成私人公司。

通过杠杆收购，收购方可以用较少的钱收购较大的目标公司，实行"蛇吞象"。如1985年销售额仅为3亿美元，经营超级市场和杂货店的美国的派利特雷·普兰德公司以举债方式，用17.6亿美元的价格吞并了年销售额达24亿美元，经营药品和化妆品的雷夫隆公司。

在整个20世纪80年代，美国同行兼并收购的资金超过37万亿美元，并购资产的规模达到了空前的程度，1978年以前，10亿美元以上的特大并购甚为罕见，1984年则达到18起，1985年更达到32起，1984年6月，加利福尼亚美孚石油公司创纪录地以185亿美元兼并了海湾石油公司。

（五）第五次并购浪潮——全球跨国并购浪潮

进入20世纪90年代以来，经济全球化，一体化发展日益深入。在此背景下，跨国并购作为对外直接投资（FDI）的方式之一逐渐替代跨国创建而成为跨国直接投资的主导方式。从统计数据看，1987年全球跨国并购仅有745亿美元，1990年就达到1510亿美元，1995年，美国企业并购价值达到4500亿美元，1996年上半年这一数字就达到2798亿美元。

从1993年开始，以美国为首的西方发达国家爆发了第五次也是历史上最大的并购浪潮。从90年代开始，美国经济平稳增长，既没有出现过速，又没有发生衰退，通货膨胀对美国经济始终未构成威胁，利率在美国联邦储备委员会控制下保持稳定，而且美国股市在20世纪90年代经历了前所未有的繁荣，十年大牛市创造了许多神话。美国经济史表明，每一次并购浪潮的兴起，均与股市的繁荣紧密相连，每一次并购浪潮的结束也主要由于股市的暴跌，美国新发生的第五次并购浪潮，也是以美国股市的繁荣为背景的。

该次并购浪潮有以下特点：（1）并购案件多，并购金额大；（2）以信息产业为龙头，金融产业并购愈演愈烈；（3）跨行业并购增多；（4）美国公司普遍采用公司股票来支付收购所需要的资金，而非第四次浪潮中流行的以现金支付的杠杆收购；（5）巨型企业并购，个案交易庞大；（6）宽松的并购环境。

2000年全球跨国并购额达到11438亿美元。但是从2001年开始，由于受欧美等国经济增长速度的停滞和下降以及"9.11"事件的影响，全球跨国并购浪潮出现了减缓的迹象，但从中长期的发展趋势来看，跨国并购还将得到继续发展。

（六）第六次并购浪潮——以中国为重心的全球并购浪潮

全球正进入第六次并购浪潮，与此前五次并购浪潮不同，第六次并购浪潮的重心在中国，核心是技术转移，带动资本、品牌、渠道、管理、人才的全球转移。

改革开放以来，中国在上一轮产业转移中接受大量低端产业，步入发展的快车道，但今天发展的水平、环境的压力以及市场的容量都表明低端产业已经没有空间。向产业高端升级和向新兴产业转型都是中国企业必须面对的考验，而技术、渠道、品牌和管理的国际化战略将是中国企业，尤其是中小企业必须抓住的战略机遇。

近几年来，中国涌现出一大批世界500强企业，不论是国企还是民企，其快速成长的经历恰恰是通过技术革新、打通或占领渠道、扩大品牌推广，以及进军海外市场。正是因为这些企业抓住了核心要素并高效落实，才有了今天的企业规模与成就。

2008年的金融危机是20世纪30年代以来最严重的全球经济危机，到目前为止包括欧盟、美国、日本在内的发达经济体尚未完全走出阴影，市场空间有限，他们需要中国蓬勃的市场以及中国经济强劲的发展之泵。从这个角度而言，全球经济危机给了中国及大量企业进行国内外并购和抢占市场的机遇。

如果说此前中国企业的并购目的多为规避市场进入壁垒、利用劳动力成本优势进入区域市场等方面，以此轮全球经济危机为转折点，中国企业的并购目的也逐渐转移到拓展全球市场，获取海外先进产品技术以反哺中国市场。随着中国经济的快速成长以及中国企业在全球运作经验等方面的迅速提升，更多中国企业将并购目标瞄准了中小型的专业化、运营良好、具备一定品牌及技术优势的企业。在新一轮的国际并购浪潮之下，中小企业将成为国际并购的生力军，也将成为中国经济国际化舞台的重要角色。

一个发展中经济体，如果懂得利用其和发达国家的技术差距，作为技术创新和产业升级的来源，创新的成本和风险会比发达国家低，创新的速度、产业升级的速度则比发达国家高得多。从各国的历史实践来看，这种经济增长速度甚至可以两倍、三倍于发达国家。日本、新加坡、韩国是第二次世界大战以后少数几个懂得利用和发达国家的技术差距加速技术创新和产业升级，从而取得高速增长的经济体。

第二节 横向并购

一、概述

并购是资源实现其最大化价值的一种方式。为了在市场竞争中获得更高的回报和利益，各个行业处于不同阶段的企业都可以利用并购的方式找到属于符合自己发展需求的"企业"。

横向并购的基本特征就是企业在国际范围内的横向一体化。近年来，由于全球性的行业重组浪潮，结合我国各行业实际发展需要，加上我国国家政策及法律对横向重组的一定支持，行业横向并购的发展十分迅速。

横向并购是指企业进入新市场、新行业、新产品领域，包括"以大吃小"和"以弱胜强"两种情况。

二、影响——横向并购的协同效应

（一）降低固定成本

固定成本的存在和固定投资不可分割性，生产规模的扩大能够节约固定成本，企业横向并购对企业的资产和资源进行调整从而降低固定成本。这种固定成本的减少是由于企业并购后管理的高效率和技术扩散效应以及设备的高效利用产生的。

1. 管理的高效率

管理理论认为，策划、组织、指挥和控制等管理职能可以很容易地被借用到所有类型的经营企业中，那些有执行上述管理职能的经验和能力的管理者，可以在任何环境下执行这些职能，也就是说，管理在多种多样的行业或多种类型的组织之间具有可转移性。管理协同效应是指当两个管理能力有差别的企业并购后，并购后弱管理能力企业受到具有强管理能力企业的影响，重组自己的管理资源，表现出大于并购前两个单独企业的管理能力的现象。当企业之间发生并购时，这种管理高效率主要表现为以下两种形式：

（1）过剩管理能力的充分利用。差别效率理论认为：管理层作为一个整体具有一定的不可分性和受到规模经济的制约，因此即使一家企业的管理能力已经超过了本身企业的日常管理需要，其管理能力也不能自我释放；但是企业通过并购一家管理能力相对较差并且有一定组织资本的企业就可以使其额外的管理能力得以充分利用。

（2）管理能力的相互提升。有的时候并购双方不存在管理能力有绝对优势的一方，而是管理能力的结构存在差异。通过并购，不同种类的管理能力会得到互补，企业的管理能力结构会更趋合理，从而实现人力资源—管理能力的最佳配比，提高并购后企业的整体管理水平。

效率通过并购得到了提高，并购企业通过高效管理资源共享而产生收益，如裁减重复部门和人员，使管理费用在绝对支出额和相对支出额都大幅度降低，在成本方面体现为重组后的管理费用低于并购前两家管理费用的总和。

2. 技术扩散效应

技术扩散效应是指通过专利技术、专有技术的低成本扩散，使技术创新获得规模经济性并增加企业收益的效应。在合并双方技术水平存在显著差异的情况下，技术的共享通常能使技术水平较低的企业在并购后技术水平得以迅速提高，直到达到技术较为先进的企业的水平，从而使其原来处于低效运转状态的资产变成高效资产，提高企业的生产效率和效益。在横向并购中，由于合并双方生产相同产品，使用相同技术（技术水平可能高低不同），被并购企业通过获取收购企业的先进技术，很容易迅速提高其技术水平，提高产品的产量和质量，从而节约了低效运转的企业大量的研究开发费用。其次，在横向并购中，双方在研究开发产品方面都具有趋同性，可以对现有的研究开发资源进行整合，也可以节约研究开发费用。

3. 设备的高效利用

并购后的企业通过生产多种产品，能分摊固定资产的折旧费用，从而降低单位产品的固定成本。这主要表现为企业厂房折旧、固定费用的分摊等。比如，企业根据季节性消费的特点，尽可能利用相同的生产设备来安排生产具有不同季节消费需求的产品，就能降低设备的空置率，从而大大降低单个产品的分摊固定成本。此外，一般企业都存在着高价值的专用设备和通用设备，高价值表现为较高的购置成本和较高的设备维护和空置保养费用等，利用范围经济进行生产，能充分发挥这些设备的效用。如果生产的产品具有相关性，这种经济性将更加明显。比如，可以利用相同的专业检测设备、利用相同的通用生产设备以及具有一定弹性的专业生产系统等。再者，计算机辅助设计、柔性制造技术、ERP等现代生产技术和管理技术的发展，使多品种、多规格、小批量的生产能进一步缩短生产转换周期，从而进一步支持了这种优势的发挥。

（二）降低可变成本

企业横向并购后，在该行业中形成一个较大规模的企业，在市场上占有很大的份额，可以提高并购后的企业与上游企业原材料供应商的砍价能力使上游企业降低原材料价格，此外由于企业个数的减少能够减少交易费用，这样可以降低产品的可变成本，从而实现企业的生产协同效应。

1. 交易费用减少

交易费用的概念是由科斯提出的，科斯在《企业的性质》中提到交易费用，他认为交易成本无处不在，交换过程中不同制度安排将会产生不同的交易费用，信息的获取、实际交易过程中的讨价还价以及搜寻最佳进入时间和市场空间都需要花费很大的交易费用。横向并购能够减少交易费用尤其是谈判签合约的费用。

2. 原材料单价的降低

企业横向并购后形成一个规模较大的企业，在市场中占有份额增大，与上游原材料供应商中某个企业的砍价、议价能力大大增强。能够使上游原材料某个供应企业降低价格，从而在并购后，企业降低产品的可变成本。下游企业在并购后可变成本降低，成本—产出弹性（EC）>1 能够获得规模经济，并购后实现了生产协同效应。例如，中国中铁在整合成一个上市公司后对组织结构进行调整。压缩企业的管理链条，减少管理层次，整合劣质的管理资源，上市后就注销了186家三级以下的子公司。合并后企业大的项目采取集中采购物资和管理，比如打隧道的设备，一买就是几亿元、十几亿元，价格比以前要优惠得多，而且方便与上游大厂家直接合作，有利于锁定价格风险。这样大的企业，节约一个百分点就是十几亿元、二十亿元，横向并购后生产协同效应可观。

三、横向并购的福利分析

（一）模型的有关假定

横向并购下的福利权衡模型基于以下的关键性假设：

假设1：并购后某种商品的需求曲线 D 是向右下方倾斜的直线；

假设2：并购前的平均成本等于边际成本且等于常数 C_1（$MC_1 = AC_1 = C_1$）；

假设3：在并购前企业没有市场势力，即在并购前商品的价格是设定在平均成本水平（$P_1 = AC_1$）；

假设4：并购后企业存在规模经济效益，使企业的成本下降为 C_2（$C_2 < C_1$）；

假设5：消费者福利和生产者福利之和为总社会福利，当价格等于边际成本时总社会福利最大。

（二）基本模型

威廉姆森的福利权衡模型的基本原理如图 8-1 所示。并购后由于规模效益的增加，使企业的成本下降到 C_2，但同时，由于并购使得竞争者的个数减少，形成一定程度的垄断，从而引起产品的价格上涨。图 8-1 中 P_2 代表并购后的价格水平，D 代表需求曲线。由于价格上升会导致消费者的购买量由并购前的 Q_1 下降到 Q_2。图中阴影部分 A_1 表示并购后由于价格上升导致消费者的福利损失，阴影部分 A_2 表示并购后规模效益给企业所带来的生产总成本的节约，即福利收益。所以，$A_2 - A_1$ 就是净社会福利收益。若 $A_2 - A_1 > 0$，可得出并购的福利影响是正的，否则为负。

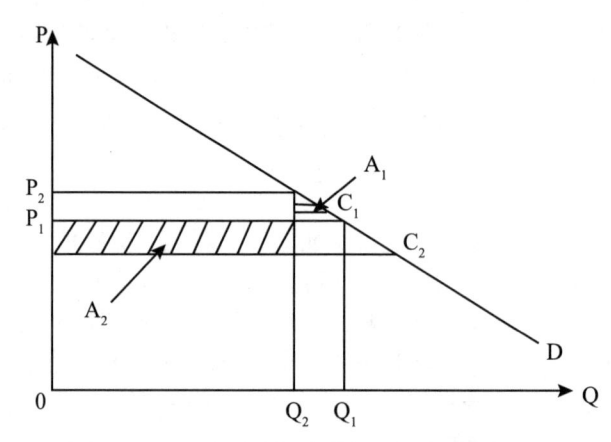

图 8-1 威廉姆森的福利权衡模型

资料来源：作者整理。

模型的数学推导：

$$A_1 = 1/2(Q_1 - Q_2)(P_2 - P_1) = 1/2 \triangle P \times \triangle Q$$
$$A_2 = (C_1 - C_2)Q_2 = \triangle C \times Q_2$$
$$A_2 - A_1 = \triangle C \times Q_2 - 1/2 \triangle P \times \triangle Q \tag{8-1}$$

设需求弹性 $\eta = (\triangle Q/Q_1)/(\triangle P/P_1)$ $\tag{8-2}$

将式 (8-2) 代入式 (8-1) 中

$$\begin{aligned} A_2 - A_1 &= \triangle C \times Q_2 - 1/2 \triangle P \times (\triangle P/P_1) \times \eta \times Q_1 \\ &= (\triangle C/P_1) \times P_1 \times Q_2 - 1/2\eta \times (Q_1/Q_2) \\ &\quad \times (\triangle P/P_1)^2 \times P_1 \times Q_2 \end{aligned} \tag{8-3}$$

由于并购前不存在市场势力，所以 $P_1 = C_1$，代入式 (8-3)，得

$$A_2 - A_1 = (\triangle C/C_1) \times P_1 \times Q_2 - 1/2\eta(Q_1/Q_2) \times (\triangle P/P_1)^2 \times P_1 \times Q_2 \tag{8-4}$$

若 $A_2 - A_1 > 0$ 则式变为

$$A_2 - A_1 = (\triangle C/C_1) - 1/2\eta(Q_1/Q_2) \times (\triangle P/P_1)^2 > 0 \tag{8-5}$$

式 (8-5) 即为判断并购是否存在正的福利影响。若式 (8-5) 成立，则意味着并购后的社会净福利为正，反之则为负。若 $A_1 = A_2$，则并购的影响为中性。

(三) 模型分析

1. 成本节约率估计值

威廉姆森模型的主要结论是建立在需求弹性（η）和价格上涨值（$\triangle P/P_1$）的理性假设之上，成本下降的福利收益很容易抵消价格上涨给消费者带来的福利损失。且一般情况下，前者大于后者，即社会净福利损失为正。式（8-5）中的$\triangle C/C_1$即为抵消福利损失的成本节约率。表8-1为威廉姆森列出的若干成本节约率。

表8-1　　　　　抵消并购的价格影响所必需的成本节约率　　　　　单位：%

$\triangle P/P_1$	η			
	3	2	1	0.5
5	0.44	0.27	0.13	0.06
10	2.00	1.21	0.55	0.26
20	10.32	5.76	2.40	1.10

资料来源：干春晖：《并购经济学》，清华大学出版社2004年版，第46页。

当$\eta=1$时，若并购使价格上涨了10%，那么至少需要节约0.55%的成本才能抵消价格上涨所带来的福利损失；当$\eta=2$时，若并购使价格上涨20%，那么至少需要节约5.76%的成本才能抵消价格上涨所带来的福利损失；与前者相比上涨了10倍。

可见，随着η值的增大和$\triangle P/P_1$的增加，为抵消价格上涨所带来的福利损失所必需的成本节约率随之增大。

2. 最优选择和次优选择问题

并购前商品的价格是设定在价格等于边际成本（即$P_1=C_1$）的水平上，并购后的最优状况是价格等于并购后的边际成本（即$P_2=C_2$）。并购前企业的市场势力小，没有效率的增进；并购后企业的市场势力大，且由于规模经济的存在，使得成本下降；对比并购前后的状况，就是一个次优的选择问题。当并购后的价格$P_2=C_2$时，成本节约达到最大，社会总福利亦达到最大，并且所增加的福利均归消费者享有，这时不存在市场势力，是完全竞争的市场状态，这种状况在实际中是不存在的。

3. 模型的推广

威廉姆森福利权衡模型分析了并购由于导致垄断而带来的价格上涨对福利的影响，其结论是：并购后在一定的效率优势下，成本节约给生产者带来的福利增加大于价格上涨给消费者带来的福利损失，从而并购也会增进社会福利。

而现实中并非所有的横向并购都必然使其产品的价格上涨，对于那些产品需求弹性很大，且市场上有很多替代品时，企业通过横向并购后不会很明显地增强市场势力，同时由于规模经济会使企业降低成本，这时的横向并购很可能使企业的产品价格下降。并购后价格下降对社会福利的影响如图8-2所示。D代表需求曲线，C_1代表并购前企业的平均成本和边际成本，C_2代表并购后企业的平均成本和边际成本，P_1代表并购前的价格水平，P_2代表并购后的价格水平，且$P_2<P_1$。按照传统的经济学理论可知，并购后最理想的状态是：价格$P_2=C_2$，由此确定的产量为Q_3，此时消费者福利达到最大，生产者福利为零，社会总福利亦达到最大。但这只是完全竞争市场上的理论分析，现实中未必能够实现。因此，图8-2除满足前述威廉姆森模型的基本假定外，还假定并购后的产品价格P_2，满足：$C_2<P_2<P_1$。

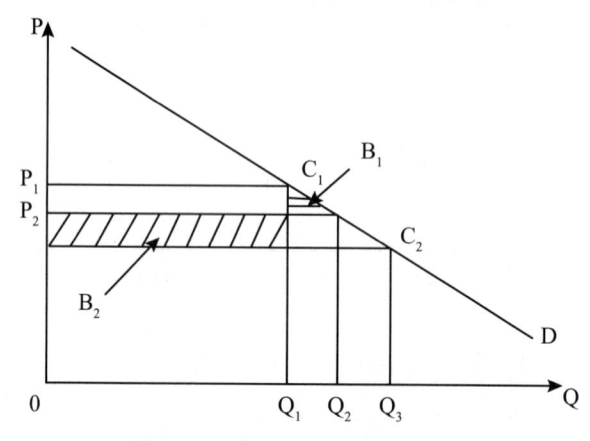

图8-2 威廉姆森模型推广示意

资料来源：作者整理。

并购后由于规模经济的存在，使得平均成本下降到C_2，企业数目减少，但价格却低于并购前的水平（即$P_2<P_1$），向右下方倾斜的需求曲线使得并购后的产量高于并购前的产量（即$Q_2>Q_1$），图8-2中阴影部分B_1即为价格下降给消费者带来的福利增加；图8-2中阴影部B_2即为规模效益给企业带来的成本节约，即生产者增加的福利。由于$B_1=1/2(Q_2-Q_1)(P_1-P_2)>0$，$B_2=Q_1(P_2-C_2)>0$，所以$B_1+B_2>0$，即社会总福利增加。

实际上，并购后企业制定价格P_2有两种倾向，其一，以短期利润最大化为目标的企业生产者，则会把价格P_2定在仅比并购前的价格P_1稍低一点的水平上，尽管如此，由于产品的需求弹性较大，产量仍会有较大的增加，图8-2中仍有$B_1>0$，且与前述威廉姆森模型中$A_1<0$相比，有$B_1>A_1$，消费者福利增加；其二，以扩大市场份额为目标的企业生产者，会把价格P_2定在仅比并购后的成本C_2稍高的水平上，此时消费者的福利增加更多。可见，只要并购后企业的产品价格下降，则不仅会增加生产者的福利，亦会增加消费者的福利，社会总福利恒增加，并且满足威廉姆森模型中社会总福利增加的结论，但不需要其假定的存在一定的效率优势。

4. 结论

威廉姆森应用了新古典主义经济学的局部均衡福利理论,并在哈伯格(Harberger)的长期垄断福利损失分析的基础上,运用了福利权衡模型来分析横向并购对社会福利的影响。他认为,并购一方面易于形成规模经济,降低生产成本,增加社会福利;另一方面,并购减少企业数目,易于形成市场势力,减少社会福利。判断一个横向并购的"优""劣",取决于横向并购给社会带来的总福利是增加还是减少。

此模型通过对威廉姆森模型的分析得出了一般性结论。假定企业产品的需求弹性较大,市场上有较多的替代品,将威廉姆森模型推广得出的具体结论是:若并购后的产品价格下降,则并购不仅可以带来生产者的福利增加,也可以给消费者带来福利增加,这种并购无条件地增加了社会总福利。而现实中由于各国反垄断法的限制,并购后价格上涨的情况很少见,相反通过并购取得规模经济效益,从而降低并购后的产品价格则更为常见。

四、横向并购的公共政策

(一)加强地方政府之间的合作

操作方案切实可行。方案是合并重组的路线图,所以在制度设计上要有前瞻性和创新性。在实施方法上要有可操作性,在工作分工上要有均衡性,地方政府、监管当局、城市商业银行各在其位、各尽其责、各显其能。同时,城市商业银行合并重组要根据银保监会、城市商业银行监管与发展纲要的精神进行,确保重组政策与监管规定相一致、重组步骤与监管措施相衔接、重组手段与监管要求相协调。

(二)以政府引导,以商行自愿为原则

以市场化运行、政府宏观管理为主线。在城市商业银行合并重组中的引导和推动作用是必不可少的。因此,在城市商业银行合并重组中,地方政府要充分尊重参与各方意愿,只做协调工作,不搞强迫命令,充分尊重股东大会、董事会对有关人员的选举和聘任结果,充分尊重监管当局依法审查任职资格的职责。

第三节 纵 向 并 购

一、概述

纵向并购是发生在同一产业的上下游之间的并购。纵向并购的企业之间不是

直接的竞争关系，而是供应商和需求商之间的关系。因此，纵向并购的基本特征是企业在市场整体范围内的纵向一体化。

目前，我国企业基本摆脱了盲目多元化的思想，更多的横向并购发生了。数据显示，横向并购在我国并购活动中的比重始终在50%左右。横向并购毫无疑问是对行业发展影响最直接的。混合并购在一定程度上也有所发展，主要发生在实力较强的企业中，相当一部分混合并购情况较多的行业都有着比较好的效益，但发展前景不明朗。纵向并购在我国比较不成熟，基本都在钢铁、石油等能源与基础工业行业。这些行业的原料成本对行业效益有很大影响，因此，纵向并购成为企业强化业务的有效途径。

纵向并购即是供应链前后端拓展，进行垂直整合，对一些企业而言，如果能够对供应链实现更强的管控力度，则可以带来效益大幅提升，这时就会触发它们对产业链上下游企业并购，进行垂直整合。比如显示器制造商通过并购模具制造商、注塑产品制造商等供应商来实现向供应链上游的拓展，通过这种方式强化对模具、注塑产品质量与工艺的管控，降低整体制造、研发成本，实现垂直一体化下的效益最大化。

这种模式需要企业灵活取舍。在高度专业化分工的时代，企业必须明确自身的核心竞争力是什么，哪些业务可以外包、可以依赖供应商，哪些业务必须由自己掌控，成为自己的核心战略，都必须非常明确。在战略的明确指导下，进行供应链的延伸与拓展。

二、纵向兼并与竞争

在竞争评估中，外资纵向兼并与国内企业间纵向兼并基本是相同的。其差异之处主要是体现在竞争评估的总福利标准。此外由于计划经济思维的影响，我国政府往往会通过产业政策干预经济。为增强国内企业竞争力，相对于外资纵向并购国内企业，政府更愿意推动国内企业间纵向并购。然而在经济转型期，竞争政策会逐步成为我国的基础性经济政策，政府制定其他政策必须考虑是否符合竞争政策。

（一）模型基本假设

假设有 n1 个上游企业，其中国内企业 m 家，外资企业为 n1 - m 家，有 n2 家下游企业，其中 k 家国内企业，n2 - k 家外资企业。假设上游国内企业与外资企业的生产成本均为 0，1 单位投入 1 单位产出。上游企业制定的投入品价格为 W，下游产品市场需求为线性的，$P = a - bQ$，其中，q^d 代表下游企业产量（外资企业与国内企业）；q^u 代表上游企业产量。外资企业与国内企业兼并后，q^d、q^u 均大于 0。

厂商是否愿意兼并、兼并后是否会实施投入品封锁都是以利润最大化为基本原则。

博弈时序分为 3 期。第 1 期，1 家上（下）游外资企业选择并购 1 家下（上）游国内企业；第 2 期，决定投入品价格。第 2 期有两种可能性需要考虑：第一，兼并企业拒绝向下游非兼并企业提供中间投入品，即实行市场封锁；第二，兼并企业继续参与上游市场竞争，给下游非兼并企业提供投入品。第 3 期，在投入品价格确定时，未兼并下游企业与兼并企业一起进行数量竞争，确定下游市场产量、价格。采用逆向归纳法求解。

（二）兼并前均衡状态

$$P = a - bQ \quad Q_{d_0} = \frac{a - P_{d_0}}{b}$$

$$\pi_{d_0} = (P_{d_0} - w_0) \cdot Q_{d_0} = (P_{d_0} - w_0) \cdot \frac{a - P_{d_0}}{b}$$

$$\frac{\partial \pi_{d_0}}{\partial P_{d_0}} = \frac{a - 2P_{d_0} + w_0}{b} = 0$$

即 $a - 2P_{d_0} + w_0 = 0$, $P_{d_0} = \frac{a + w_0}{2}$

$$Q_{d_0} = \frac{a - w_0}{2b}$$

$$\pi_{u_0} = w_0 \cdot Q_{u_0} = w_0 \cdot \frac{a - w_0}{2b}$$

$$\frac{\partial \pi_{u_0}}{\partial w_0} = \frac{a - 2w_0}{2b} = 0$$

即 $a - 2w_0 = 0 \quad w_0 = \frac{a}{2}$

则 $Q_{d_0} = \frac{a - w_0}{2b} = \frac{a - \frac{a}{2}}{2b} = \frac{a}{4b}$

$$P_{d_0} = \frac{a + w_0}{2} = \frac{a + \frac{a}{2}}{2} = \frac{3a}{4}$$

$$\therefore \pi_{d_0} = (P_{d_0} - w_0) \cdot Q_{d_0} = \left(\frac{3a}{4} - \frac{a}{2}\right) \cdot \frac{a}{4b} = \frac{a^2}{16b}$$

$$\pi_{u_0} = w_0 \cdot Q_{u_0} = \frac{a}{2} \cdot \frac{a}{4b} = \frac{a^2}{8b}$$

兼并前国内总社会福利由三部分组成：上游国内企业利润之和；下游国内企业利润之和；国内消费者福利：

$$SW_{BM}^0 = m \cdot \pi^{u_0} + k \cdot \pi^{d_0} + \frac{1}{2} Q_{d_0} \cdot P_{d_0}$$

（三）结论

一直以来，纵向兼并厂商可能会实施市场封锁从而导致投入品价格上升等反竞争效应，都是反垄断机构进行兼并控制时最大的担忧。本章通过构建简单的上、下游市场古诺模型，研究了上游外资企业不存在效率优势时，外资纵向兼并国内企业的竞争效果评估。研究发现：在一定条件下，兼并厂商会实施封锁，但即使兼并厂商实施封锁，兼并后中间投入品价格、最终产品价格都会下降，兼并厂商并没有形成真正有经济意义的封锁。只有在上游外资企业效率优势非常显著时，上游外资企业兼并下游国内企业后增加的社会福利才会超过国内企业间兼并后增加的福利。

因此在外资纵向兼并时，产业政策与竞争政策基本是一致的，鼓励国内企业间兼并的产业政策也符合竞争政策的要求。

三、纵向竞争与反竞争

纵向兼并，又称纵向一体化，是指厂商参与商品或服务一个以上连续的生产或销售阶段。企业可以通过一体化向加工阶段的业务扩展，或者装配制造企业通过一体化向零件、原材料生产等业务扩展。企业通过一体化可以获得诸多收益：（1）降低企业的交易成本；（2）增强市场垄断力量；（3）保障投入品的稳定供应；（4）外部经济内部化。这些收益都有助于提高企业的效率。然而，站在市场的角度上来讲，纵向一体化也具有反竞争效应。

（一）纵向兼并与价格歧视

价格歧视（price discrimination）实质上是一种价格差异，通常指商品或服务的提供者在向不同的接受者提供相同等级、相同质量的商品或服务时，在接受者之间实行不同的销售价格或收费标准。经营者没有正当理由，就同一种商品或者服务，对若干买主实行不同的售价，则构成价格歧视行为。价格歧视是一种重要的垄断定价行为，是垄断企业通过差别价格来获取超额利润的一种定价策略。

纵向兼并容易导致价格歧视的发生。价格歧视的三个条件：（1）市场势力；（2）市场分割；（3）消费者异质性。

假设1：有一个汽车配件制造厂 U 和两个汽车厂——A 汽车厂以及 B 汽车厂；

假设2：A 汽车厂对配件的需求缺乏价格弹性；B 汽车厂对配件的需求富有价格弹性；

假设3：允许上游厂商歧视定价，则根据不同汽车厂的需求价格弹性定价；

假设4：最终产品在多个市场上销售。

举措：假设资金约束，U 只能兼并下游的一个厂商，即纵向兼并（U＋A）或者（U＋B），那么 U 应该兼并哪一个？

不难看出，U 会兼并 A 厂，减轻 A 市场的双重价格，但保证以较高价格出售较多产量；此时增进 A 市场的消费者福利，减少 B 市场的消费者福利。

（二）纵向兼并、寡头垄断与市场排挤

纵向兼并及其规制在反托拉斯法上的意义。兼并行为常常依照参与兼并各方的市场关系划分为三类：横向兼并、纵向兼并和多元兼并。横向兼并指的是同行业竞争厂商之间的兼并，纵向兼并指的是生产上下游产品的厂商之间的兼并，多元兼并指的是产品没有直接关联的不同行业的厂商之间的兼并。

由于纵向兼并所涉及的当事企业并非竞争关系，所以最初纵向兼并并不被认为会导致某一市场更加集中或垄断势力的增强。在美国反托拉斯法执行的早期，纵向兼并并未进入立法者和执法者的视野。但是随着市场的进一步融合和企业竞争模式的升级，出现了越来越多的纵向兼并，而纵向兼并所引起的被越来越多竞争者所指责的封闭市场、从销售渠道或原材料采购上排挤竞争者的一系列问题开始为人关注。

经济学家们指出，纵向兼并可能基于这样几种危害竞争的目的：

（1）更容易的扩张或市场进入。一些公司可能想扩展事业或进入某一新的产品市场或地理市场，在这种情况下，它们所需要的人力、设备、厂房或专利等，与其一一采购，不如直接购买成熟的正在运转的企业。这样一种兼并能帮助兼并者更容易地扩张或进入市场。但是这种对兼并者来说目的十分正当的兼并并不能排除仍然会产生损害市场竞争的可能性，特别是兼并者可能会消除重要的竞争者。

（2）通过兼并原材料采购渠道或销售渠道，垄断上下游的资源，从而排挤其他竞争者。兼并者清醒地认识到，自己所处产业的竞争优势仰赖于原料市场或销售市场的畅通，如果能将竞争对手阻隔在这些必需的资源之外或者使之在取得这些资源上的成本增加，那么就能建立或巩固其在本产业的竞争优势。

（3）便利了合谋。合谋的最大问题可能仍是合谋者的信用，如果有合谋者通过违背承诺私下里攫取更多的利润，就会破坏整个合谋。而广泛的纵向合并提高了寡头垄断者监控各自产品价格的能力，因此就可能便利了合谋，这就是纵向兼并对竞争的潜在威胁之一。

纵向兼并可能因为产生规模效应而有助于提高整体经济福利，从而符合资源最优配置，纵向兼并也可能加大了市场集中度，增加了某一垄断者的竞争优势，从而降低了市场的可竞争性与准入机会，它对经济存在正负两方面的效率。

第四节 混合并购

一、概述

混合并购是发生在不同行业企业之间的并购。从理论上看，混合并购的基本目的在于分散风险，寻求范围经济。在面临激烈竞争的情况下，我国各行各业的企业都不同程度地想到多元化，混合并购就是多元化的一个重要方法，为企业进入其他行业提供了有力、便捷、低风险的途径。

二、跨行业经营的潜在作用

混合并购对市场占有率的影响，多数是以隐蔽的方式来实现的。在大多数情况下，企业通过混合并购进入的往往是同他们原有产品相关联的经营领域。在这些领域中，他们使用同主要产品一致的原料、技术和管理规律。销售渠道规模的扩大，使企业对原有供应商和销售渠道的控制加强了，从而提高他们对主要产品市场的控制。另一种更为隐蔽的方式是：企业通过混合并购增加了企业的绝对规模，使企业拥有相对充足的财力，同原市场或新市场的竞争者进行价格战，采用低于成本的定价方法迫使竞争者退出某一领域，达到独占或垄断某一领域的目的。由于巨型混合一体化涉及很多领域，从而对其他相关领域中的企业形成了强大的竞争威胁，使一般的企业不敢对它的主要产品市场进行挑战以免引起它的报复，结果造成这些行业竞争强度的降低。

三、管理层动机

企业是能够从事一定独立经营活动的有形资产、人和无形资产的资源集合。企业通过混合并购进行多元化经营可以充分利用这部分资源。这也是资源利用理论的观点。

具体而言，对资源充分利用的动因可以这样理解：资产是一种固定的生产要素，如铁路，可以把固定成本分摊到尽可能多的品种的产品或服务上，从而降低成本，提高收益；对那些具有季节性需求的产品，生产互补性季节产品，可以提高工厂的利用率；对于具有需求变化的产品，生产几种产品可以弥补由需求的变化而引起的设备利用率的下降；通过混合并购，扩展了企业生产的产品和服务的范围，能充分利用企业的管理才能、技术知识、良好信誉、推销专长或已建立的经销网络等各种资源。

1. 分散风险

任何企业都将会遇到市场风险或波动。一些年份可能会较好，而另一些年份可能会不景气，并且任何企业都有可能对之束手无策。运作于单个产业中的企业将会发现，它们的销售混合并购收入和利润是和它们可能受其影响而又不能控制的市场风险紧紧地联系在一起的。一些产业（如汽车）对宏观经济的波动就特别敏感。如果经受周期性波动产业中的企业通过混合并购，将其业务分散到不相关的市场中经营，那么，它们可以熨平收入流量的波动。如果某个混合兼并企业能够成功地稳定它的收入来源，那么，它可以提高它的负债率，并且能大大地减少它的资金运作成本，并且这种财务上的益处将使得它以较低的成本运作于它经营的所有产业。另外，从社会福利的角度来看，当生产变成更有效率时对社会也是有益处的。

这也是现在流行的一种观点，认为通过混合并购可以实现多元化经营，而经营的多元化可以降低风险：如果一个公司只生产单一的产品，则其经营就受制于市场对该产品的需求。如果需求很快减少，则公司不得不削减生产。如果该公司的一个竞争者推出该产品的升级换代产品或者更经济实惠的替代品，那么这个公司就丧失了在市场的竞争能力。而且由于需求和竞争因素是很难预料的，所以最好的减少风险的办法就是多元化。因为如果一个公司同时在许多市场经营着不同的产品，则单个产品的削减对整个公司的冲击会较小。

所以，企业往往通过混合并购把经营领域扩展到与原经营领域相关性较小的行业，就意味着整个企业在若干不同的领域内经营。这样，当其中某个领域或行业经营失败时，可以通过其他领域内的成功经营而得到补偿，从而使整个企业的收益率得到保证。即所谓的"东方不亮西方亮"。

2. 降低交易成本

混合并购或多样化经营代表了一种获取联合经济收益的机制，即它可以同时将投入品供给许多生产不同最终产品的企业。如多样化经营企业可以同时使用共同的诀窍或技术知识和不可分割的专用性实物资产。由于诀窍是一种将边干边学作为其本质特征的知识，而且诀窍的市场交易为机会主义的利用打开了方便之门，这必然鼓励拥有诀窍的企业将它们置于本企业范围内使用。

至于高度的专用性实物资产，与它们的专用性程度相适应，它们服务的市场规模很可能是较小的，因此，运作于单个市场的企业就可能不愿意花巨资投资于专用性资产，为了解决这种市场失灵的可能性，将专用资产使用于经营多样化产业的企业可能常常是最有效率的（节约成本）。接管低效率企业即把低效率企业的经营管理权或职能配置到高效率企业中，换言之，高效率企业接管或并购低效率企业。接管是替代无能经营者的一种有效的市场途径，更一般地说，无论何时，当低效率企业的市场价值很低时，或当高效率企业潜在的接管收益大于接管成本时，并且如果某个高效率企业的管理者有足够的经验确认这一事实，那么，接管将会发生。低效率企业的低市价可能发生在其所在产业快速的技术变革或新一轮需求增长时期的开始。

可见，接管低效率经营企业或低市价企业的机会对于试图进行混合并购的多样化经营企业是一种主要的刺激。但新制度经济学派认为，由于不对称信息和机会主义的存在，资本市场将不能充分有效地惩罚那些不能追求利润最大化或低效率企业的经营者。此外，尽管接管也尝试吸引股东，但股东将不得不在不完全和不对称信息的条件下作出自己的决策。

3. 构造大企业

任何形式的并购都可能会涉及资源的重新安排。一般来讲，并购的目标越大，并购所需要的资源就会越多，交易成本也相应地越大，这只有大企业才可能会有较多的资源用于并购，并且受接管威胁的可能性最小。通过混合并购结合成一个大企业以抵抗被接管的意图是由于普遍存在以下这样一个事实：各国反垄断法限制了企业进行水平并购和垂直并购的规模。因此，企业寻求扩张将主要通过混合并购来进行。尽管20世纪80年代以来呈现了企业并购的激增现象，并且并购现象发生在各种规模的企业中，但主要是大企业占优势地位，特别是在资金的调拨方面大企业占绝对优势。此外，尽管与80年代前相比，拼命追求混合经营的大企业减少了，但也很少发现大公司现在仍仅仅专业化于某一产品市场的并购。

4. 目标最大化

经营者追求实现自身目标最大化的欲望是混合并购的一种动机，尤其是一些大的混合并购。也就是说，经营者可能不是真正地打算提高企业效率或盈利能力，而是为了他们拥有更好的福利。例如，他们可能希望实现他们工资和控制权的最大化，因为经营者的工资可能最大程度上与依赖于企业的利润一样，依赖于企业的规模（销售规模或资产规模）；另外尽管企业实现的较大利润不能直接转化为经营者的工资，但较大的利润和企业规模意味着最高经营者拥有更大的随意支配权。由于对企业不同目标的权衡是由那些最高经营者而不是由股东作出的，因此经营者经营企业可能是为了实现企业利润、增长和规模的某一结合的最大化。研究表明，经营管理者的酬金、威望、公开亮相以及权力等与企业规模增长的关系要比获利能力来得更为密切。

本 章 案 例

一、纵向合并[①]

在对澳大利亚两家产能40多万吨的糖厂的收购争夺战中，7月，中粮以1.4亿澳元的高价战胜国际巨头邦吉公司完成对澳大利亚Tully糖厂的收购，而在澳

---

① 周微、黄强：《中粮探路海外收购 欲补齐原料短板》，载《中国联合商报》2011年10月21日。

大利亚 Proserpine 糖厂的收购争夺战中，中粮的对手是抢先一步提出收购价格的丰益国际。

为了成功将澳大利亚这两家糖厂下属的甘蔗种植园一起收入中粮的旗下，从而提高中粮在农产品领域的控制力，中粮对 Proseipine 糖厂的收购价格在高出对手 500 万澳元后继续加价，在此前的 1 亿澳元债务再融资金额后，大幅加价 3000 万澳元，以 1.3 亿澳元的价码来提高中粮的吸引力。

汽车制造公司合并橡胶轮胎企业或汽车零配件厂，可保证汽车零配件的供应。又如 1995 年美国迪斯尼公司收购大都会——美国广播公司，可以使前者制作的娱乐节目通过后者传播给公众，而后者则可提高收视率。

这类合并的结果，往往形成一个新的供产销一条龙或集娱乐制作和传播于一身的企业集团，增强企业实力。不过，大而全的企业集团的形成，可能会因管理能力不足而丧失原有的灵活性和效率，这是合并前所必须考虑的。

纵向合并的初衷在于将市场行为内部化，即通过纵向并购将不同企业的交易化为同一企业内部或同一企业集团内部的交易，从而减少价格资料收集、签约、收取货款、广告等方面的支出并降低生产协调成本。

从交易费用经济学的角度看，纵向并购的关键问题是资产的特定性。资产特定性越高，市场交易的潜在费用越大，纵向并购的可能性就越大。当资产特定性达到一定高度，市场交易的潜在费用就会阻止企业继续依赖市场，这时纵向兼并就会出现。

二、可口可乐的扩张[①]

1960 年，可口可乐公司购进了密纽特·梅德冷冻果汁公司；1961 年，购进了邓肯食品公司（主要经营咖啡业）；1977 年，又购进了泰勒啤酒公司，并且成功地对泰勒啤酒公司进行了运营，使之一跃成为美国第五大酒业公司。

在 20 世纪 70 年代和 80 年代，可口可乐公司还通过并购将其业务扩展到了其他许多"无关联"的工业、文化娱乐、体育和社会公益等领域。应该说，可口可乐公司的成功与它的神奇配方是有重要关系的。但是，我们并不能因此认为可口可乐的技术配方就是它的核心能力，其真正的核心能力应该是公司的市场营销能力——明确的、持之以恒的营销战略和不断的营销创新。否则，我们将很难理解为什么可口可乐公司在它的发明者潘伯顿药剂师那里不能得到发展。

三、海尔的扩张[②]

海尔的多元化是其进行扩张的重要途径，它有没有失败的情形呢？也有，比如它在药业的发展就不快，也不够理想。原因并不是技术问题或者资金问题，最主要的一点是，集团原来的综合优势和核心竞争力，药业借用不上。因

[①②] 匿名：《企业并购呈现混合并购新趋势》，新华网，2016 年 8 月 30 日。

为用户对海尔产品的信任仅局限在家电领域,用户对海尔的冰箱很相信,也会对海尔的洗衣机相信,但是他未必对海尔的药相信。因此,这块资产也许会被海尔剥离出去。

由此可见,偏离企业核心竞争力的混合并购存在很大的风险。这与企业能力论的观点是相吻合的。根据企业能力论的观点,偏离企业核心竞争力的盲目多元化不仅难以分散风险,反而可能增加企业经营的风险。因此,围绕核心竞争力的混合并购才是可行的,才能够达到企业预期的目标,才能够为实现企业的长期战略做出应有的贡献。

核心竞争力战略理论不鼓励企业进入那些与其核心优势缺乏较强战略关联的产业领域,认为只有建立在现存优势基础之上的战略才会引导企业获取或保持持久的战略优势。

目前,通过并购获得企业核心竞争力发展所需要的资源要素或者围绕核心竞争力进行业务拓展成为许多企业管理者的共识。因此,在决定进行混合并购之前,企业应更多地考虑自己的能力和资源,充分了解自己所拥有的核心竞争力,在自己拥有一定优势的领域附近经营,而不是简单地考虑市场吸引力,盲目进入其他领域,特别是进入那些与其核心优势缺乏战略关联的产业领域。成功实现了混合并购扩张的主体往往是拥有优势品牌或其他核心竞争力的大型和巨型企业。

参考文献

1. 苏东水等:《产业经济学》,高等教育出版社2015年版。
2. 林恩·佩波尔等:《产业组织:现代理论与实践》,中国人民大学出版社2014年版。
3. 斯蒂格勒:《产业组织和政府管制》,上海人民出版社、上海三联书店1996年版。
4. 干春晖等:《产业经济学教程与案例》,机械工业出版社2015年版。
5. 龚仰军:《产业经济学教程》,上海财经大学出版社2014年版。
6. 刘志彪等:《产业经济学》,机械工业出版社2017年版。

第九章 市场绩效

第一节 市场绩效的评价指标

一、市场绩效的含义

在产业组织理论中,关于市场绩效的研究是一个比较复杂的问题。因为,这不仅涉及对市场绩效的计量方面的困难,而且,绩效本身就是一个含有价值判断因素的概念。自由市场经济学家通常认为效率代表了一个产业运行的市场绩效;但是更多学者认为绩效包含三层含义:效率、创新和分配公平。更加广义的绩效还包含竞争过程的自由选择权、消费者的自由选择权、风险规避、健全的民主制度以及多元化的社会等,因而市场绩效有着多重含义。

市场绩效是指在一定的市场结构下,通过一定的市场行为所形成的价格、产量、成本、利润、产品质量和品种以及在技术进步和公平分配等方面达到的现实状态和最终经济成果。其实质是反映市场运行的效率,或者说,市场绩效是对一个市场为消费者提供利益所取得的成功的度量。

二、市场绩效的一般衡量指标

(一) 收益率

收益率的含义:收益率是衡量每一元投资盈利多少的方法。收益率的计算:经济利润。收益或利润是指经济利润,而不是会计利润。经济利润等于收入减劳动力、物资和资本成本。资本成本等于如果出租资本财产可获得的总租金。总租金等于一单位财产的租金率乘以资本量。资本的租金率是使资本的所有者在设备折旧以后所能获得的收益率。折旧是资本在其使用期间所减少的经济价值,也可以称为经济折旧。

$$\pi = R - 劳动力成本 - 原材料成本 - 资本成本$$

这里 R 是收入，资本成本是资本的租金率乘以资本价值。资本价值是 PkK，其中 Pk 是资本价格，而 K 是资本量。如果租金率为收益率 r 加上折旧率 δ，即为 (r+δ)，那么，利润为：

$$\pi = R - 劳动力成本 - 原材料成本 - (r+\delta)PkK$$

赚得的收益率是使经济利率为零的那个 r，令 π 等于 0 并解以上等式中的 r：

$$r = (R - 劳动力成本 - 原材料成本 - \delta PkK)/PkK$$

收益率指标的评价：微观经济学理论认为，在完全竞争的市场结构中，资源配置实现最优，该市场上的所有企业都只能获得正常利润，且不同产业的收益率水平趋向一致。也就是说，产业间是否形成了平均利润率是衡量社会资源配置效率是否达到最优的一个最基本的指标。企业的高收益率似乎证明企业具有较高的竞争力或市场绩效，但是经典经济学理论的解释却恰恰相反。经济学研究的一个中心主题是如何达到资源配置的最优，而最优的市场结构是一个完全竞争的市场（或者说充分竞争的市场），在这样的市场结构下，企业只会获取正常利润而非超额利润，行业或企业收益率越高，市场就越偏离完全竞争的状态。所以高额利润恰恰表明整个行业市场绩效的低下。如果收益接近正常利润，市场也就越接近完全竞争状态，资源配置效率就越高，以收益率指标来衡量市场绩效，实际上是把超额利润的产生完全归因于市场势力，存在一定的片面性，引起超额利润的因素还包括：作为风险投资报酬的风险利润、有不可预期的需求和费用变化形成的利润、因成功地开发和引进新技术而实现的创新利润。

收益率的计算会遇到诸多困难。由于会计定义的使用代替了经济定义的使用，资本经常没有被恰当的估价。折旧通常没有被适当地衡量。由于广告及研究和开发的影响是跨时期的，对它们的估价较难准确反映。通货膨胀的影响很突兀。计算的收益率可能不恰当地包括了垄断利润。可能计算了税前收益率而不是正确的税后收益率。收益率可能没有经过恰当的风险调整。有一些收益率没有恰当地考虑负债。为了避免有关收益计算的问题，许多经济学家使用一种特别的方法来计算市场绩效，这就是勒纳指数。

（二）勒纳指数（Lerner index）

1. 含义

美国经济学家阿贝·勒纳提出了计算垄断势力的方法，即价格减去边际成本再除以价格，勒纳指数度量市场绩效是通过价格与边际成本的偏离率的计算进行的，这种方法后来被称为"勒纳的垄断势力度"。其计算公式为：

$$L = (P - MP)/P$$

其中，L 表示勒纳指数，P 表示价格，MC 表示边际成本。

勒纳指数的数值在 0 和 1 之间变动，数值越大，表明垄断势力越大。在完全竞争条件下，价格等于边际成本，勒纳指数等于 0；在垄断情况下，勒纳指数会大一些，但不会超过 1。勒纳指数越大，市场的竞争程度就越低。

2. 特点

一是边际成本的测算比较困难。同时，价格往往同产品质量有关，因此某一产业中厂商之间通过勒纳指数来比较垄断势力时，必须要考虑产品质量因素，即在价格上要有可比性。二是勒纳指数需要反映的是当厂商存在市场支配势力时价格与边际成本的偏离程度，但是却无法反映厂商为了谋取或巩固垄断地位而采取的限制性定价和掠夺性定价行为（在这两种情况中，勒纳指数接近0，但是却不表明该市场是竞争性的）。三是勒纳指数建立在对价格和边际成本进行静态比较的基础上。厂商或产业所获得的高利润并不必定是通过垄断力量实现的，而确实存在垄断力量的市场中，这些指标也不一定就更高。因而垄断厂商会出于某种目的制定低价格（驱逐竞争对手和阻止新竞争者进入），使产业市场显得无利可图。勒纳指数没有深入考察造成价格和边际成本差异的具体原因，而把这种差异全部归于垄断行为。实际在很多情况下，造成价格和边际成本差异的原因有很多种，比较复杂，不单是垄断。

3. 缺陷

勒纳指数的缺陷在于：有关边际成本的数据难以获得。它反映的是企业的实际行为，并不反映企业潜在的垄断或竞争行为。如企业降低价格有可能是驱除竞争对手的策略行为，但并不表明市场就是竞争的。正是因为勒纳指数本身反映的是当市场存在支配能力时价格与边际成本的偏离程度，所以它无法反映出企业为了谋取或巩固垄断地位而采取的限制性定价和掠夺性定价等行为。相比较的市场中的所有产品的质量必须有一个固定、统一的标准并且能够定量化，否则，产品的质量差异会导致产品的价格变动，从而影响结论的准确性。

（三）托宾Q

1. 含义

美国经济学家、诺贝尔经济学奖得主托宾于1969年提出了一个著名的系数。托宾q表示一家企业的市场价值与企业资产的重置成本的利率关系，市场价值通过企业公开发行股票和债务衡量。托宾q是衡量市场绩效的一个指标。

$$q = (R1 + R2)/Q$$

式中，q表示托宾指数，R1表示股票市值，R2表示债券市值，Q表示企业资产重置成本。托宾q值根据企业资产价值的变化来衡量市场绩效的高低。

当q>1时，说明企业以股票和债券计量的市场价值大于以当前市场价格评估的资产重置成本，意味着企业在市场中能获得垄断利润。q值越大，企业能获得的垄断利润越大，社会福利损失越大，市场经济绩效越低。

托宾q指标的评价：使用托宾q值来评价市场绩效，其优点是避免了估计收益率或边际成本的困难。使用托宾q的困难之处在于必须准确计算企业的市值和重置成本。企业的市值可以用其发行的股票和债券的市值来计算，但计算企业的重置成本则比较复杂，除非存在一个比较成熟的二手设备市场。广告及研究与开发的费用产生了难以估价的无形资产，而在 q 值的计算中都忽略了这些无形资产的重置成本。

2. 托宾 q 的意义

托宾 q 是指资本的市场价值与其重置成本之比。这一比例兼有理论性和实践的可操作性，沟通了虚拟经济和实体经济，在货币政策、企业价值等方面有着重要的应用。在货币政策中的应用主要表现在将资本市场与实业经济联系起来，揭示了货币经由资本市场而作用于投资的一种可能。在未来，我国货币政策如果开始考虑股票市场的因素，则托宾 q 将会成为政策研究与政策制定的重要工具。托宾 q 值常常被用来作为衡量公司业绩表现或公司成长性的重要指标，尽管由于资本市场发展的不完善，托宾 q 理论在我国的应用还很有局限性，但它依然给我们提供了分析问题的一种思路。

三、市场绩效的综合评价

（一）产业的资源配置效率

产业资源配置效率是用来评价市场绩效的最基本的指标。微观经济学认为，完全竞争的市场机制能够保证资源的最优配置。这表现为社会总剩余或社会福利（生产者剩余与消费者剩余之和）的最大化，经济学家通常用消费者剩余、生产者剩余和社会总剩余这三个指标来全面分析和衡量社会资源配置的效率状况。消费者剩余是指消费者愿意支付的价格与实际支付的价格之间的差额，它表示消费者从商品购买中所获得的边际效用减去为此牺牲的货币边际效用之后的余额。生产者剩余是指销售收入和生产费用的差额。社会总剩余是消费者剩余和生产者剩余之和。

产业的市场结构与资源配置效率，微观经济理论已经证明，一般情况下，市场竞争越充分，资源配置效率越高；相反，市场垄断程度越高，资源配置效率越低，福利经济第一定理表明，完全竞争市场结构的一般均衡是帕累托最优的状态。一般均衡表明整个经济处于效率状态，因此所有的消费活动都是有效率的，所有的生产活动也都是有效率的，并且消费和生产活动是协调一致的，即对于任何两种资源，所有消费者的边际消费率全部相等，所有生产者的边际技术替代率都相等，而且边际消费率与边际技术替代率也相等。尽管这一定理本身有着不严密性，并受到一些学者的质疑，但是对于完全竞争的市场结构能够实现社会资源配置的最优化，绝大多数经济学家是深信不疑的。与理想的完全竞争相比，垄断市场的供应量比完全竞争市场低，而价格通常比竞争价格要高。垄断企业通过以较高的价格和较低的产量提供商品，攫取了部分消费者剩余，使消费者剩余减少。同时导致了社会福利的净损失，即效率损失。垄断所导致的社会福利损失还体现在以下方面：垄断企业为了谋取和巩固垄断地位经常需要采取一些特殊手段并为此支付巨额的费用，比如广告和特殊的产品差异化，设置人为的进入壁垒等。经济学认为，只要是为竞争市场所不必要的手段及其支出，都可视之为是种社会资源的浪费。

（二）产业的规模结构效率

产业的规模结构效率反映了产业经济规模和规模效益的实现程度，是市场绩效的重要方面。产业规模结构既与产业内单个企业的规模经济水平紧密相关，还反映出产业内企业间的分工协作水平的程度和效率。衡量某一特定产业的规模结构效率可从三个方面进行：其一，用达到或接近经济规模的企业的产量占整个产业产量的比例来反映产业内经济规模的实现程度；其二，用实现垂直一体化的企业的产量占流程各个阶段产量的比例来反映经济规模的纵向实现程度；其三，通过考察产业内是否存在企业生产能力的剩余来反映产业内规模能力的利用程度。

产业规模结构效率有三种状态。一是低效率状态。即产业市场上未达到获得规模经济效益所必需的经济规模的企业是市场的主要供应者。这种状态表明该产业未能充分利用规模经济效益，存在着低效率的小规模生产。二是过度集中状态。即市场的主要供应者是超过经济规模的大企业，由于过度集中，无法使产业的长期平均成本降低，在这种情况下，大企业的市场力量得以过度增强，反而不利于提高产业资源配置效率。三是理想状态。即市场的主要供应者是达到或接近经济规模的企业。这表明该产业已经充分利用了规模经济效益，产业的长期平均成本达到最低，产业的资源配置和利用效率达到了最优状态。在市场经济发达国家，如美国、德国和日本，多数产业已经实现了产业规模经济水平的理想状态，即主要生产企业都达到了经济规模，尤其是那些规模经济性显著的产业。不过也存在着超经济规模的过度集中。贝恩认为，许多过度集中的产业中大企业的生产成本比规模较小的企业要高，过度集中实际上降低了产业规模结构效率。

1. 影响产业规模结构效率的主要因素

（1）产业内的企业规模结构。产业内的企业规模结构是影响产业规模结构效率的重要因素。企业规模结构是指产业内不同规模企业的构成和数量比例关系，它同时反映了大企业和中小企业所占的比例。根据不同产业的特点，形成大、中、小型企业按照一定比例组合的规模结构，有利于整个产业实现生产的协同效应。其中，大企业担负开拓市场、设计新产品、使用大型自动化生产线完成产品总装的工作，中小型企业则通过专业化为大企业提供零部件等配套产品，这样的协作可以从整体上发挥产业的规模经济水平。（2）市场结构。市场结构是影响产业规模结构效率的直接因素。实证研究表明，产业市场的过度集中和分散都会降低产业的规模经济效率。在市场集中过度的产业中，处于垄断地位的大企业的生产成本常常高于规模较小的企业，因为存在着 X 非效率，同时垄断还会导致整个产业市场的效率损失，使产业无法实现规模经济效益。另外，在市场集中度过低的产业中，存在许多未达到最低经济规模要求的企业，它们之所以会长期存在于市场上，从外部原因看，可能是由于该产业存在着高退出壁垒，导致资源无法合理流动，或是因为得到了政府扶持；从内部原因看，可能是企业有效的产品差异化和使用廉价劳动力。从产业总体看，大量非规模经济的企业的存在导致了产业规模结构的低效率。但如果从其他目标的角度评价，结论则不一样。从社会就业和稳定目标看，政府必须扶持一些小企业，以保障就业率。从消费者效用的满足看，小企业能够提供消费者所需要的差异化产品，使他们的效用得到满足，而这些产品可能是大企业所不屑于提供或无法实现大规模生产的。

2. 产业技术进步程度

产业技术进步程度是指产业内的发明、创新和技术转移（扩散）的过程。技术进步渗透于产业的市场行为和市场结构的方方面面，并且最终通过经济增长表现出来。产业技术进步反映了一种动态的经济效益，它是衡量经济绩效的一个重要指标。

技术进步的含义有广义和狭义之分。广义的技术进步包括除资本投入和劳动投入之外的所有促进经济增长的因素。产业组织理论中所考查的技术进步是狭义的技术进步，主要包括发明、创新和扩散三个阶段。发明是指构思对人类生活或生产活动有用的新产品或新的生产方法以及解决相关的技术问题。创新是指发明被第一次应用并导致一种新产品或新的生产方法的出现。扩散是指新产品或新的生产方法被广泛采用。

技术进步渗透于产业组织的生产结构和生产行为的各个方面：产品差别与产业的技术特点密切相关，经济规模和必要资本壁垒与大容量、高效率的技术发展有关，企业集团化和系列化的发展、价格和非价格竞争的类型和程度等都与产业的技术进步类型、技术进步程度及条件存在着密切的关系。技术进步最终是通过经济增长的市场绩效表现出来的，它反映的是动态经济效率，因而也是衡量市场绩效的一个重要标准。

（三）X非（低）效率

所谓X非效率，是指在垄断企业的组织内部存在着资源配置的非效率状态。这一概念是由美国哈佛大学教授莱宾斯坦首先提出的。莱宾斯坦X非效率理论主要涉及三个变量之间的关系——市场环境（ME）、企业组织（EO）和经济效率（EE），其中，经济效率是市场环境和企业组织的函数，即：

$$EE = f(ME，EO)$$

在变量ME给定（即没有市场竞争压力）的条件下，变量EE（即X非效率的程度）就取决于为给定EO（即垄断企业）适应环境的情况。在没有压力的市场环境（ME）中，EE的值就不可能是X效率，而只能是X非效率。

导致大企业内部普遍存在X非效率的主要原因是：首先，代理成本的增加。大企业通常采用股份制组织形式，企业是由股东、职业经理和雇员等不同集团共同组成的。由于股权分散，作为所有者的股东，依靠有限的所有权不能控制企业，更难以面对复杂的和专业性极强的经营管理工作，由此导致一批具有专业管理知识和才能的职业经理人员受所有者委托，实际掌握了企业日常经营的控制权。但大企业的所有者和职业经理人员追求的目标未必一致，所有者主要关注于公司利润和股本收益最大化，而职业经理则不然。从实现自身利益最大化出发，他可能更关注企业规模的扩张，市场份额的扩大，以及员工福利水平的提高等目标，这就决定了经理们可能过分追求企业规模的扩大，并追求市场垄断地位，从而导致企业内部效率低下。除了所有者和经营者之间，大企业内部在各个层级之间也存在多种委托代理关系，从而产生较高的代理成本，这进一步加重了企业的 X 非效率。

其次，激励成本增加。在市场交易中，优胜劣汰的竞争法则对交易双方具有较强的激励，并可能产生较高的效率。而在企业内部，生产经营过程是以团队方式组织的，各成员的边际贡献难以计量。随着企业规模的扩大，对成员业绩的考核、激励和监督的成本将进一步上升，激励强度相应下降。企业规模越大，企业经营绩效与每一个员工的实际经营行为关系越难以确定，企业管理者为掌握和控制员工的劳动报酬和提高劳动生产率所需要花费的激励成本越高。

最后，管理成本增加。企业规模扩大导致组织层次增加，管理幅度拉大，信息沟通的速度和质量下降，从而使企业的管理成本上升，效率下降。此外，从团队工作的视角看，企业越大，成员"搭便车"的动机越强烈，因此必须加强监督和激励，但这种监督和激励是有成本的且往往成本高昂。

第二节 市场结构与市场绩效

一、传统的哈佛学派 SCP 分析框架

（一）SCP 分析的简单概述

SCP（structure conduct performance，结构—行为—绩效）模型是由美国哈佛大学产业经济学权威贝恩（Z. Bain）、谢勒（F. M. Scherer）等人建立的。该模型提供了一个既能深入具体环节，又有系统逻辑体系的市场结构—市场行为—市场绩效的产业分析框架。SCP 模型主要分析在行业或者企业受到表面冲击时，可能的战略调整及行为变化。在微观经济学理论中，市场结构与市场绩效是联系在一起的。在完全竞争市场中，独立的市场结构通过价格等于边际成本的方式带来有效的市场绩效，无效的厂商会退出市场，长期经济利润为 0。在垄断市场中，经济绩效比较差，价格高于边际成本，无效率的厂商也能长期生存，长期的经济利润高于 0。而 SCP 范式将这一结构与绩效的联系扩展到了寡头垄断市场中。其基本逻辑如图 9-1 所示。

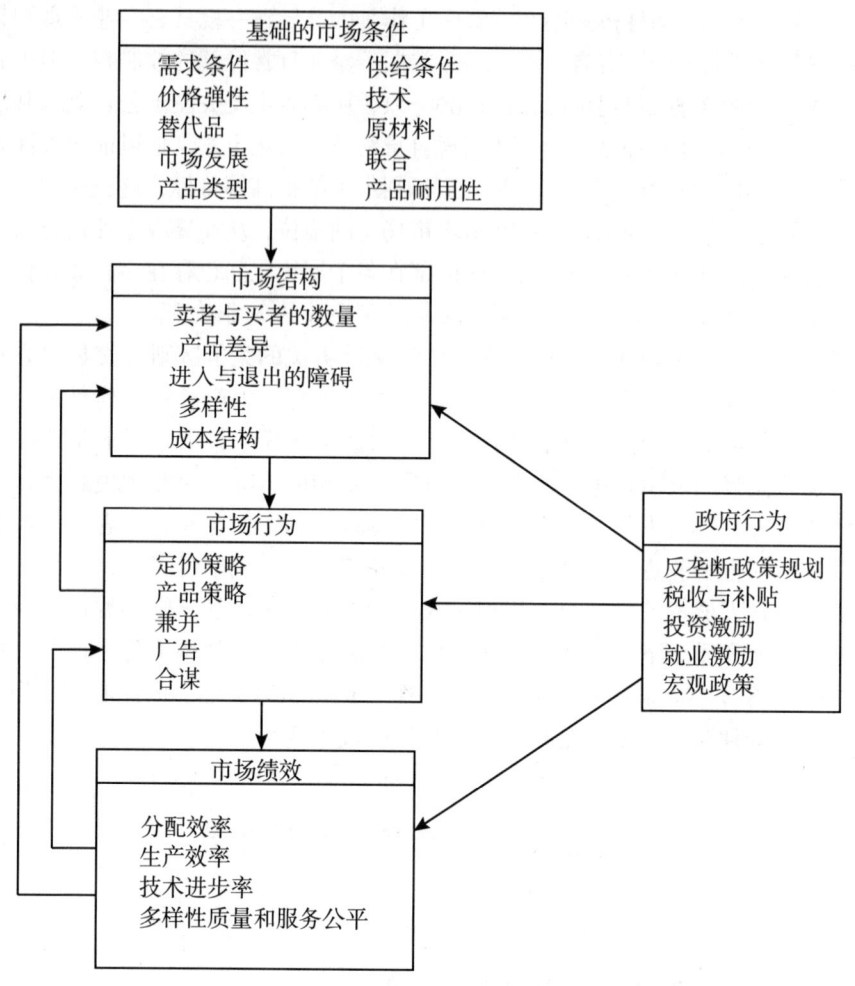

```
┌─────────────────────────┐
│      基础的市场条件         │
│  需求条件     供给条件     │
│  价格弹性     技术        │
│  替代品      原材料       │
│  市场发展     联合        │
│  产品类型     产品耐用性    │
└─────────────────────────┘
            │
            ▼
┌─────────────────────────┐
│        市场结构           │
│   卖者与买者的数量         │
│   产品差异               │
│   进入与退出的障碍         │
│   多样性                │
│   成本结构              │
└─────────────────────────┘
            │
            ▼
┌─────────────────────────┐        ┌──────────────┐
│        市场行为           │        │    政府行为    │
│   定价策略               │◄───────│ 反垄断政策规划 │
│   产品策略               │        │ 税收与补贴    │
│   兼并                  │        │ 投资激励      │
│   广告                  │        │ 就业激励      │
│   合谋                  │        │ 宏观政策      │
└─────────────────────────┘        └──────────────┘
            │
            ▼
┌─────────────────────────┐
│        市场绩效           │
│   分配效率               │
│   生产效率               │
│   技术进步率             │
│   多样性质量和服务公平     │
└─────────────────────────┘
```

图 9-1 结构—行为—绩效理论范式示意

基本的市场条件决定市场结构，市场结构决定市场行为，而市场行为决定市场绩效。政府的公共政策则对市场结构、市场行为和市场绩效有直接的影响。箭头显示了绩效怎样反作用于市场行为和市场结构，以及市场行为如何反作用于市场结构。

基于哈佛学派对于市场结构的重视，这一学派也被称为"结构主义"。依据市场结构、市场行为及市场绩效三个方面的逻辑关系，哈佛学派提出"集中度—利润率假说"。该假说认为，在具有寡占或垄断市场结构的产业中，厂商之间的串谋、协调以及通过高进入壁垒限制竞争的行为削弱了市场的竞争性，其结果往往产生超额利润，进而破坏了资源配置的效率。哈佛学派的这一假说建立在大量实证研究的基础上。贝恩调查了美国制造业中的 42 个产业，并将它们分为两组：一组是 CR8 大于 70% 的 21 个产业；另一组是 CR8 小于 70% 的另外 21 个产业。调查结果显示，这两个不同集中度的产业群之间存在着明显的利润率差异，前者的利润率平均为 11.8%，而后者平均只有 7.55%，为"集中度—利润率假说"提供了有力的注解。由此，这一假说也为公共政策提供了理论基础，即当产业中具有市场支配力的企业增加时，由于整体经济受到垄断弊病的侵害，对企业进行分割、禁止兼并等直接作用于市场结构的公共政策就成了必然的选择。

SCP 模型从对特定市场结构、市场行为和市场绩效三个角度来分析外部冲击的影响。

市场结构：主要是外部各种环境的变化对企业所在行业可能的影响，包括行业竞争的变化、产品需求的变化、细分市场的变化、营销模型的变化等。

市场行为：主要是指企业针对外部的冲击和行业结构的变化，有可能采取的应对措施，包括企业方面对相关业务单元的整合、业务的扩张与收缩、运营方式的转变、管理的变革等一系列变动。

市场绩效：主要是指在外部环境方面发生变化的情况下，企业在经营利润、产品成本、市场份额等方面的变化趋势。

（二）SCP 分析框架

传统 SCP 分析框架代表人物：哈佛学派的梅森（E. Mason）、克拉克（J. M. Clark）、贝恩（Z. Bain）、谢勒（F. M. Scherer）等。主要观点：市场结构决定企业行为，企业行为决定市场运作的经济绩效。为了获得理想的市场绩效，最重要的是通过公共政策来调整和直接改善不合理的市场结构。由政府制定用以引导和干预市场结构和企业市场行为的政策。包括反垄断政策（或反托拉斯政策）、反不正当竞争行为政策以及中小企业政策，以及适用于自然垄断产业的政府直接规制政策等。

在一个由相同厂商组成的能自由进入的竞争产业中，价格等于短期边际成本，短期利润或正或负，长期利润为零。在垄断或寡占产业中，价格超出边际成本，短期利润或正或负而长期利润或零或正。在垄断竞争中，价格高于边际成本而推动长期利润为零（见表 9-1）。

表 9-1　　　　　　　　　　　　**市场结构的利润**

	P - MC	πSR	πLR
竞争	0	+ 或 -	0
垄断竞争	+	+ 或 -	0
垄断	+	+ 或 -	+ 或 0
寡占	+	+ 或 -	+ 或 0

注：P=0，MC=边际成本（短期），πSR=短期利润，πLR=长期利润。
资料来源：作者整理。

市场结构是指特定的市场中的企业在数量、份额、规模上的关系。一个特定的市场属于哪种市场结构类型,一般取决于下面几个要素:交易双方的数目和规模分布、产品差异化、市场份额和市场集中度、进入壁垒。

市场行为是市场结构、经济绩效的联系纽带,企业行为通过各种策略对潜在进入者施加压力从而影响市场结构。但必须在不完全竞争市场中讨论企业行为方有意义,完全竞争市场中企业微弱的市场控制力决定了企业广告、审谋等行为的无效性,企业可以按照市场价格销售任何数量的产品。

市场绩效是指特定市场结构下,通过特定企业行为使某一产业在价格、产量、成本、利润、产品质量、品种及技术进入等方面达到的状态。

如何更好运用SCP分析模型?第一,咨询顾问在应用SCP时,常要审慎定义客户所竞争的行业。SCP分析框架对行业的假设基本上是静态的。所以,咨询顾问还常要以动态的视角审视客户所处的行业。第二,缺乏吸引力的外部环境没有必要排除有利可图战略的发展,比如一个炸药制造商打算成为这个呈下降趋势的行业的唯一幸存者,将继续跟踪那些需要炸药的目标客户。第三,咨询顾问往往精通经营理论和方法,但很少是行业专家,所以在运用SCP模型时一定要以事实为基础,并虚心向客户方的行业专家请教,不可妄下定论。

二、芝加哥学派

(一) 内容

如果高度集中的市场上长期出现高利润率,这只能说明该市场大企业的高效率的经营。尽可能地减少政策对产业活动的干预,以扩大企业和私人的自由经济活动的范围。放松反托拉斯法的实施和政府规制政策。行业集中度的提高是市场需求和技术水平进步的结果,大企业的高利润率是生产效率提高的结果,而不是资源分配无效率的结果。政府反垄断政策应以促进经济效率为目的,反托拉斯法应该是保护竞争,而不是单纯保护竞争者。即使市场是垄断的或是高集中寡占的,只要市场绩效是良好的,政府管制就没有必要。在市场结构、市场行为与市场绩效的相互关系中,市场绩效起决定性的作用,不同的企业效率形成不同的市场结构。

(二) 政策主张

1. 极端强调个人自由

极端强调个人自由,反对个人专断和"权威";在国家必须干预经济的情况下,强调"法治",反对"人治"。例如,西蒙斯在20世纪30年代关于改革美国货币金融体制的主张,其中包括商业银行必须对其吸收的存款保持100%的现金准备这一建议;哈耶克始终主张金本位制是现实可行的理想的货币制度,反对任何人为地扩大货币流通量的政策措施;以及弗里德曼的"单一规则"的货币政策等。尽管这些主张所处的历史条件各不相同，理论根据差别很大，其共同的实质是主张建立一种货币体制，在该体制下，一国的货币信用流通量取决于某种以法律形式规定的"规则"，而不是取决于货币当局相机抉择所采取的政策措施（如根据实际经济情况随时和及时调整贴现率，改变商业银行的法定存款准备金率，以及中央银行买卖政府债券的公开市场活动等）。

2. 强调完全竞争的市场机制在经济中的功能

特别强调完全竞争的市场机制在调节资本主义经济运行中的重大功能，强烈主张国家对经济生活的干预应减少到必不可少的最低限度。例如奈特和西蒙斯都十分强调私人企业的自由竞争在经济生活中应起的作用。哈耶克认为，资本主义自由竞争不仅能够实现生产资源的最优配置，即取得最大经济效率，而且能够保存个人自由，防止政策决策人专断的干涉。他不仅把经济计划与个人的自由选择完全对立起来，甚至声称任何形式的经济计划是"通向奴役的道路"。但由于历史条件的变化，也因为各人特有的价值判断，芝加哥学派的主要代表者在第二次世界大战以前和以后在政策主张方面表现了很大差别。在20世纪30年代，西蒙斯不仅反对国家干预经济，也强烈反对垄断，包括所谓工会的"垄断"，而在战后，弗里德曼则着重反对凯恩斯主义的国家干预经济。又如，在30年代初，为了对付当时严重的失业问题，瓦伊纳、奈特和西蒙斯等都曾经主张借助赤字财政举办公共工程，但在理论上依然认为，尽可能减少政府开支，保持预算平衡是健全财政的基本原则。战后，为了对付长期推行凯恩斯主义赤字财政造成的通货膨胀，弗里德曼不仅反对凯恩斯主义的财政政策，也对资本主义国家长期采用的传统的相机抉择的货币政策持否定态度。

3. 三个政策目标此长彼消

在发达资本主义国家，经济自由、经济效率与分配均等这三个政策目标，经常是此长彼消，顾此失彼，不可兼得的。例如，为了减缓失业，必须承受一定的通货膨胀，而要稳定物价，又必须让更多工人在相当长时期内处于失业状态。又如，增加政府转移支付和保障社会福利支出，有助于减缓资本主义自由竞争带来的收入分配的不均和阶级矛盾，但为此必须征收高额累进所得税，在一定条件下妨碍资本积累和劳动生产率的提高。而对这类进退维谷的难题，芝加哥学派更多地关注自由与效率，相对较少地关注收入分配的问题。

（三）理论特点

芝加哥学派所据以得出其政策主张的理论观点，一般具有如下一些特点或者暗含着如下一些假定或前提：第一，强调经济学应是一门实证科学，所以芝加哥学派的许多成员被称为经济学的实证主义者。第二，理论分析着眼于资本主义经济的长期均衡，忽视经济政策的短期效果。芝加哥学派的成员一般认为，在市场机制充分发挥作用的前提下，资本主义有充分就业的必然趋势。第三，在理论分析中往往忽视自由竞争条件下的社会福利与私人利益、私人成本与社会成本之间会出现的差别，或者认为这种差别与经济效率或经济自由相比较是微不足道的，这使他们不重视国家在调节资本主义的资源配置和收入分配方面的重要作用。

三、现代结构分析

早期的 SCP 范式试图建立价格与集中度之间系统关系的观点受到了持续的来自多方的批评，其中最重要的批评可能是集中度本身是由产业的经济条件所决定的，即视集中度为外生变量。但事实上，集中度几乎可以确定是由产业特征决定的内生变量，这些特征包括定价、广告、研发费用等，因此，它不是一个可以用来解释定价和其他行为的产业特征。这些批评使这一领域的许多研究陷入停滞，许多经济学家寻求新的方法探索谁决定市场结构，以及这种结构如何影响市场绩效。其中重要的方法之一是由萨顿（Sutton）等人提出的一个基于 SCP 思想、旨在寻找跨产业竞争行为系统模型的方法。

萨顿将沉没成本理论化，并特别指出沉没成本在决定市场结构中起着十分重要的作用。萨顿通过回避利润测量从而避免了许多测量中最为烦琐的问题。萨顿没有关注利润，而是检查了市场集中度（内生变量）与市场成长（外生变量）之间的关系。他发现，市场成长是由销售额的增长测量的，这是一个相对容易测量的变量。在萨顿的模型中有两种类型的产业：具有外生沉没成本的产业和具有内生沉没成本的产业。

（一）具有外生沉没成本的市场

具有外生沉没成本的市场具有同质商品，仅有价格上的竞争，固定的外生成本等于 F，并且容易进入。萨顿在这样的市场中考虑 3 种类型的竞争。市场 1 是一个卡特尔，利润最大化的垄断价格一直在变化。在这个市场中，如果起初有 n 个厂商，每个厂商控制 1/n 的总的市场销售额，那么，价格定在垄断水平，厂商会持续进入，直到利润降到标准水平，即每个厂商的经济利润等于 0。市场 2 是一个寡头市场，其价格低于垄断价格而高于竞争价格。由于价格低于垄断价格，厂商进入寡头垄断市场的动机要弱于进入垄断市场的动机，因此，较少的厂商进入寡头垄断市场。而价格与厂商数量平衡时，每个厂商还是会赚取零经济利润。市场 3 是一个高度竞争的市场，该市场的竞争性如此之强，以至于不止一个厂商进入市场，也就是如果 n > 1，价格就会降到边际成本的水平，而厂商就不能够支付他们的固定成本 F。因此，高度竞争市场平衡时的厂商数量是 1，即市场处于完全垄断状态。

图 9-2 表示价格与厂商数量的关系。对于 n > 1，卡特尔的价格最高，竞争的价格最低，而寡头垄断的价格在两者之间。图 9-3 是萨顿最令人惊讶的结果：对于任意给定的市场规模 S，竞争程度越大，市场集中度越大。卡特尔导致了低

水平的市场集中度,而高度竞争的市场却导致了完全垄断。因为卡特尔无论进入厂商的数量是多少,都保持高价格,具有进入动机的厂商就有很多。此外,高度竞争导致低价格,只有一个厂商有动力进入。图9-3与萨顿预测的在具有外生沉没成本的市场中,市场规模与集中的关系是相同的。在全部(除了最有竞争性的)产业中,市场规模与市场集中度负相关。

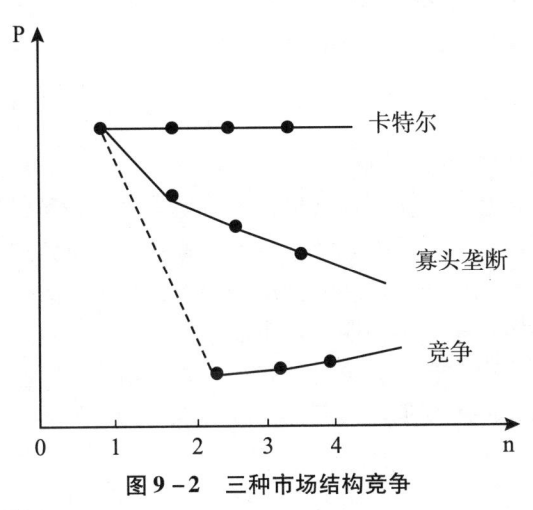

图 9-2 三种市场结构竞争

资料来源:作者整理。

(二) 具有内生沉没成本的市场

在具有内生沉没成本的市场中,厂商之间在价格和非价格领域进行竞争。非价格领域包括广告产品差异、研发活动以及可靠性。在这样的市场中,厂商决定投入多少来提升产品的质量。通过提升质量,厂商将消费者从市场劣质产品的竞争者那里吸引过来。然而,提高质量会提高成本。质量的提升需要沉没成本的投入,如研发和广告。

随着市场规模的扩大,厂商提高产品品质的动机就会增强,但是,提高产品品质所需的沉没成本也会增加。产品品质会随市场规模的扩大而提高,但集中度不会像存在外生沉没成本的情况那样降低。

萨顿的存在内生沉没成本情况下的均衡有如下特征:第一,最大的厂商是产品质量最好的厂商;第二,市场规模的扩大引起产品质量的提升,尤其是高品质产品的质量,而且一些低质量产品会从市场中消失;第三,随着市场规模的扩大,提升产品品质需要大量的沉没成本,这就限制了厂商的数量,只有付得起沉没成本的厂商才得以存活,因此,在市场规模扩大的同时,集中度并没有降低。

第三节 市场行为与市场绩效

一、价格行为与市场绩效

（一）定价行为

1. 阻止进入定价行为（限制性定价）

限制性定价是指在一个垄断性市场，哪怕是只由一个厂商进行垄断，仍然存在着其他竞争者随时加入进来的威胁，市场占有者在认识到这一点后应当心甘情愿地牺牲一些短期利润，适当地降低价格，使市场对潜在的进入者不具有那么大的吸引力。限制性定价是一种短期非合作策略性行为，它通过在位厂商的当前价格策略来影响潜在厂商对进入市场后利润水平的预期，从而影响潜在厂商的进入决策。限制性价格是一种使得进入者失望或阻止它们进入的价格（见图9-3）。

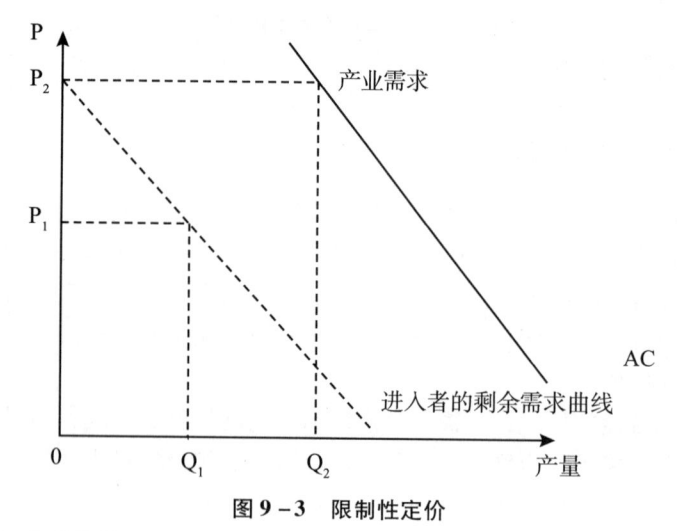

图9-3 限制性定价

资料来源：作者整理。

阻止进入定价行为是一种策略性行为，通过在位企业的当前价格策略来影响潜在企业对进入市场后利润水平的预期，从而影响潜在企业的进入决策。

也就是说，现有企业通过制定低于诱发进入的价格来防范进入，这一价格水平使潜在进入者认识到进入市场后，预期获得的回报将低于或等于为克服进入障碍以及遭到报复所付出的代价，从而放弃进入。

如果在位企业将产量定在 Q_2，以致新企业面临的剩余需求曲线恰好低于或等于它的平均成本曲线，那么新企业就无从生产出能使它盈利的数量。老企业能够在价格 p′ 上销售 Q_2 数量产品，P′ 高于其平均生产成本但又能消除新企业进入的诱因。换句话说，潜在的阻止进入价格阻止了新企业进入。

通常，人们从福利经济学的角度，来评价限制性定价对生产者和消费者的影响，并成为是否对其采取规制措施的依据。但是，要想从理论上准确判断限制性定价的福利影响，并在实践中采取相应的规制措施是十分困难的。从理论上分析，静态模型表明，限制性定价遏制了潜在厂商的进入，这对竞争厂商是不利的，但是，限制性定价也降低了产品的价格，消费者可以从中受益，这种限制性定价的净福利效应是不明确的。在不完全信息条件下，信息的分布状况与限制性的福利影响是息息相关的。在米尔格罗姆和罗伯茨模型中，限制性定价不但没有遏制潜在厂商的进入，反而降低了产品价格，因而它的净福利效应是正的，而哈尔瑞顿模型表明，限制性定价既提高了价格也遏制了潜在进入，因而其净效应是负的。对于动态限制性定价，其净福利效应的判断更为复杂。由此可以看出，限制性定价的福利影响不能一概而论，要视具体情况而定。

福利经济学在实践中，要区别竞争性行为和限制性定价行为并非易事。例如，同样是降价行为，有些可能是在位厂商为了达到遏制进入而采取的策略性行为，而有些却是现有厂商正常的成本降低所致，但是政府管制机构很难把这两种行为区分开来。美国反托拉斯机构认为，对限制性定价等策略性行为管制过少将诱发不良的竞争方式和垄断力量，管制过严又妨碍厂商从事正当的竞争，它们也害怕正当竞争会被曲解为限制性定价等策略性行为而遭制裁。

2. 驱除竞争对手定价行为（掠夺性定价）

掠夺性定价是指一家企业为使新进入企业或市场上现有企业退出市场而降低价格，待竞争对手退出市场后再行提价的行为。掠夺性定价是一种不公平的低价行为，实施该行为的企业占有一定的市场支配地位，他们具有资产雄厚、生产规模大、分散经营能力强等竞争优势，所以有能力承担暂时故意压低价格的利益损失，而一般的中小企业势单力薄，无力承担这种牺牲。

掠夺性定价是以排挤竞争对手为目的的故意行为，实施该行为的企业以低于成本价销售，会造成短期的利益损失，但是这样做的目的是吸引消费者，以此为代价挤走竞争对手，行为人在一定时间达到目的后，会提高销售价格，独占市场（见图 9-4）。

在掠夺性定价中出现的价格下降，一般是暂时性的，如果价格降低到成本水平以下，发起企业就要承担亏损，但驱逐竞争对手后，发起企业往往会再度把价格提升到可获经济利润的水平上。掠夺性定价策略的成功，依赖于掠夺方企业必须具备比竞争对手更明显的竞争优势，如规模优势、成本优势、技术优势和品牌优势等。

掠夺性定价实施的条件：其主体为处于卖方地位的经营者，且该经营者具有一定的经济或技术实力。该特征使其与价格歧视相区别，后者不仅包括卖方之间

图 9-4 掠夺性定价

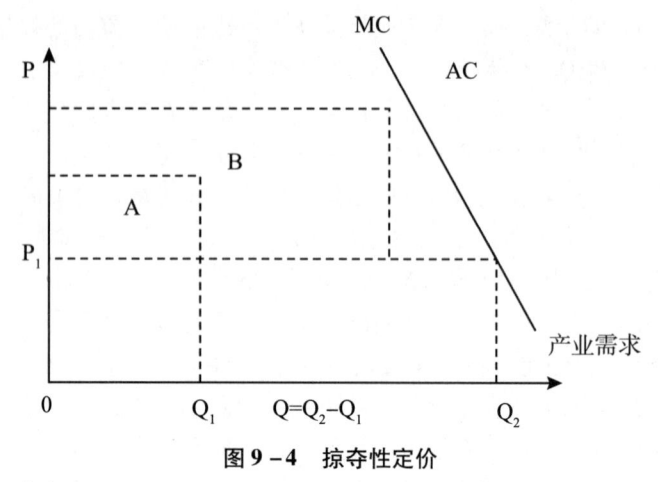

资料来源：作者整理。

的竞争，也包括买方之间的竞争。其地域市场为一国的国内市场。此特征使其与"倾销"相区别。"倾销"是指以低于国内市场的价格在海外市场大宗销售商品的行为。我国立法及理论上将本属"掠夺性定价"的行为也称之为"倾销"，易使人们对本已约定俗成的"倾销"概念的理解出现混淆，不利于国际贸易的发展。其客观表现为暂时以低于成本的价格在市场上连续地销售其商品或提供劳务。它的实质是宁愿暂时亏本，也要把竞争对手从一定的市场上挤出，形成独占局面，然后以垄断高价销售，这样做不仅可以弥补它进行低价亏本销售所造成的损失，而且还可以谋取高额的垄断利润。其行为者的主观故意是试图排挤竞争对手，以谋求垄断地位。但在实践中，"掠夺性定价"并不像它的直接目的那样消除竞争对手，而可能是引诱、说服或威胁竞争对手与之进行合作或在一些垄断性方案上与之合作。

3. 二者关系

相同点：限制性定价和掠夺性定价都是在位企业短期的非合作策略性行为，其最终目的是影响或打击对手、获得市场控制权，以实现长期的利润最大化目标。二者都是企业之间实施的价格策略。

不同点：限制性定价是通过在位企业的价格策略来影响潜在进入企业的市场预期，从而影响其进入决策；掠夺性定价的企业将价格定在低于对手成本的水平从而将对手驱逐出市场并且遏制将来进入。

（二）价格歧视

1. 概念

价格歧视又称为价格差别，是卖方市场上流行着的一种价格行为，它是指一家厂商在同一时间对同一产品向不同的购买者索取不同的价格，或者对销售给不同购买者的同一种产品在成本不同时索取相同的价格。

2. 前提条件

一是企业必须拥有市场力量，否则，市场竞争会将价格推到边际成本水平，这样就无法进行价格歧视；二是商品在不同消费者之间不能够进行转售，否则不同消费者之间的套利行为将使得价格差异无法持续；垄断者能够将价格定在使消费者完全没有消费者剩余的水平上。

3. 价格歧视类型

价格歧视可以分为一级、二级、三级价格歧视。在一级价格歧视情况下，每一单位产品都要出售给对其评价最高、最愿意支付最高价格的人，因此，企业使消费者得不到消费剩余，消费者剩余完全被生产者剥夺了。所以，随着价格歧视程度的加深，消费者剩余减少。

一级价格歧视又称为完全价格歧视，是指企业对每一个消费者的支付意愿具备完全的信息，完全垄断企业能够从一群具有不同特点的消费者身上抽取全部消费者剩余。或者说，完全价格歧视是指每一单位产品均具有不同的价格。在这种情况下，消费者剩余全部转变为垄断者获得的超额利润。如游客去马尔代夫旅行，临走时看到了一件纪念品非常喜欢，想要买下来，走到老板的摊位前，老板上下打量一番就已经知道了游客大概的"剩余"是多少了，很快老板说："这件300元"，游客觉得有点贵，于是讲价到280元，愉快地离开了。过了一会另一位顾客也想要买这个纪念品，老板还是打量了一番，她拎着LV的包，戴着卡地亚的手镯，穿着香奈儿的裙子，于是对她说："这件1800元"，顾客觉得不算贵马上付了钱开心地买走了（见图9-5）。

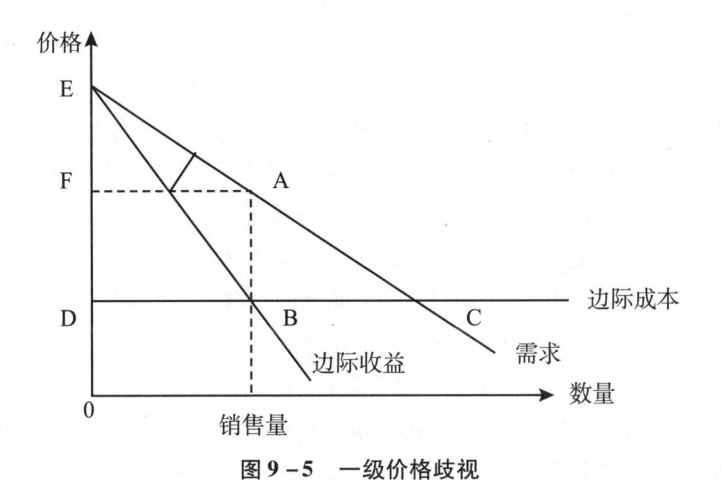

图9-5 一级价格歧视

资料来源：作者整理。

二级价格歧视，是指垄断厂商了解消费者的需求曲线，把这种需求曲线分为不同区间，根据不同购买量确定不同的价格。二级价格歧视的菜单式定价就是按销售量定价，是指消费者就某一商品或服务支付的总价格同购买的总数量不成线性比例的一种定价方式，如通常所说的数量折扣和数量补贴（quantity discountor premium）。与此相反，单位产品或服务的价格始终保持不变的定价方式则是传统的线性定价。自20世纪70年代以来，工业化国家普遍放松了对诸如电力、通信、自来水、煤气、铁路、民航等公用事业企业（publicutility）的规制，非线性定价也因此在这些行业的价格政策中得到了广泛的应用，其在理论层面的研究也得到了主流经济学的重视，成为产业组织理论、企业理论以及规制理论（regulatory theory）等微观经济学最新领域的核心研究内容（见图9-6）。

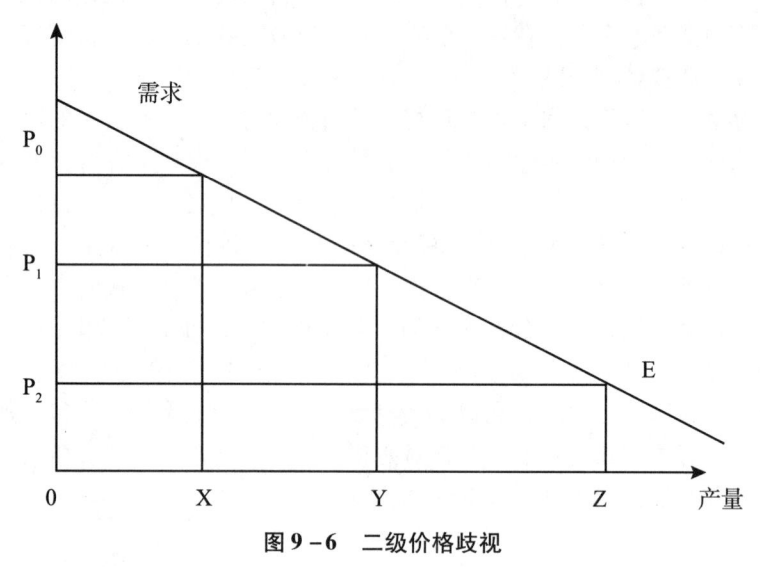

图9-6 二级价格歧视

资料来源：作者整理。

三级价格歧视，是指垄断企业能够通过对消费者的一些外部特征信号，将他们分为一些相互分割的市场，从而对同一种产品在不同市场上收取不同的价格，或者对于不同消费者收取不同的价格。如在民航客票定价中，航空公司将潜在的乘机者划分为两种类型（相当于将客票销售分割成两个市场）。一类是因公出差人员、私企公司高级职员等。他们对乘机时间要求较高，对票价不计较。因而，对他们可收取相对高的票价，而在时间上给予优惠，允许他们提前一天订票。另一类是收入较低的旅行人员、淡季出游者等。这部分人群对时间要求不高，但在乎票价。对于他们，在票价上可相对较低，而在时间上要求对航空公司有利。这样，可以充分利用民航的闲置客运能力，增加公司收益。若不进行市场分割，实行单一的较高票价，就会把这部分潜在的消费者推出客运市场，公司的闲置客运能力便不能产生效益，这对公司是不利的（见图9-7）。

低弹性市场中实施价格歧视与设定统一价格情况下福利变化：

$$(P_{sp} - mc)(q_{sp}^L - q_{pd}^L) + S_{bce}$$

高弹性市场中实施价格歧视与设定统一价格情况下福利变化：

第九章 市场绩效

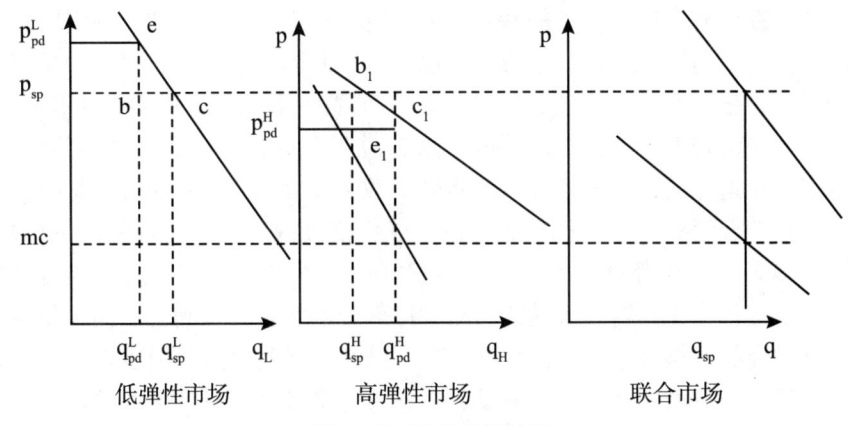

图 9-7 三级价格歧视

资料来源：作者整理。

$$(P_{sp} - mc)(q_{pd}^H - q_{sp}^H) - S_{b1c1e1}$$

两类市场福利变化比较：

$$(P_{sp} - mc)(q_{pd}^H - q_{sp}^H) - S_{b1c1e1} - [(P_{sp} - mc)(q_{sp}^L - q_{pd}^L) + S_{bce}]$$
$$(P_{sp} - mc)(Q_{pd} - Q_{sp}) - (S_{b1c1e1} + S_{bce})$$

其中：$Q = q^H + q^L$

4. 价格歧视的实施条件

成功实行价格歧视的条件：厂商（或厂商的集团）必须拥有一定的市场势力。厂商必须了解或者能够推断消费者的购买意愿。厂商必须能够阻止或限制转卖行为。

从厂商的角度看价格歧视。企业想要获得可观利润，产品的定价非常关键。很多人认为成本是决定企业产品价格的关键，其实它只是一个必须考虑的因素，真正影响产品定价的是市场需求。如某歌星唱一首歌，获得的收入能达几十万元，你肯定不会同意这是根据他唱歌的成本来定价的。很多人喜欢这位歌星，聚沙成塔，这些人一起构成对这位歌星表演的庞大需求，从而决定了付给他一个远远高于成本的价格。厂商正是注意到这一点从而成功运用价格歧视以获得最多利润。从需求定律可知，价格越高，需求量就越小，价格越低，需求量就越大。由于每个人的偏好不同使得消费者对不同的产品价格，具有不同的敏感程度。有时候，价格稍微下降，需求量就显著上升；另外一些时候，价格即使出现较大的变动，需求量却停滞不动。厂商想获得市场和最大利润当然希望销量越高越好，但在某一价格下，需求数量会达到一个饱和。根据需求定理厂商必须降低价格以增加销量，但是价格如果定得过低，虽然能卖出大量的产品，由于每件产品所赚取的利润小，总的利润还是低，与厂商的利润最大化目的不符。厂商发现如果增加的销量不需要降低边际内的价格，那么增大销量是可取的。因此厂商就使用价格歧视，这样既可以保住那些愿意支付高价格的消费者，又可以吸引只愿意付低价的消费者，在保有原有消费群的基础扩大市场，从而使销量增加，利润增加。

从消费者的角度看。在一级价格歧视下，厂商因掌握信息以每个消费者愿意支付的最高价把商品卖出，侵占了全部的"消费者剩余"，看起来似乎不公平。但是，既然是消费者愿意支付的价格，这就说明消费者对该商品效用的评价高，在他看来，出这样的价格来购买该商品是"物有所值"，他们的效用是得到了满足的，这是符合消费者选择原理的。在二级价格歧视下，多买商品，价格越低，一般愿意多买的消费者对这种商品是有偏好的，本来就比其他的消费者消费的多，能够以低价格买到自己喜爱的商品，这部分消费者肯定满意。而买得少的消费者对这种商品不偏好只愿意消耗这么多，虽然价格稍贵点，但也在他们支付意愿之内，他们的效用还是得到了满足。在三级价格歧视下，需求弹性低的消费者付高价，需求弹性高的付低价，这两类消费者都以自己愿意支付的价格得到产品。如果厂商不实施"价格歧视"策略而按照统一的固定价格销售商品，那么，原本支付意愿高于这个固定价格的消费者满意，他不但买到了自己中意的商品还获得一部分消费者剩余；而支付意愿低于固定价格的消费者就无法买到自己需要的商品。如果这部分消费者中有人因为某种特殊原因而必须购买，那么他就只能接受他本来不愿意接受的价格，两种情况下他们的效应都得不到满足。

因此我们可以看出价格歧视对于厂商和消费者来说，应该是一种双赢的结果，厂商获得想要的利润，消费者买到想要的商品。

按照市场供给与需求定理，如果厂商价格歧视不合理，与消费者意愿不符，供给与需求达不到均衡，如不作调整，最终会在市场运行中被市场机制踢出竞争激烈的市场。如果制定所谓的反价格歧视法，来消除价格歧视现象，等于我们人为制定一种制度来代替原本由市场执行的功能，就会干扰市场机制的正常运行，从而可能引发一系列问题。结果是否如制定者当初所想的那样对消费者有利就很难说。

（三）价格协调

价格协调，就是企业间关于价格调整的协定和共同行为。最基本的价格协调形式是卡特尔和价格领导制。在寡头垄断市场上，某一企业的利润不仅取决于其自身的决策和行为，而且受到其他企业决策和行为的影响。这种相互依赖的关系使得追求企业利润的企业认识到他们可以通过结成同盟来避免竞争。若干个企业为达到稳固垄断市场的目的而结成联盟，这样的组织就是卡特尔。卡特尔的经济学分析合作型的寡头垄断模型为：

$$MR(q_1 + q_2) = MC_1(q_1) = MC_2(q_2)$$

卡特尔成功必须具备两个条件：第一，一个稳定的卡特尔组织必须要在其成员对价格和生产水平达成协定并遵守该协定的基础上形成；第二，取决于垄断势力的潜在可能。

价格领导制，是指在某一产业市场中，一家企业首先改变价格，其他企业则跟随这个企业采取相应的行动。价格领导的形式有三种模式：主导企业领导定价模式、串谋领导定价模式、晴雨表式领导定价模式。市场结构对企业之间的价格协调行为有很大程度的影响：一般而言，集中度越高的市场上，企业之间价格协调就越容易。

（四）垄断定价与福利损失

产业组织理论给出了垄断定价导致社会福利净损失的证明。

如图 9 – 8 所示，三角形 FGE 的面积就是垄断定价下的福利净损失。垄断的市场结构导致垄断定价行为，其市场绩效低于竞争性市场结构。

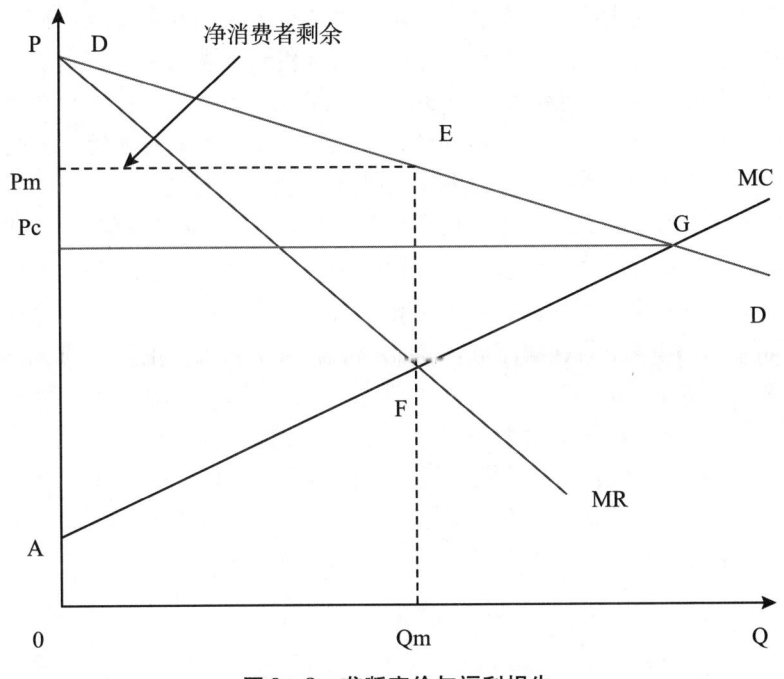

图 9 – 8 垄断定价与福利损失

消费者剩余又称为消费者的净收益，是指消费者在购买一定数量的某种商品时愿意支付的最高总价格和实际支付的总价格之间的差额。消费者剩余衡量了买者自己感觉到所获得的额外利益。三角形 FGE 的面积就是垄断定价下的福利净损失。垄断的市场结构导致垄断定价行为，其市场绩效低于竞争性市场结构。消费者剩余的产生原因：一是边际效用递减规律，二是消费者根据对具体产品或服务边际效用的评价而愿意支付的价格，经常高于他们实际支付的由市场供求关系决定的市场价格。

厂商向不同的消费者出售相同的产品时，收取不同的价格，就是实行了价格歧视。价格歧视是非统一定价的一种，一般对市场绩效有负面影响。

一级价格歧视向每个顾客索要其愿意为所买的产品付出最高的价格。这是一种完全的价格歧视。一级价格歧视使厂商完全攫取了消费者剩余。二级价格歧视是根据消费量实行的价格歧视，通过对相同货物或服务的不同消费量或区段索取不同价格来实施。二级价格歧视如果导致产量增加，则可能比独家垄断对社会的影响更为有利一些。三级价格歧视将消费者分为有不同需求曲线的组别，对不同的组别收取不同的价格。三级价格歧视对效率的不利影响有两个方面：（1）使价格高于边际成本，从而降低产量，即降低产出效率；（2）对消费效率的不利影响，通过限制转卖影响消费者福利。

对于一级价格歧视来说，（1）边际消费者，在购买商品中支付意愿或者保留价格最少并且等于边际成本，也就是说商品一直出售直到消费者的支付意愿等于边际成本时为止，这里假设消费者会购买。因此根据市场效率配置原则，或者是福利最大化，完全价格歧视是最有效率的，与非价格歧视的垄断定价不一样，那里，企业的供给量低于社会最优产量并且导致了社会净损失，而完全价格歧视的产量正好等于合适的产量。（2）实行完全价格歧视的垄断企业能够获得所有剩余，因此企业的生产活动（生产数量）根据合适信号来进行生产，没有实行价格歧视的垄断企业为了利润最大化而放弃一些产出。从产品的质量角度，也可以得出类似的结论，实行完全价格歧视的企业激励生产最优质量的产品。因而，实行完全价格歧视的企业目标与社会目标是相一致的，他们的产量、产品选择、质量达到社会最优。但是垄断利润越高，企业为了获得垄断地位的支出越大，相应完全价格歧视的代价也是非常大的。（3）完全价格歧视可以使社会总福利达到最大，能够带来帕累托最优的有效率的产量，没有扭曲效率，但是却影响了分配。（4）完全价格歧视实际上是一个两部定价法（two-part tariff）{P'', A}，其中，$p'' = MC$，A 为价格等于边际成本时的消费者剩余，即完全歧视的定价原则为：价格 = 边际成本（P''）+ 价格等于边际成本时的消费者剩余（A）（见图 9-9）。

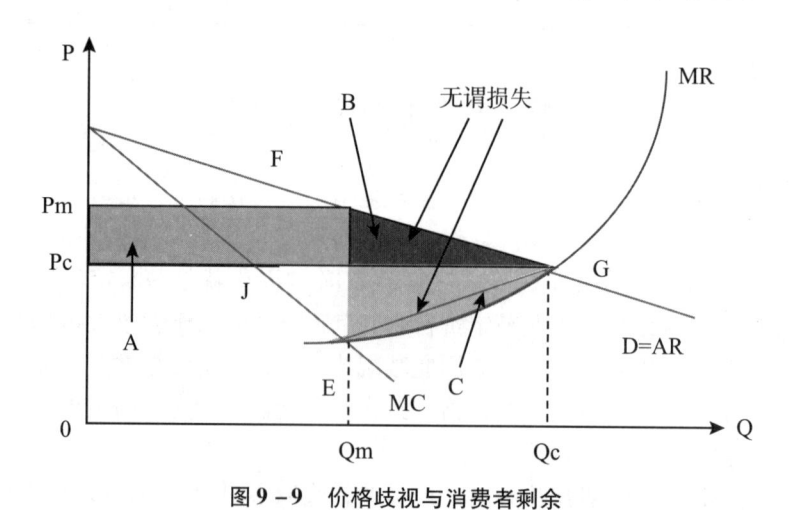

图 9-9 价格歧视与消费者剩余

资料来源：作者整理。

对于二级价格歧视来说，二级价格歧视指经营者对相同商品的不同消费量索取不同价格，经营者虽然让渡了部分消费者剩余，却大大降低了定价成本，并以此获取部分消费者剩余，其实质是按照边际效用递减规律来定价。二级价格歧视中最常用的收费方式是两部收费法，即消费者的总支付＝固定的入门费＋单位价格消费量。出租车乘车费就是典型的二部收费。二级价格歧视下，消费量越多，消费者支付的单位商品的价格就越低，此时，不同消费量的消费者因为支付的价格不同，因此其给生产者带来的剩余利润也不一样，消费者剩余有可能被生产者完全榨取，也可能只是榨取一部分。所以，生产者剩余介于垄断性价格和一级价格歧视下的生产者剩余之间，社会福利净损失可能为零，也可能为正，但小于统一定价下的社会福利净损失。可见二级价格歧视的总福利水平大于垄断性定价时的福利水平，其对资源配置的扭曲也小于垄断定价，而且，越接近二级价格歧视，其总福利水平也就越接近于完全竞争行业的总福利水平。根据次优理论，在市场中已经存在且不能消除垄断的情况下，既然二级价格歧视的福利水平大于垄断定价的水平，那么二级价格歧视就优于垄断定价。所以二级价格歧视也是可容许的。在营销实践中二级价格歧视常常体现为经营者的区量定价策略，如数量折扣与季节折扣、搭配销售等。

二、产品差异化与市场绩效

产品差异化含义：所谓产品差异化，是指企业在其提供给顾客的产品上，通过各种方法造成足以引发顾客偏好的特殊性，使顾客能够把它同其他竞争性企业提供的同类产品有效地区别开来，从而达到使企业在市场竞争中占据有利地位的目的。

产品差异化在现实生活中，广泛存在的是差异化产品以及由此而引发的市场竞争。产品差异是企业构建市场势力的重要手段之一。同一产业中生产的产品和服务，既存在同质的情况，更广泛的则是差异化产品。产品差异化是企业在经营上进行竞争的一种主要手段，也是一种非价格壁垒。

产品差异化与市场结构、市场行为和市场绩效的关系：产品差异化与市场集中度存在双向影响关系、产品差异化是形成进入壁垒的重要因素之一、产品差异化影响企业的价格形成、产品差异化给企业间的价格协调带来了困难、产品差异化的存在使非价格竞争更加激烈、产品差异化最终影响市场绩效。

产品差异化主要是从两个方面对市场结构产生直接的影响：市场集中度；市场进入壁垒。

三、企业创新与市场绩效

随着经济社会的进步，科学技术的重要性日益凸现。在市场经济的竞争中，就表现为企业的发展越来越倚重于创新。可以从创新动机和创新能力两个方面来加以分析，推断出什么类型的企业更有创新能力和创新动机。

从理论上说，完全竞争市场中的企业比垄断企业具有更强的创新能力，从而导致较好的市场绩效。

小企业的创新能力：完全竞争性市场中企业一可降低自身成本，二可通过收取专利转让费，得到的收益将大于垄断市场的超额利润。完全竞争市场中的企业通常具有更高的创新能力，并导致好的市场绩效。大企业的创新能力包括垄断企业的规模经济优势、创新风险的客观存在、垄断企业的人才吸引力等，垄断企业的创新能力通常较大（见图9-10）。

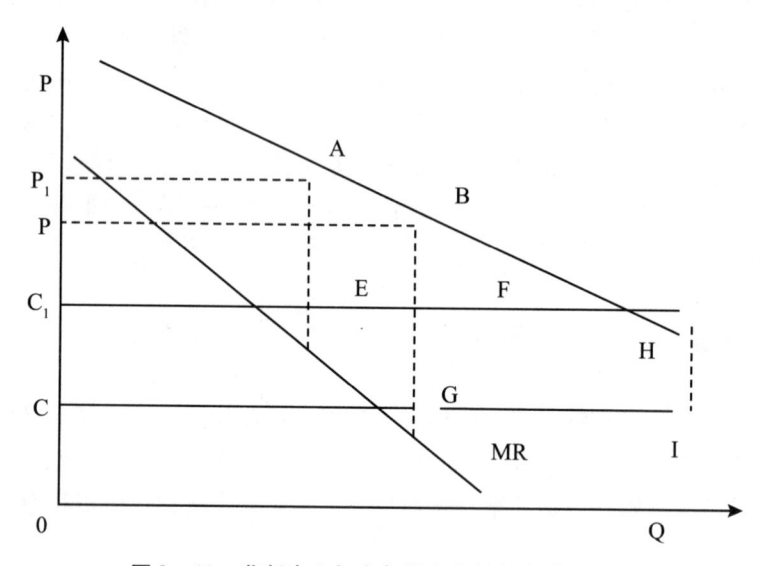

图9-10 垄断产业与竞争性产业的创新动力比较

资料来源：作者整理。

完全竞争市场中的企业比垄断企业具有较强的创新动力，从而导致较好的市场绩效。

四、进入威胁与市场绩效

考虑进入威胁对垄断者定价行为的影响（见图9-11）。设规模收益递增的单一产品垄断企业，在没有进入威胁的情况下，垄断定价为Pm，垄断产量为Qm。由于存在进入威胁，垄断企业为了维持垄断地位，可能需要采用平均成本定价策略，即制定竞争性的价格Pc和产量Qc，显然，Pc < Pm，Qc > Qm。

如果潜在进入者以低于Pc的价格进入会蒙受损失，垄断者的地位得以保持。

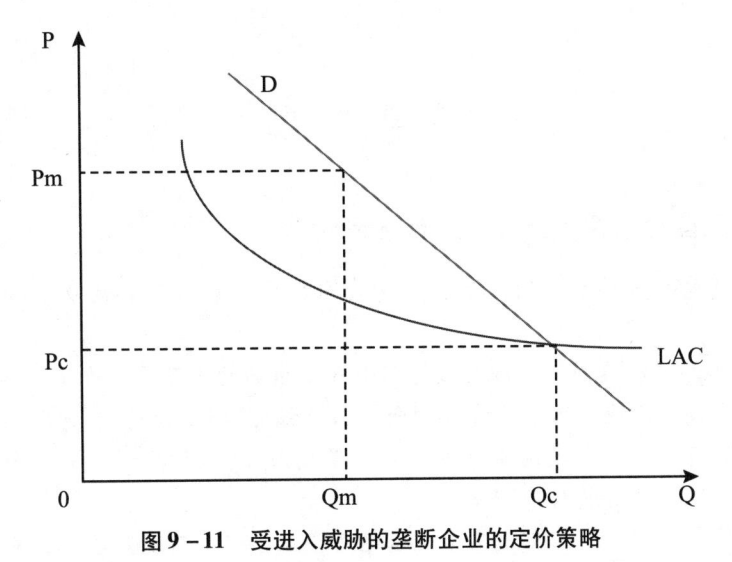

图 9-11 受进入威胁的垄断企业的定价策略

资料来源：作者整理。

如果垄断者制定高于 Pc 的价格，则潜在进入者可以通过削价与在位者竞争，垄断者的垄断地位就不可维持。从理论上说，进入威胁制约了在位垄断者的垄断定价策略，进而改善了市场绩效。

受进入威胁的垄断企业的质量决策与价格决策具有很大的相似性，即产品质量太低同样可以引致潜在进入者的进入。因为生产成本与产品质量存在正相关关系，当垄断者的产品质量与生产成本脱节时，潜在进入者就可以同等价格、较高质量与垄断者竞争，这在相当大的程度上保证了垄断者的质量供给不会太低。

与此同时，受进入威胁的垄断企业由于潜在进入者的压力，不得不努力创新。如果潜在进入者由于创新能力将平均成本降到 Pc 以下，则进入就会成功，从而将垄断者逐出市场。

尽管垄断者总是力图维护自己的垄断地位，通过各种合法和不合法行为设置进入壁垒或通过寻租行为以求政府的庇护（一些研究人员发现，寻租行为导致社会福利的净损失达到了 GNP 的 7%），但只要存在进入威胁，垄断者就处在竞争的汪洋大海中。当其利润过高、质量供给过低时，如果潜在竞争者在排除各种障碍后仍能获得高于平均利润的利润，他们就会进入。进入威胁迫使垄断者的市场行为接近于竞争性企业的市场行为，垄断者必须谨慎定价，且有一定的质量保证。也就是说，在存在进入威胁的垄断市场中，其市场绩效不会太差。

本 章 案 例

一、我国行政性垄断行业的市场绩效[①]

由于政府对市场准入的限制，可对我国行政性垄断行业做以下四个方面的概括：

（1）产品质次价高。我国行政性行业垄断市场的产品质次价高，垄断企业的价格质量决策无情地侵占了消费者剩余，引致社会福利净损失。特别是在产品缺乏替代品的情况下（如我国城市水、电、煤气供应、电信行业等），消费者没有多大选择余地，只好忍痛受"宰"。

以电信业为例，虽然有了几家电信运营企业，但垄断现象依然严重，电信部门还能赚到 1~5 倍的利润。中国电信 IP 电话国内长途实际成本仅为 0.08 元，实收 0.3 元。市场上的 IP 电话卡以 6~8 折"挥泪"甩卖，电信部门似乎浑然无觉，稳如泰山。

（2）创新乏力。由于缺乏竞争的压力，我国行政性垄断行业的创新动力不足。以计算机产业为例，虽然国家对计算机产业的发展有一定的政策规定（特别是对网络产业有较为严格的控制），但计算机生产与软件开发具有很强的竞争性。尽管我国计算机产业的创新能力比不上发达国家，但在某些领域也有相当强的创新能力，特别是桌面印刷系统的创新能力已赶上世界先进水平。相比之下，行政性垄断行业的创新水平就不尽如人意。

（3）消费者权益得不到有效的保护。由于管理体制上的原因，我国部分行政性垄断行业可对本行业的产品质量或服务水平进行自我监管。即由于技术监督部门的人力物力限制，往往委托垄断行业对自己的产品或服务进行自查自纠，无法排除道德风险，消费者权益难以得到有效的保护。以城市煤气供应为例，供气商可对用户的煤气表进行自我校验，用户有冤无处申。再看看供电业，1996 年电力工业部《供电营业规则》第一百条规定：在电价低的线路上，擅自使用供电商的用电设备或私自改变用电类别的，应按实际使用日期补交其差额电费，并承担两倍差额电费的违约使用费。使用起讫日期难以确定的，实际使用时间按 3 个月计算。字里行间充满着垄断者的霸气。

（4）管理体制缺乏激励机制和约束力，市场绩效差。由于老生常谈的管理体制问题，既没有对经营者的激励机制，又无对经营者的约束机制，必然导致偏离利润最大化的目标，经营绩效都比较差。也就是说，如果只从效率的角度出发，国有企业就没有多少存在的必要。

[①] 文晓波、钟志奇：《行政性垄断行业管理体制创新研究》，载《江西行政学院学报》2015 年第 3 期，第 5~11 页。

二、三网融合产业的市场绩效[①]

三网融合是指电信网、广播电视网、互联网在向宽带通信网、数字电视网、下一代互联网演进过程中,三大网络通过技术改造,其技术功能趋于一致,业务范围趋于相同,网络互联互通、资源共享,能为用户提供语音、数据和广播电视等多种服务。自2015年三网融合全面推广以来,我国网络领域的市场竞争得到了强化,文化和信息化服务水平有了显著提升。作为一个新兴产业范畴,三网融合产业当前仍然属于高寡占型的垄断市场结构,在该市场结构下,市场竞争取得了一定的成效。

在研究中,学术界经常利用数据包络分析法(简称"DEA")来分析产业的规模结构效率。在运算数据选取上,投入数据为各上市企业的总资产和劳务人数,产出数据为企业的营业收入。通过试算分析,得出上市企业的技术效率(或者叫综合效率)、纯技术效率、规模效率以及规模收益变化趋势等指标。其中,技术效率=纯技术效率+规模效率。

(1) 技术效率。实证表明,2012~2016年,三网融合产业全部上市公司的技术效率平均值变化幅度不大,总体上呈现先上升后下降的趋势,围绕0.7上下波动。分行业来说,电信企业的平均值最高,中国移动和中国电信技术效率指数基本达到了1.0。中国联通在2016年下降幅度较大;以鹏博士为代表的互联网企业基本维持在0.7~0.8;10家广播电视网络企业的平均值则基本处于0.6~0.7。

(2) 规模效率。实证表明,2012~2016年,三网融合产业的规模效率呈现出先扬后抑的态势,在2013年达到高峰后开始下降。不同行业的规模效率平均值差别不大,基本处于0.8~1.0,依然是电信最高,互联网次之,广播电视相对最低。而且,广播电视网络企业在2015年、2016年规模效率的下降幅度较大,导致了所有上市公司的平均值下降,这表明广播电视网络企业近两年的规模效率有所恶化。

(3) 规模收益。规模收益的分析对象是企业的产量变化与生产规模变化之间的关系,其中,"irs""-""drs"分别表示规模收益递增、不变、递减。2012~2016年这5年期间,基础电信企业的规模效益基本不变,广播电视网络企业和互联网企业在多数年份中呈现规模效益递增的态势。产生规模递增的原因,可能是三网融合提高了企业的范围经济,促进了生产要素的高效利用,如表9-2所示。

[①] 朱海波、陈树萍:《三网融合产业的绩效评价》,载《有线电视技术》2018年第9期。

表 9-2　2012~2016 年三网融合主要上市企业规模收益变化情况

企业	2012 年	2013 年	2014 年	2015 年	2016 年
中国移动	—	—	—	—	—
中国电信	—	—	drs	—	—
中国联通	—	dra	drs	—	irs
歌华有线	irs	—	irs	irs	irs
吉视传媒	irs	irs	—	irs	irs
江苏有线	irs	drs	drs	irs	irs
华数传媒	irs	irs	drs	irs	irs
电广传媒	irs	irs	drs	drs	irs
湖北广电	irs	irs	irs	drs	irs
广电网络	irs	irs	drs	drs	irs
广西广电	irs	irs	—	irs	irs
天威视讯	irs	—	—	irs	irs
贵广网络	irs	irs	irs	—	irs
鹏博士	irs	irs	drs	drs	irs

资料来源：案例作者计算而得。

实证表明，参与三网融合竞争的各子行业、各企业之间的规模结构效率存在较大差异。虽然在 14 家上市企业组成的决策单元中，数据包络分析方法得出的各项指标值均为相对值，但也反映出各子行业、各企业的规模结构效率水平。从技术效率数据上看，电信企业的技术效率要高出很多，广播电视网络企业和互联网企业的技术效率分别为电信企业的六七成水平。从规模收益指标上看，基础电信企业的规模收益基本保持不变，其他企业总体上呈现规模收益递增的趋势。

这些企业相对其他上市公司来说，经营水平要相对较差一些，其规模经济水平相对而言同样存在一定的差距。换言之，三网融合产业的规模结构效率要么是低效率状态，要么是过渡集中状态，还没有达到理想状态。

参考文献

1. 唐晓华等：《现代产业经济学导论》，经济管理出版社 2012 年版。
2. 斯蒂格勒：《产业组织和政府管制》，上海人民出版社、上海三联书店 1996 年版。
3. 刘志彪等：《产业经济学》，机械工业出版社 2017 年版。
4. 苏东水等：《产业经济学》，高等教育出版社 2015 年版。
5. 臧旭恒、林平：《现代产业经济学前沿问题研究》，经济科学出版社 2006 年版。

第十章 产业结构

第一节 产业及产业结构概述

一、产业

产业是社会分工现象,它作为经济单位,介于宏观经济与微观经济之间,是属于中观经济的范畴。它既是国民经济的组成部分,又是同类企业的集合。但是由于产业的内容十分复杂,至今尚无统一的严谨的定义,因此,对产业含义进一步给以质和量的规定是有必要的。

首先,产业是历史范畴,是伴随生产力和社会分工的深化而产生和不断扩展的。从社会分工来说,它是一般分工和特殊分工的现象。特殊分工是在一般分工基础上发生的。其次,在社会生产力发展的不同阶段,由于社会分工的主导形式转换和不断地向深层发展,以致形成了多层次的产业范畴。最后,产业作为一个经济单位,并不是孤立存在的,产业和产业之间存在着极其复杂的直接和间接的经济联系,形成自变与应变之间的函数运动,使全部产业成为一个有机的系统。一个产业的存在,会成为其他产业出现和发展的条件,一个产业内部结构的变化会直接或间接引起其他产业的变化。

二、产业分类

产业分类主要是分析国民经济的各个产业部门活动和各产业间的相互联系及其变动状况,从而考察产业结构系统的各产业间数量比例和素质关联关系。

(一)三次产业分类法

1. 三次产业分类的来源

三次产业分类法的提出和延展。新西兰经济学家费希尔在其1935年的《安全与进步的冲突》著作中首次提到了"三次产业分类法":第一产业是指直接取之于自然的农业，第二产业主要是指加工制造业，而第三产业则是指非直接物质生产部门，并提出其本质就在于"服务"。

1940年，英国经济学家科林·克拉克发表了著名的经济学著作《经济进步的条件》一书，继承和发展了费希尔的研究成果，运用三次产业分类法总结了随着经济发展的产业结构变化发展趋势，研究了经济发展同产业结构变化之间的规律，提出了以经济活动与消费者的关系作为产业分类的标准，明确地把全部国民经济活动划分为第一产业、第二产业和第三产业，使三次产业分类法得到广泛的普及与运用。因此三次产业分类法又称为"克拉克大分类法"。

2. 三次产业的划分依据与基本内容

所谓三次产业分类法即将全部经济活动划分为第一次产业、第二次产业和第三次产业。划分三次产业的根据是：

第一次产业的属性是取自于自然，主要指农业，包括种植业、林业、畜牧业和渔业。第二次产业则是加工取自于自然的生产物即工业，包括采掘业、制造业、电力、燃气及水的生产和供应业、建筑业。总体而言，第一次产业和第二次产业都是有形物质财富的生产部门，第三次产业则是繁衍于有形物质财富生产活动之上的无形财富的生产部门，分流通和服务两部分，具体包括交通运输、仓储和邮政业，信息传输、计算机服务和软件业，批发和零售业，住宿和餐饮业，金融业，房地产业，租赁和商务服务业，科学研究、技术服务和地质勘查业，水利、环境和公共设施管理业，居民服务和其他服务业，教育，卫生、社会保障和社会福利业，文化、体育和娱乐业，公共管理和社会组织，国际组织。因此，三次产业之间的关系被形容为一棵大树，第一次产业如同树根，第二次产业如同树干，第三次产业就好比是树叶。

3. 三次产业分类的应用

费希尔虽然提出了三次产业的分类方法，但他没有总结出规律性的东西。在继承费希尔研究成果的基础上，英国经济学家和统计学家克拉克1940年发表了自己的经济学著作《经济进步的条件》，在书中，他运用三次产业分类方法研究了经济发展同产业结构之间的关系的规律，从而拓展了产业结构理论的应用研究，使得三次产业分类方法得到了普及。

使用三次产业分类法研究经济发展与产业结构之间的关系的另一位经济学家是库兹涅茨。库兹涅茨将国民经济活动划分为A部门（农业）、I部门（工业）、S部门（服务业），揭示了随着国民经济的增长这三个部门的结构变化规律。

目前官方采用的正式统计分类也是基于三次产业分类法。1985年，国务院批准了国家统计局提出的有关统计方法变更的报告，由原来基于生产结构分类的方法改为基于三次产业分类的方法。

(二) 生产结构分类法

1. 马克思两大部类分类法

两大部类分类法是马克思在剖析资本主义再生产过程中提出的。马克思对资本主义物质生产领域的社会总产品的形态进行了分析，他根据不同产品在社会再生产过程中的不同作用，从实物形态上将社会总产品分为生产资料的生产和消费资料的生产两大部类。(1) 指从事物质资料生产并创造物质产品的部门，包括农业、工业、建筑业、运输邮电业、商业等；(2) 指不从事物质资料生产而只提供非物质性服务的部门，包括科学、文化、教育、卫生、金融、保险、咨询等部门。

在分析这两大部类关系的基础上，马克思考察了资本主义简单再生产与扩大再生产的条件，从而揭示了剩余价值的秘密。这种分类法能够清楚地说明社会再生产的实现条件和社会经济需要的满足程度，它是研究区域产业结构的基本理论基础，其他分类法都是对两大部类分类法的拓展和深化。

基于两大部类产业分类法，能够清楚地对社会再生产的实现条件进行说明。但此种方法的缺陷也较为明显：第一，与其他方法分析口径不一致，其分析结果很难与其他结果进行对比；第二，马克思指出，如果要维持或实现社会的扩大再生产，则必须使物质资料生产部门的增长快于消费资料生产部门的增长，这一观点在工业化初期的时候适用，但是，当经济发展到一定阶段，已经明显不符合经济社会的发展规律。

2. 轻重分类法

轻重产业分类法就是将社会经济活动中的物质生产划分成轻工业和重工业两个产业大类的产业分类法。

在轻重产业分类法的应用实践表明它具有比较直观和简便易行的特点。它的确可以大致显示社会再生产过程中两大部类之间的比例关系，而且对从宏观上安排国民经济计划和进行计划调控，对于研究社会工业化实现进程具有较大的实用价值。正因为如此，轻重产业分类法不仅为社会主义国家所应用，而且也被其他经济体制的国家和世界组织所采用。如联合国工业发展组织（国际工发组织）认为"按轻重工业来考察制造业产值，有助于说明制造业各部门总的发展情况"，并在其研究报告中用过轻重产业分类法。

3. 霍夫曼工业化标准分类法

德国经济学家霍夫曼在1931年出版了《工业化的阶段和类型》。他为了研究工业化和其发展阶段而将产业划分为三大类：一是消费资料产业，其中包括食品工业、纺织工业、皮革工业和家具工业。二是资本资料产业。资本资料就是形成固定资产的生产资料。该产业包括冶金及金属材料工业、运输机械工业、一般机械工业和化学工业。三是其他产业，其中包括橡胶、木材、造纸、印刷等工业。

霍夫曼产业分类的主要目的在于区分消费资料产业和资本资料产业，研究二者比例的变化趋势，为了避免生产某种产品的工业既属于消费资料产业，也属于资本资料产业的重复现象出现，霍夫曼在进行产业分类时确定了产业分类原则；当某产业产品的用途有75%以上是消费资料时即将该产业归入消费资料产业，而当某产业产品的用途有75%以上是资本资料时即将该产业归入资本资料产业。难以用上述分类原则确定产业归属的产业就全部归入其他产业之中。霍夫曼产业分类法是他研究关于工业化过程中工业结构演变规律及工业化阶段理论的基础。

4. 资源集约度分类法

这是根据不同的产业在生产过程中对资源的需求种类和依赖程度的差异，即以生产要素集约程度的不同作为标准划分产业的一种分类方法。这里的资源是指劳动、资本、土地、知识和技术、管理、自然资源等投入生产活动的生产要素的总和。由于产品的技术、特征各不相同，各产业在生产单位产量时所需投入的各个生产要素的量有很大差别，因此，以生产要素的集约度或密集度为标准将产业划分为劳动密集型产业、资本密集型产业、技术密集型产业、知识密集型产业。

生产要素集约分类法的特征在于产业划分标准的相对性而非绝对性。因为任何一个产业被确定为某一资源密集型产业都是相对的，它会随着科学发展、技术进步和资本有机构成提高而发生动态变化。如传统农业是劳动密集型产业，而现代农业已成为资本密集型产业；电子计算机产业既可以视为技术密集型产业，又可以视为劳动密集型产业。

（三）标准产业分类法

标准产业分类法是指为统一国民经济统计口径而由权威部门制定和颁布的一种产业分类方法。该方法有三个特点，即权威性、完整性和广泛的适应性。全面的、精确的、统一的经济活动统计对经济理论的探讨和整个国民经济问题的研究，对政府制定经济政策和进行国民经济的宏观管理都是十分必要的。国民经济管理的经济统计的基础就是产业分类的标准化，即进行标准产业分类。该方法将国民经济活动分为A－Q17个部门，部门又分成若干类别，类别下面分成若干个组，最后把组分成若干项，形成部门、类别、组和项的四级结构，并规定了相应的统计编码，以便于计算机处理。在划分产业时，标准产业分类法主要考虑，包括全社会产品和服务的种类、生产工艺和技术的相似性以及统计上的需要和方便等因素。因此，这种分类法把全部经济活动进行了分割，并使之规范化，同时由于该方法充分考虑了统计上的需要和方便，所以基于这种分类法所作的统计具有很高的可比性，能够为各种各样的产业结构分析所利用。

（四）生产要素分类法

生产要素分类法就是按照劳动、资本、知识等生产要素的比重或生产要素的依赖程度对产业进行分类的方法。任何种类的经济活动都要投入一定的生产要素，包括土地、资本、劳动、知识等。由于不同种类的产品其原料构成不同、技术要求不同、特征不同、性能不同，其所投入的生产要素的比重也不同。因此，不同种类的经济活动对各种生产要素的依赖程度也不同。根据所需投入生产要素的不同比重和对不同生产要素的不同依赖程度可以将全部生产部门划分为劳动密集型产业、资本密集型产业和知识密集型产业三类。

劳动密集型产业是指在其生产过程中资本、知识的有机构成水平较低，活劳动特别是体力劳动所占的比重较大的产业。例如，纺织、制革、服装、食品、零售、餐饮等产业都属于比较典型的劳动密集型产业。资本密集型产业是指在其生产过程中活劳动、知识的有机构成水平较低，资本的有机构成水平较高，产品物化劳动所占比重较大的产业。例如，交通、钢铁、机械、石油化学等基础工业和重化工业都是典型的资本密集型产业。

（五）其他分类法

1. 产业发展阶段分类法

这是根据产业发展的技术状况和变化趋势进行分类的方法，它具体包括以下三种方法。

（1）按技术先进程度进行产业分类。由于科学技术发展对产业发展和产业结构变迁起着重要的推动作用，因此，产业经济学家注意运用科技进步理论解释产业发展问题。其中首先是以产业技术质量不同为标准进行产业分类，按技术先进程度的不同将产业划分为传统产业和新兴产业（高新技术产业），这就是产业的技术分类法。按照技术先进程度进行产业分类法的目的主要在于确定技术先进程度在产业发展中的地位和作用。这种分类法有利于研究工业化过程中高新技术产业与传统产业的比例关系和结构演变状态，对于揭示产业结构在工业化过程中的技术演变特征提供了有利条件。

（2）按产业发展趋势进行产业分类。按产业发展趋势的不同，可以将产业划分为朝阳产业和夕阳产业两类。这种划分方法称为产业的趋势分类法，目的主要是为了把握产业发展变化的趋势，弄清产业的现状与未来之间的关系。其优点是有利于了解影响产业变化的因素，有利于准确掌握产业变化的趋势和规律，从而提前制定相关调整或预防的政策。

（3）按产品供求情况进行分类。按产品供求情况的不同，可以将产业划分为长线产业和短线产业两类，这种划分可称为产业供求分类法，目的主要是为了把握产业的供求状况，优点是能够了解产业的规模，与市场需求的关系以及发展的前景，为压缩长线产业，发展短线产业提供决策依据，有助于制定正确的产业政策，进行产业结构调整，使之趋于合理。

2. 生产流程分类法

生产流程分类法是指根据工艺技术生产流程的先后顺序划分产业的一种方法。生产流程处于前面工序的产业为上游产业，处于后面工序的产业为下游产业，处于前面工序与后面工序之间的产业为中游产业。上、中、下游产业的界限划分是比较模糊的，也是相对的。这种划分法有两种情况，一种情况是相对于某一产业的工序位置来说的。这种情况下，先选定或设定某一基准产业，生产工序发生在这一基准产业之前的专业称为该基准产业的上游产业，生产工序发生在该基准产业之后的产业称为下游产业。在这种情况下没有中游产业。另一种情况是没有基准产业作比较的更加模糊的习惯称法。在这种情况下，生产工序比较接近原材料的产业称为上游产业，生产工序比较接近最终产品的产业称为下游产业，生产工序出于这两种之间的产业为中游产业。在这种情况下，中游产业的产业链较长，它又可以再分为上游产业、中游产业和下游产业。

3. 钱纳里—泰勒分类法

美国经济学家钱纳里和泰勒在考察生产规模较大和经济比较发达的国家的制造业内部结构的转换和原因时，为了研究的需要，将不同经济发展时期对经济发展起主要作用的制造业部门划分为初期产业、中期产业和后期产业的一种分类法。初期产业主要包括满足基本生活需求的制造业，如食品、纺织等部门，该类行业的生产技术较为简单，生产的产品具有最终产品的性质；中期产业包括增长较快、产品需求收入弹性高的行业，如非金属矿产品、石油化工等行业；后期产业是发展到一定阶段之后兴起的行业，其产品需求收入弹性很高，各行业之间的行业关联效应很强，包括机械制造、印刷出版等行业。

该分类法专门针对制造业进行分类，对于制造业的相关研究产生了重要影响。其优点在于，该方法不仅可以深入考察制造业内部各子行业的发展特征及演变规律，探索制造业结构变迁的趋势，还能够为各级政府部门根据不同经济发展阶段的特征制定差异化的制造业产业政策提供参考，最终促进制造业内部结构优化，助力经济的持续快速发展。

三、产业结构的含义

在经济领域，产业结构这个概念最早产生于 20 世纪 40 年代，当时，它既可以用来解释产业内部之间的关系以及产业与产业之间的关系，也可以用于解释产业内部的企业关系结构和产业的地区分布。随着对产业经济研究的不断发展和深化，产业结构的概念逐渐明确下来。总体上讲，产业结构是产业间的技术经济联系与联系方式。这种产业间的联系与联系方式可从两个角度考察：一是从质的角度动态的揭示产业间技术经济联系与联系方式不断发展的趋势，解释经济发展过程中的国民经济各产业部门中，起主导或支柱地位的产业部门的不断替代的规律及其相应的结构效益；二是从量的角度静态的研究和分析一定时期产业间联系与联系方式的技术数量比例关系，即产业间的投入与产出关系。

产业结构，亦称国民经济的部门结构，由国民经济各产业部门之间以及各产业部门内部构成。社会生产的产业结构或部门结构是在一般分工和特殊分工的基础上产生和发展起来的。研究产业结构，主要是研究生产资料和生活资料两大部类之间的关系；从部门来看，主要是研究农业、轻工业、重工业、建筑业、商业服务业等部门之间的关系，以及各产业部门的内部关系。日本学者认为，产业结构指的是一个国家、一个地区整个产业的构成，可以据此了解哪种产业在整个国民经济中所占的比重。有人认为，产业结构还可以从不同的角度进行不同的划分：狭义指产业间的关系结构，广义除包括产业间的关系结构外，还包括产业同企业间相互关联的结构，指包括农业结构、工业结构、运输业结构、建筑业结构、商业服务业结构等在内的产业部门的总称，指产品结构、技术结构、生产投资结构，等等。

从决定和影响一个国家的产业结构的主要因素看，则可以分为需求结构（包括中间需求和最终需求的比例、个人消费结构、消费与投资比例、投资结构等），供给结构（包括劳动力和资本的拥有状况以及它们之间的相对价格、生产技术体系、自然资源的拥有状况等），国际经济关系（包括进出口贸易，特别是资本、技术、人才和劳动力在国际间的移动等）。总之，一国的产业结构，取决于它的自然环境、历史、人力资源、国际环境、产业政策与多种因素。产业结构的变化一方面为某些行业带来良好的市场机会；另一方面也会对其他行业带来生存的威胁。通常在经济成长的过程中，服务业的重要性会与日俱增，服务业的比重会日益扩大，服务业从业者有较大的市场机会。

四、产业间的基本结构形态

（一）产业间的社会再生产结构

产业间的社会再生产结构即社会再生产过程中各产业之间形成的比例关系。包括物质资料再生产和人口再生产两个方面。物质资料再生产是人口再生产的基础。只有周而复始地进行物质资料的生产、不断地为社会提供所需的物质资料，才能有人类的存在和延续。人口再生产又是物质资料再生产得以不断进行的条件。物质资料生产的不断进步，总是伴随着人口再生产的不断进步。社会再生产的发展过程既是物质资料再生产由低级向高级的发展过程，也是人口再生产由低级向高级的发展过程。

（二）产业间的需求结构

需求结构即购买力结构，是指社会总有效购买力在各产业中的分配比例，也是指广义货币在各产业中的投入比例。

一个国家的需求结构决定这个国家的产业结构，需求结构合理则产业结构合理；需求结构不合理则产业结构不可能合理；需求结构失衡则经济结构必然失衡，所以说一个国家需求结构合理性反映的是一个国家的经济结构的合理性。需求结构是由个人偏好和国家政策导向决定的，所以要确立正确的个人消费观念，制定科学、稳定、连续的经济政策是建立合理的需求结构乃至经济结构的关键。

有需求就会存在消费，也称作消费需求，它是一种尚未实现的消费需要。它要求各种消费资料要有一定的数量和比例。消费需求结构反映着社会生产力的发展水平。以吃、穿两项为主要内容的低层次的消费需求结构，就是生产力水平低下的反映。随着生产力的不断发展，消费需求结构逐渐由低层次向较高层次过渡，享受资料、发展资料在需求结构中占的比例逐渐增大，因此人们的消费需求会逐渐得到满足。同时也将产生新的更高层次的消费需求，这样推动着生产不断向前发展。

(三) 产业间的投资结构

1. 内容

投资结构是指投资总量中各个组成部分之间的内在联系及其数量比例关系。从总体上讲，投资需要资金，资金需要按民用和国防两方面分配。在国民经济方面，要合理处理好农业、工业、交通、通讯业、商业、金融业以及其他服务业间的资金分配关系。投资结构分为基本建设投资和更新改造投资。在基本建设投资中，又分为新建和改扩建，即外延式扩大再生产投资和内涵式扩大再生产投资。随着国民经济的发展，国家和地区用于更新改造投资的比重逐渐增加，用于新建项目的比重逐渐下降。根据国民经济发展实力、水平和国内外市场变化及时调整投资结构，是使产业结构优化，取得最佳经济效益的重要手段。

2. 投资结构呈现的特点

第一，1979年国家提出优先发展轻工业和农业，投资的部门结构由向生产资料倾斜转向生活资料生产部门倾斜，把农业放在重要的战略地位。第二，在投资领域指令性计划调节速度逐渐弱化，投资结构的调节转变为计划与市场的双重调节，由国家指令计划性调节的主要是中央政府投资及信贷投资的总规模，而国有企业自筹投资、集体企业、个人及外资主要依靠市场机制调节，它们根据市场需求的状况确定投资的目标和投资的规模。

(四) 产业间的就业结构

就业结构是指社会劳动力在国民经济各部门、各行业、各地区、各领域的分布、构成和联系。按照不同的分布方式，就业结构可分为就业的部门结构、就业的城乡结构、就业的所有制结构、就业的地区结构、就业的知识结构以及就业的性别结构、职业结构、技术结构等。

就业结构的演变规律：17世纪后期，英国经济学家威廉·配第研究发现，随着经济的发展和产业的演进，从有形财物的生产向无形服务性的生产转变已成趋势。他在《政治算数》一书中指出，"工业的收益比农业多得多，而商业的收益又比工业多得多"。在这种状态下，劳动力必然从农业领域向工业领域转移，随后将会从工业领域转向商业领域。后来美国经济学家西蒙·库兹涅茨进行了进一步的拓展、完善。主要内容是随着时间的推移，农业部门的国民收入在整个国民收入的比重和农业劳动力在全部劳动力中的比重处于不断下降；工业部门国民收入在整个国民收入中的比重大体上是上升的，但是，工业部门劳动力在全部劳动力中的比重则大体不变或略有上升；服务部门的劳动力在全部劳动力中的比重和服务部门的国民收入在整个国民收入的比重基本上都是上升的。这个研究成果被称为库兹涅茨法则。1975 年，美国经济学家霍利斯·钱纳里与塞尔奎因合著出版《发展的型式：1950~1970》一书，在该书中运用统计归纳等方法，对 101 个国家特别是低收入的发展中国家，在 1950~1970 年这个时间区间内不同收入水平下的劳动力就业状态进行调研、梳理和分析，得出了著名的就业结构随人均国民生产总值（以下简称 GNP）变化的劳动力正常发展型式。

（五）产业间的区域配置关系

产业区域配置方式的转变是国民经济和社会发展战略的重要组成部分，其发展状况如何在一定程度上影响国民经济空间结构的协调和产业结构的合理化，影响着中国现代化的进程。在产业区域配置方式由传统的计划配置逐步向市场过渡，根据不同地区地理条件和经济发展的差异，客观的要求资源要素在不同地区之间流动，最终以实现资源的最佳区域配置。

（六）产业间的产出结构

产出结构是指生产过程中创造的各种有用的物品或劳务，它们可以用于消费或用于进一步生产。产出主要用于消费或进一步加工生产的各种有用的物品和服务。产出是企业获得销售收入的基础。产出分为：物质投入产出，投入"硬件"建设如购置文件设施、电教器材等产出直接经济效益；精神投入产出，投入精神层面的教育，产出人们的社会价值观。

第二节 产业结构的演进规律

随着经济的发展，产业结构在产业高度方面不断地由简单向复杂转化，这两个方面的不断变化推动产业结构向合理化方向发展。随着科技进步和生产社会化程度的提高，社会分工的深化和市场深度及广度的扩展，产业结构的演进也会表现出一定的规律性。

一、配第—克拉克定律

17 世纪的英国经济学家威廉·配第在其代表作《政治算术》一书中曾经指出，制造业比农业，进而商业比制造业能够得到更多的收入。配第对各产业收入不同的描述，揭示了产业间收入相对差异的规律性，被后人称之为配第定律。

现代产业经济学

1940年，英国经济学家科林·克拉克在威廉·配第的关于收入与劳动力流动之间关系学说研究成果之上，计量和比较了不同收入的水平，克拉克认为，随着人均收入的增加，很明显，对农产品的相对需求一直在下降，而对制造品的相对需求开始上升然后下降，而让位于服务业。他进一步指出，如果把服务业限于对消费者的服务，那么，相对于其他产品，服务业不会表现出很高的边际需求。但是，若把服务业扩大到包括为企业提供的服务，那就可以得出肯定的结论：服务业的相对需求将是上升的。除了部门间需求差别外，部门间效率差别也是结构变化的一个重要因素。由于克拉克在以配第的研究为基础总结归纳出这条定律，所以后人称为配第—克拉克定律。

克拉克认为，劳动力在产业之间变化移动的原因是由经济发展中各产业间的收入出现了相对差异所造成的。因此，配第—克拉克定理可以表达为：随着经济的发展，人均国民收入水平的提高，劳动力首先由第一产业向第二产业移动；当人均国民收入水平进一步提高时，劳动力便向第三产业移动。该定理通过揭示工业化过程中劳动力由生产率低的部门向生产率高的部门转移的规律，反映了经济增长方式的转变过程，表明就业结构是一个国家或地区经济发展阶段的重要标志。

（一）配第—克拉克定理的前提

配第—克拉克定理有三个重要前提：第一，该定理对产业结构演变规律的探讨，是以若干国家在时间的推移中发生的变化为依据的。这种时间序列是与不断提高的人均国民收入水平相对应的。第二，该定理在分析产业结构演变时，首先使用了劳动力这一指标，考察了伴随经济发展，劳动力在各产业中的分布状况所发生的变化。第三，该定理是以三次产业分类法，即将全部经济活动分为第一次产业、第二次产业和第三次产业为基本框架的。配第—克拉克定理属于产业结构变动的经验总结，它不仅可以从一个国家经济发展的时间序列中得到印证，而且，还可以从处于不同发展水平的国家在同一时点上的横断面比较中得到类似结论。也就是说，从处于同一时期而发展水平不同的国家的经济情况看，人均国民收入较低的国家，第一次产业劳动力所占的比重相对较大，而第二次产业、第三次产业劳动力所占的比重相对较小；反之，人均国民收入水平较高的国家，其劳动力在第一次产业中所占的比重相对较小，而第二次产业、第三次产业中劳动力所占的比重相对较大。因而可以说，配第—克拉克定理也是一条反映产业结构变动的经济规律。

（二）配第—克拉克定理的主要形成机制

1. 收入弹性差异

第一次产业的属性是农业，而农产品的需求特性是当人们的收入水平达到一定程度后，难以随着人们收入增加的程度而同步增加，即它的收入弹性出现下降，并小于第二次产业、第三次产业所提供的工业产品及服务的收入弹性。所以，随着经济的发展，国民收入和劳动力分布将从第一次产业转移至第二次产业、第三次产业。

2. 投资报酬（技术进步）差异

第一次产业和第二次产业之间，技术进步有很大差别，由于农业的生产周期长，农业生产技术的进步比工业要困难得多，因此，对农业的投资会出现一个限度，出现"报酬递减"的情况。而工业的技术进步要比农业迅速得多，工业投资多处于"报酬递增"的情况，随着工业投资的增加，产量的加大，单位成本下降的潜力很大，必将进一步推动工业的更大发展。

配第—克拉克定理不仅可以从一个国家经济发展的时间序列分析中得到印证，而且还可以从处于不同发展水平的不同国家在同一时点上的横断面比率中得到类似的验证。

二、库兹涅茨的产业结构演变规律

美国经济学家库兹涅茨在继承克拉克研究成果的基础上，进一步收集和整理了 20 多个国家的庞大数据，据此，从国民收入和劳动力在产业间分布这两个方面，对伴随着经济发展的产业结构做了分析研究。从纵向角度，研究了各个产业的产值和劳动力在总量中所占比重的变化趋势；从横断面角度，比较了不同国家三次产业在总产值和总劳动力所占份额的分布规律，得出了同纵向分析大致相同的结论。这样，就揭示了三个部门所创造的产值与所占有的劳动力之间的比例关系的变化趋势。即在这一阶段，相对于整个国民经济的劳动生产率而言，农业部门劳动生产率的增长速度与整个经济劳动生产率的增长速度一致，工业部门的劳动生产率明显地以高速度上升，而服务业部门劳动生产率的上升幅度则明显低于整个经济劳动生产率的上升幅度。

三、经济服务化

库兹涅茨等经济学家的研究表明，随着社会经济发展以及国民收入水平的提高，一个国家或地区的产业结构首先会由第一产业向第二产业转移，发展到一定阶段后进一步向第三产业变迁。目前，世界发达国家或地区已基本完成了从"工业经济"向"服务经济"的转变，现代服务业已经成为经济发展的主要力量，社会经济呈现出服务化的态势。具体表现在产业结构、价值链和需求结构三个方面。

（一）产业结构服务化

从生产总值的构成比例来看 2016 年我国三次产业占比例为 9%、40%、

52%，第三产业已在国民经济中占据了主导地位。在拉动经济增长方面，2017年第三产业对经济增长的贡献率达到58.8%，比上年提高1.3个百分点占到GDP增长4.1个百分比，大于第二产业对经济增长的贡献率。这表明在经济发展到一定程度后，拉动经济增长的主要力量已不再是制造业，而是现代服务业。产业结构的服务化水平已成为衡量经济发展的一个重要指标。

（二）价值链服务化

价值链服务化也是产业发展的一个明显趋势。从价值链的角度，可以将企业分解为一系列战略相关联的活动，其中包括了5种主要活动：内部后勤、生产作业、外部后勤、市场和销售、服务。当经济发展到一定程度后，出现了所谓的新型制造业企业，它们不再单纯提供有形产品，而纷纷采用服务增强的方式，将诸如安装调试、售后服务、咨询培训、担保融资等无形的服务整合进有形产品之中，提供所谓的完全产品。从这个角度来说，制造业与服务业不再是界限分明，三次产业特别是二、三产业之间有种融合的趋势。

（三）需求结构服务化

需求结构服务化也是经济服务化的一个主要特征。在经济发展水平较低的阶段，消费者的需求以实体产品为主，用来满足日常所需。随着消费水平的提高，消费者有了更高层次的需求，需求结构发生了演变，从实体产品需求逐渐演进到了服务需求阶段。库兹涅茨也正是利用需求结构的变动来解释产业结构变动，他认为收入水平的提高带动了需求结构的演变，并进一步导致产业结构的演变，因此，可以认为需求结构服务化与产业结构的服务化之间有着内在的逻辑关联。

四、工业化进程

工业化是指一个国家的国民经济结构从以农业为主转化为以工业为主的经济发展过程，即农业国向工业国转化的过程。这一过程的数量表现就是工业化进程。工业化阶段是一个国家或地区经济发展过程的重要阶段，对其判断也同工业化的定义一样，没有一个公认的标准。根据工业化进程的定义，定量分析工业化进程应包含：（1）劳动生产率提高的过程；（2）第二产业与第一产业增加值比例提高的过程；（3）三次产业劳动力构成优化的过程。

工业化进程指数作为工业化的一个重要指标，反映一个国家或地区社会经济活动由农业生产为主向工业生产为主的社会经济发展过程。工业化进程指数具体包含3个二级指标，分别是劳动生产率工业化进程、增加值工业化进程和劳动力工业化进程。其中工业化进程 = 劳动生产率工业化进程×3 + 增加值工业化进程×2 + 劳动力工业化进程×1/6。

第三节 产业结构的演进模式

一、平衡发展模式与非平衡发展模式

平衡发展模式和非平衡发展模式是从资源配置角度对产业结构发展方式的归纳。

（一）平衡发展模式

平衡发展模式是由英国伦敦大学经济学家罗森斯坦·罗丹和美国哥伦比亚大学经济学家纳克斯提出的一种经济发展理论。其理论认为发展中国家为了迅速摆脱贫穷落后的困境，应在国民经济的各产业进行全面的、大规模的投资，以实现工业化和经济增长，对一些发展中国家的实际经济发展产生了一定的影响。在主张平衡发展理论中，大推进理论和贫困恶性循环理论尤为典型。

大推进理论是英国著名的发展经济学家罗森斯坦·罗丹于1943年在《东欧和东南欧国家工业化的若干问题》一文中提出来的，罗丹认为，为了克服需求和供给对经济发展的限制，必须以最小临界投资规模对几个相互补充的产业部门同时进行投资，只有这样，才能产生"外部经济效果"。外部经济效果包括两层含义：一是对相互补充的工业部门进行投资，能够创造出互为需求的市场，这样就可以克服发展中国家国内市场狭小，在需求方面阻碍经济发展的问题；二是对相互补充的产业部门同时进行投资，可以降低生产成本、增加利润，为增加储蓄、提供再投资的资本创造条件，有助于克服在供给方面阻碍经济发展的障碍。因此，对几个相互补充的产业部门同时进行投资，所产生的外部经济效果，不仅可以增加单个企业的利润，而且还可以增加社会净产品。

罗格纳·纳克斯在《不发达国家的资本形成》一书中提出了贫困恶性循环理论，纳克斯认为，由于发展中国家的人均收入水平低，投资的资金供给（储蓄）和产品需求（消费）都不足，这就限制了资本形成，使发展中国家长期陷于贫困之中。它包括两个方面，一是从供给方面，低收入导致了低储蓄能力，进而引起了资本的短缺，资本的短缺又造成了较低的生产率，这样最后只能得到低产出与低收入；二是从需求方面，低收入导致了低购买力，进而使得投资引诱不足，资本不足直接影响生产率降低，最后只能得到较低收入。要想打破这个贫困恶性循环，就必须要对国民经济的各部分扩大投资，形成各行业的相互需求，带来市场的全面扩大，使恶性循环转为良性循环。

（二）非平衡发展模式

非平衡发展模式主张发展中国家应有选择的在某些部门进行投资，通过其外

部经济使其他部门得到发展的经济学说。平衡增长理论认为：从发展中国家现有资源的稀缺和企业家的缺乏等方面来看，平衡增长理论是不可行的，发展中国家不能将有限的资源同时投放到所有经济部门和所有地区，而应当集中有限的资本和资源首先发展关联效应大的产业，以此为动力逐步扩大对其他产业的投资，带动其他产业的发展，同时，地区发展也必须有一定的次序，不同的地区按不同的速度不平衡增长，某些主导部门和有创新能力的行业集中于一些地区和大城市，并以较快的速度优先得到发展，以形成一种资本与技术高度集中，具有规模经济效益，自身增长迅速并能对其他地区产生强大辐射作用的"发展极"。

1. 亚当·斯密的绝对优势理论

亚当·斯密于《国富论》中最早提出了绝对优势理论，指各国在生产同样产品时，劳动生产率的绝对差异所导致的各国之间生产优势的不同，因此各国专门生产本国劳动生产率较高的产品。

2. 罗斯托的主导产业模型

美国经济学家罗斯托教授对主导产业的研究做出了开创性的贡献，它在《主导部门和起飞》一书中，提出了产业扩散效应理论和主导产业的选择基准，即"罗斯托基准"。他认为，应该选择具有较强扩散效应（前瞻，回顾，旁侧）的产业作为主导产业，将主导产业的产业优势辐射传递到产业关联链上的各产业中，以带动整个产业结构的升级，促进区域经济的全面发展。罗斯托认为，主导产业的建立，要有足够的资本积累和投资，这就要求一国的净投资率（即投资在国民生产净值中的比重）从5%左右提高到10%，要做到这一点，必须鼓励和增加储蓄，减少消费，防止消费早熟，必要时应引进外资，要有充足的市场需求，来吸收主导部门的产出，要有技术创新和制度创新，拥有大批具有创新意识的企业家，为主导部门的发展提供组织、管理和人力等条件。罗斯托指出，主导产业部门在经济起飞中有三条作用：第一，后向关联效应。即新部门处于高速增长时期，会对原材料和机器产生新的投入需求，从而带动一批工业部门的迅速发展。第二，旁侧效应。主导部门会引起周围的一系列变化，这些变化趋向于更广泛的推进工业化。第三，前向关联效应。即主导部门通过增加有效供给促进经济发展，例如，降低其他工业部门的中间投入成本，为其他部门提供新产品、新服务等。可见，罗斯托基准是依产业部门间供给和需求的联系程度来确定主导部门的。

（三）对平衡增长模式与非平衡增长模式的思考

20世纪五六十年代，西方经济学界就发展中国家如何协调基础设施产业与直接加工产业之间的结构变化问题展开了一场大争论，出现了"平衡增长"与"非平衡增长"两种不同理论，形成两个不同流派。平衡增长理论强调的是"公平"目标，它主要体现出政治、社会价值；非平衡增长理论强调的是"效率"目标，主要体现了经济价值。

平衡增长理论（又称"大推进"发展战略），是由拉格纳·纳克斯和保罗·罗丹—罗森斯坦提出的，并得到刘易斯和席托夫斯基等许多发展经济学家的支持。这种理论以经济活动的不可分性和互补性（即各部门之间的经济活动在投入产出时供给与需求相互依赖）为依据，以纳克斯在《不发达国家的资本形成问题》中提出的"恶性贫困循环论"为基础，主张在各部门同时投资，通过各部门之间相互协调的全面发展来摆脱落后面貌，实现工业化。平衡增长理论认为平衡增长不但能使发展中国家走出恶性循环，而且使经济多元化，不会过分依赖少数部门和产品的生产，可以分散风险，摆脱对外国的依赖。20 世纪五十年代，平衡增长理论在一些发展中国家（如拉丁美洲许多国家）的实施遭到失败，尤其是伊朗巴列维国王的"大推进"，这使原先致力于平衡增长理论研究的一些发展经济学家产生动摇，赫西曼首先提出非平衡增长理论。汉斯·辛格、罗斯托等一批有名的发展经济学家纷纷附和。非平衡增长理论认为，平衡增长理论忽略了不发达国家投资决策能力稀缺对投资限制这一特点，发展中国家资源缺乏的客观现实又使资源充足这一"大推进"的基本前提无法具备。

二、雁行形态发展模式与产品循环发展模式

雁行形态发展模式和产品循环发展模式分别描述了一些产业在工业化不同阶段国家的发展模式。

（一）雁行发展模式

雁行发展模式是日本经济学家首先提出的一种经济发展模式，主要指东亚各国以日本为"雁首"的产业梯度发展与经济运行方式。它是由日本经济学家赤松要提出并由小岛清等人予以拓展的、被看作是较为系统地分析东亚经济发展模式并为"东亚奇迹"所支持的经济理论模型。该模式认为，工业后发国家由于技术和资金等供给方面的原因，无法首先开发和生产一些较为先进的产品，因此，最初对这类产品的国内需求只能通过进口来满足（此时期称为"导入期"）。随着国内对这类产品的需求的增加，企业通过引进技术等手段，使资金和技术等供给条件日趋成熟，逐渐具备了以国产化产品取代进口产品的能力，随着市场需求和生产规模的扩大，相应的产业也形成了（这一阶段被称为"进口替代期"）。国内需求继续扩大和重工业化进程的作用下，规模经济和廉价生产要素的优势不断积累，产业的竞争力有所上升，最终不但在本国赢得了市场，而且也实现了产品的出口（即进入了"出口期"）。工业后发国家的生产部门就是依据这样的发展轨迹，最终达到了经济发展和产业升级的目的。而这三个不同的发展阶段——进口→国内生产→出口，基于这一产业生命周期看上去酷似大雁在飞行中以次序排列的倒"V"字形，故而被形象地称为雁行发展模式。

（二）产品循环发展模式

产品循环发展模式描述的欧美等工业发达国家产业结构的发展过程。首先，工业发达国家会利用自身技术和资金等方面的优势率先进行新产品开发生产，并率先占领市场，这是产品循环的生产阶段。其次，该产品在国内销售上升的同时，开始向后发工业国出口，扩大其在国际市场上的销售并维持市场份额，随着该产品生产技术在全世界的普及和市场竞争者的增加，工业发达国家为了维持国外市场销售份额，开始向后发工业国家进行跨国直接投资，输出资本和技术就地生产。最后，发达国家逐步放弃该产品生产，转而进口该商品来满足国内市场的需求，而自己转向开发研制高级的技术，开发更新型，更高科技的产品，开始新一轮的产品循环。

（三）对雁行发展模式和产品循环发展模式的思考

雁行发展模式和产品循环发展模式都是国家在不同阶段工业化下产业的发展模式。分别是工业后发国家和工业先行国家依据自己国家现状及政策实行的发展模式，均是围绕资金与技术等方面的优势与劣势采取的手段与补救方法来达到经济发展和产业升级的目的。

战后初期，日本几乎不存在欧美在战前或战争期间发展起来的家用电器等工业，即使在战争前已经初步发展的钢铁、纤维工业也因孤立而与世界最先进技术之间存在较大差距。为此，政府提出，日本振兴产业的关键是产业结构的高级化以及为实现这个高级化而引进技术。1930~1959年，日本平均每年引进技术103件，1960~1967年平均每年引进469件，1968年为1061件，1969年为1154件。为使当时的重要战略产业成长为日本的主要出口产业，政府将出口轻工、纺织产品收入的有限外汇通过外汇配额政策优先分配给重化工业，用以进口欧美的先进技术。20世纪50年代，日本的出口总额中轻工、纺织等产品占去了50%~70%以上的份额，其中纤维制品的构成比最大，1950年占48.3%，占出口的中心地位，1960年占30.2%，玩具和杂货在50年代前半期也高达百分之十几。随着国民经济中重化工业比重的增大，60年代首期出口数量指数的年平均增长率为17.95%，后期为15%，几乎是世界进口贸易增长速度的两倍。整个60年代和70年代，出总额在20年内增长了约32倍。以1964年为分界线，日本贸易收支扭转了赤字局面，一直保持顺差，而且逐年扩大。

三、进口替代发展模式与出口导向发展模式

（一）进口替代发展模式

进口替代发展模式是通过建立和发展本国制造业和其他工业替代过去的制成

品进口，以带动其经济增长，实现国家的工业化，在少数国家率先推行。二战的爆发进一步证实了这种模式在战争背景下的合理性。自20世纪50年代起，拉美迎来了近30年的"黄金期"，实现了经济的高速增长，被许多新兴国家普遍采用。

进口替代发展模式主要是以国民经济和产业的发展为主轴，政府采用该模式的目的一般是期望利用本国政策的保护建立起本国相对于独立和完整的工业化体系和产业结构体系。但由于一些国家对进口替代工业和国内市场全面、长期、高度的实行高保护制度，制约了替代工业的技术进步和替代产业的创新，并且抑制了资源的优化配置，不利于激活市场主体和市场要素，严重影响本国市场化的发展进程。

进口替代战略以其特殊的形式和诱人的政策目标对发展中国家产生了广泛的影响。20世纪50~60年代，许多发展中国家都在不同程度上实施过进口替代战略，有些国家实施的时间长一点，有些国家实施的时间短一点，但成效都是比较显著的。有些国家的国内工业部门得到了发展，产业结构得到了优化完善；有些国家的出口产品结构发生了变化，改变了对初级产品出口的过分依赖，工业制成品的出口发展很快，经济上自立能力得到加强。但是，实践证明进口替代只是适合工业化的某个阶段而不适用于长期实行。

（二）出口导向发展模式

出口导向发展模式是发展中国家采取各种措施来促进面向出口的工业发展的倾向。用工业制成品和半制成品的出口来替代传统的初级产品的出口，以增加外汇收入，带动国内工业体系的建立和经济的持续增长的一种模式。

出口导向模式的优点具体体现在四个方面：（1）有利于开发和创新市场；（2）有利于形成规模经济；（3）有利于发挥国际分工优势；（4）有利于获取开放经济中的溢出效应。以中国的发展为例，改革开放以后，中国经济的高速增长过程，就是在出口快速增长的带动下，市场不断得以开发和创新的过程，规模经济不断形成的过程，国际比较优势不断发挥的过程以及溢出效应不断获取的过程。

但出口导向模式具有一定局限性：（1）受产品生命周期缩短的影响，出口导向模式在促进经济快速增长的同时，也会给经济带来一系列的矛盾和问题。原因在于，出口导向模式作为后起国家实行赶超战略的重要手段，是一种中短期战略，不能长期实施。（2）受国际市场有限性的影响：在一定的时期，世界市场对某一产品的需求量及其购买力是既定的，不可能创造或产生无限度的需求和购买力。同时由于今天有更多的发展中国家为从国际市场中分得一份利益而加入出口导向型经济行列。这在世界经济领域和范围内扩大了出口导向型经济规模，增加了国际市场产品的可供量。出口商品可供量呈不断增加的趋势而国际市场需求总量不变，使得世界市场变得狭窄了。（3）对经济增长的促进作用有弱化趋势：有关资料表明亚洲中最早实施出口导向模式的日本，出口导向模式对经济增长的促进作用持续了30年，晚于日本实施出口导向模式的韩国其持续作用为20年，而东南亚各国仅持续10年，可见出口导向模式对经济促进作用的有效的经济周期不断缩短，出口导向模式对经济增长的促进作用有弱化之势。

第四节 产业结构优化

一、产业结构优化概述

产业结构优化是指推动产业结构合理化和高度化发展的过程。产业结构优化过程就是通过政府的有关产业政策调整影响产业结构变化的供给结构和需求结构，实现资源优化配置与再配置，来推进产业结构的合理化和高度化发展。

（一）产业结构优化内容

产业结构优化的内容包括产业结构优化的目标、产业结构优化的对象、产业结构优化的措施或手段、产业结构优化的政策，等等。产业结构优化的目标就是要实现产业结构的高度化和合理化，最终实现经济的持续快速增长。从产业结构优化的对象角度来说，主要包括如下几个方面。

1. 供给结构的优化

供给结构是指在一定价格条件下作为生产要素的资本劳动力、技术、自然资源等在国民经济各产业间的可以供应的比例，以及以这种供给关系为联结纽带的产业关联关系供给结构包括资本（资金）结构、作为供应因素的投资结构、劳动力供给结构、技术供给结构，以及资源禀赋、自然条件和资源供应结构等。产业结构优化就是要对这些因素进行结构性调整。

2. 需求结构的优化

需求结构是指在一定的收入水平条件下，政府、企业、家庭或个人所能承担的对各产业产品或服务的需求比例，以及以这种需求为联结纽带的产业关联关系。需求结构包括政府（公共）需求结构、企业需求结构、家庭需求结构或个人需求结构，以及以上各种需求的比例，它也包括中间（产品）需求结构、最终产品需求结构，以及中间产品需求与最终产品需求的比例；还包括作为需求因素的投资结构、消费结构，以及投资与消费的比例。产业结构优化也要对这些因素进行结构性调整。

3. 国际贸易结构的优化

国际贸易结构是指国民经济各产业产品或服务的进出口比例，以及以这种进出口关系为联结纽带的产业关联关系。国际贸易结构包括不同产业间的进口结构和出口结构,也包括同一产业间的进出口结构(即进口和出口的比例)。产业结构优化也要对国际贸易结构进行优化。

4. 国际投资结构的优化

国际投资包括本国资本的流出,即本国企业在外国的投资(对外投资),以及外国资本的流入,即外国企业在本国的投资(外国投资或外来投资)。国际投资结构就是指对外投资与外国投资的比例结构,以及对外投资在不同产业之间的比例和外国投资在本国不同产业之间的比例及其各种派生的结构指标。产业结构优化也要对国际投资结构进行优化。

(二) 产业结构优化的机理

产业结构优化的机理就是通过四步过程实现国民经济的持续快速增长。

(1) 调整影响产业结构的决定因素。调整产业结构的决定因素就是要调整供给结构和需求结构,也就是要调整投入结构和产出结构,其中包括调整国际贸易结构和国际投资结构,从而改变产业结构。

(2) 产业结构得到优化。产业结构优化既是产业结构调整的目的,也是产业结构调整的结果。产业结构优化的结果一方面是产业结构的高度化;另一方面是产业结构的合理化。

(3) 产业结构效应发挥作用。产业结构效应是指产业结构的变化对经济增长的影响程度。产业结构的优化必然对经济增长产生积极的作用。

(4) 国民经济得到持续快速发展。国民经济在产业结构效应的积极作用下取得比正常增长速度快得多的增长。

二、产业结构高度化

产业结构高度化又称产业结构高级化,主要是指产业结构从低水平状态向高水平状态的发展,是一个动态的过程。

(一) 创新对产业结构高度化的影响

创新对产业结构高度化影响主要分为直接影响和间接影响。所谓创新,按照熊彼特的观点,是指引入一种新的生产函数,以提高社会潜在的产出能力。具体表现为三个方面:创造出新的商品和服务;在既定的劳动力和资金的情况下,提高原有商品和服务的产出数量;具有一种扩散效应的功能,这种扩散效应能促进经济的快速发展。创新对产业结构的影响既有直接的也有间接的。

创新对产业结构的直接影响。不论哪一种方式,创新都将引起生产要素在产业部门之间的转移,导致不同部门的扩张或收缩,从而促进产业结构的有序发展。创新对产业结构的间接影响。创新对产业结构变化的间接影响也有两种方式:一是创新通过对生产要素相对收益的影响而间接影响产业结构的变化;二是创新通过对生活条件和工作条件的改变而间接影响产业结构的变化。因此，可以说，创新是产业结构高度化的动力。一个国家的创新活动和创新能力是其产业结构有序发展的核心动因。唯有创新，才能从根本上提高产业结构的转换能力，推进产业结构的高度化。

（二）产业结构高度化的机制

产业结构的高度化是通过产业间优势地位的更迭来实现的。产业结构的高度化，是各个产业变动的综合结果。它是以单个产业部门的变动为基础的，因为只有单个产业部门的变动才会引起并导致整个产业结构的变化。产出部门增长之所以会发生减速趋势一般是由于以下原因引起的：技术进步速度缓慢，增长较慢的产业对其增长的阻尼效应和增长较快的产业对其竞争的压制，随着产业增长，可利用的产业扩张资金的相对规模下降，受到新兴国家相同产业的竞争性影响。

既然任何一个产业部门的发展都与创新相联系表现出扩张与收缩的规律性，那么一个国家的各个产业部门就可以依据其距离创新起源的远近来确定各自不同的相对地位。因此，我们可以得出这样的结论，即产业结构的变动是通过产业间优势地位的更迭实现的。衡量产业优势地位主要有三种标准：一是附加价值高低，附加价值高的产业就是占有优势地位的产业；二是产业产值，产值比重大的产业就是优势产业；三是产业关联效应，受原材料供应影响较大的产业，如果后向关联效应大就说明它是具有优势地位的产业，受最终需求影响较大的产业如果前向关联效应大就说明它是具有优势地位的产业。

三、产业结构合理化

（一）产业结构合理化的概念

产业结构合理化主要是指产业与产业之间协调能力的加强和关联水平的提高，它是一个动态的过程，产业结构合理化就是要促进产业结构的动态均衡和产业素质的提高。因此，产业结构的合理化要解决的问题包括：供给结构和需求结构的相互适应问题；三次产业以及各产业内部各部门之间发展的协调问题；产业结构效应如何充分发挥的问题。

如果结构关系不协调，结构的整体能力就会降低，那么与之相应的产业结构就不合理。产业结构不协调，其主要原因有两个：第一，供给结构的变化不能适应需求结构的变化。其表现形式有三种：（1）需求结构变化，供给结构不变，造成供应不足；（2）需求结构变化，供给结构的变化滞后，造成供应滞后；（3）需求结构变化，供给结构的变化过度，造成供应过剩。第二，需求结构的变化不能适应供给结构的变化其表现形式有三种：（1）供给结构变化，需求结构不变，造成需求不足；（2）供给结构变化，需求结构的变化滞后，造成需求滞后；（3）供给结构变化，需求结构的变化过度，造成需求过度。

产业结构趋于合理化的标志是能充分有效地利用本国的人力、物力、财力以及国际分工的好处；使国民经济各部门协调发展，社会的生产、交换和分配顺畅进行，社会扩大再生产顺利发展；使国民经济持续稳定地增长，社会需求得以实现；能实现人口、资源环境的良性循环。合理的产业结构可以从三个方面考虑：(1) 指横向产业结构——由相邻的产品链条组成；(2) 指纵向产业结构——由主导产品的上游产品和深加工，或者组合的终端产品构成；(3) 合理的产业结构就是以上两个方面合成一个有机的整体。具有符合兼顾现实、有利长远、相互之间匹配、互促、机动、和谐、增值、效率的要求和优势。这样才符合合理的产业结构的要求。

（二）产业结构合理化的内容

产业结构的协调不是指产业间的绝对均衡，而是指各产业之间有较强的互补和谐关系和相互转换能力产业之间是否处于协调状态，一般可以从以下几个方面进行观察和分析：(1) 看产业素质之间是否协调；(2) 看产业之间的联系方式是否协调；(3) 看各产业之间的相对地位是否协调；(4) 可以从供给是否与需求相适应来判断产业之间是否处于协调状态。

（三）产业结构合理化的基准

关于产业结构合理化基准的评价目前我国理论界在论证产业结构是否合理方面，主要有以下几个判断标准：(1) 国际基准。即以钱纳里等人倡导的标准产业结构为依据，来判断经济发展不同阶段上的产业结构是否达到了合理化。(2) 需求结构基准。即以产业结构和需求结构相适应的程度作为判断产业结构是否合理的标准。(3) 产业间比例平衡基准。即以产业间的比例是否平衡作为判断产业结构合理与否的标准。

产业结构合理化的比较与测定，目前在识别和论证产业结构是否合理及产业结构的变化方向时，通常采用以下分析方法：(1) 国际比较法。即以钱纳里的标准产业结构为基础，将某一国家的产业结构与相同国民生产总值下的标准产业结构加以比较，偏差较大时即认为此时的产业结构是不合理的。(2) 影子价格分析法。按照西方经济学的理论，当各种产品的边际产出相等时，就表明资源得到了合理的配置，各种产品供需平衡，产业部门达到最佳组合。(3) 需求判断法。即判断各产业的实际生产能力与相应的对该产业产品的需求是否相符，若两者接近或大体接近，则目前的产业结构是较为合理的。(4) 需求适应性判断法。即判断产业结构能否随着需求结构的变化而自我调节，使产业结构与需求结构相适应，实现社会生产的目的。(5) 结构效果法。即以产业结构变化引起的国民经济总产出的变化来衡量产业结构是否在向合理的方向变动，若结构变化使国民经济总产出获得相对增长，则产业结构的变动方向是正确的。

（四）产业结构合理化的调整

产业结构合理化调整的过程及其收益：（1）从产业结构趋于合理化的调整过程来看，主要有如下两个过程：一是在部门、行业之间不断进行调整、协调，使之趋于均衡的过程；另一过程则是这种均衡被打破的过程。（2）在短期内技术水平不发生重大变化的情况下，产业结构由不合理向合理转变的过程中，其边际收益是递减的。（3）将整个产业结构的变化和发展放在较长时间段内考察，可以看出，由于技术进步而一次次进行的结构调整，其边际收益并不表现出递减的规律。

（五）产业结构合理化调整的机制和动力

产业结构之所以从不合理向合理化的方向发展，其动力是结构调整过程中收益的存在。根据输入信号的性质和调整方式的类型，理论上可以把产业结构的调整机制分为市场机制和计划机制。（1）产业结构调整的市场机制。市场机制调整产业结构在很大程度上是一种经济系统的自我调整过程，即经济主体在市场信号的引导下通过生产资源的重组和在产业部门间的流动，使产业结构尽可能适应需求结构变动的过程。（2）产业结构调整的计划机制。产业结构的计划调整机制是对经济系统的调控过程，即政府向经济系统输入某种信号，直接进行资源在产业间的配置，使产业结构得以变动的过程，产业结构的市场调节机制和计划调节机制各有其优点及局限性：市场调节机制比较准确、稳妥，又比较灵敏，但却是事后调节，成本较大，时滞较长；计划调节机制具有事前主动性，调整成本较小，却有欠准确，市场摩擦较大。因此，单独使用其中一种调节方式，难于达到产业结构合理化的目的。只有把两者很好地结合起来，才能使产业结构向合理化的方向调整。

第五节 产业结构政策概述

一、产业结构政策概述

政府制定的通过影响与推动产业结构的调整和优化来促进经济增长的产业。产业结构政策的目的是促进产业结构优化；产业结构政策制定的主要理论依据是产业结构演变规律；产业结构政策的制定主体是政府；产业结构政策的实施主力是企业。

产业结构政策的重要性，推动一个国家产业结构的转换与升级，在整个产业政策体系中，产业结构政策始终占有中心和主导地位。产业结构政策的类型：主导产业选择政策、战略产业扶植政策、衰退产业撤让政策。产业结构政策的功能有促进产业协调发展的功能；促进产业结构转换的功能；推动产业技术水平提高的功能。

二、主导产业的选择政策

主导产业又称带头产业或领衔产业。它是指一个国家在一定时期内，经济发展所依赖的重点产业，这些产业在此发展阶段形成国民经济的"龙头"，并在产业结构中占有较大比重，对整个经济发展和其他产业发展有强烈的前向拉动或后向推动作用的产业部门。主导产业的特征：能引入创新并创造新的市场需求、具有持续的高增长率、具有突出的扩散效应。主导产业的选择基准：产业关联效应基准、收入弹性基准、生产率上升率基准。主导产业的政策：产业环境协调政策、产业扶植和保护政策、优先发展基础产业政策、技术引导政策。就是在区域经济中起主导作用的产业，它是指那些产值占有一定比重，采用了先进技术，增长率高，产业关联度强，对其他产业和整个区域经济发展有较强带动作用的产业。主导产业从量的方面看，应是在国民生产总值或国民收入中占有较大比重或者将来有可能占有较大比重的产业部门；从质的方面看，应是在整个国民中占有举足轻重的地位，能够对经济增长的速度与质量产生决定性影响，其较小的发展变化足以带动其他产业和整个国民经济变化，从而引起经济高涨的产业部门。在产业的生命周期中，主导产业处于成长期；处于成熟期的是支柱产业；处于初创期的是先导产业。

三、各国主导产业政策

国内外关于产业政策的定义千差万别，没有固定的范式。但是产业政策作为概念最先由20世纪70年代日本通产省事务次官在OECD（经济合作与发展组织）工业委员会会议上所做的题为《日本的产业政策》演讲中提出。日本作为产业政策应用最为成功的国家之一，对于产业政策的定义也有独到的见解。日本经济学家荒宪治郎、内田忠夫、福冈正夫所著的《经济词典》认为产业政策是与产业之间结构有关的产业结构政策和产业内部竞争的组织有关的产业组织政策。国内和欧美学者对产业政策的定义表达了不同的见解，我国经济学家苏东水认为，产业政策是一个国家中央或地方政府为了其全局和长远利益而主动干预产业活动的各种政策总和。经济学家周淑莲认为产业政策是国家干预或参与经济的一种较高级形式，这是从整个国家产业发展的全局着眼而系统设计的完整的政策体系，而不仅仅只是关于某一两个产业的局部性政策。

（一）日本

日本是战后产业结构调整最为迅速和成功的国家之一。日本能够迅速实现产业结构调整，是与实施强有力的产业政策和完善的产业政策体系分不开的。

产业结构政策。追求产业结构的合理化是日本经济政策始终坚持的一个着力点。20世纪60年代的目标是产业结构的重化学业化，70年代指向知识集约化，80年代探索高度技术集约化，90年代则追求知识创造型结构。日本产业结构调整政策的实施，包括四个方面：(1) 提出产业结构设想。通产省每隔10年要提出一个通商产业展望，经济企划厅也根据经济发展的阶段，发表经济计划。除了经济及产业整体的长期展望外，还有主要产业的长期展望、区域开发计划等。(2) 培育成长产业。战后初期，曾对钢铁、煤炭、肥料、纤维等产业的振兴采取了积极的对策。进入高速增长期后，日本通过制定法律并配合日本开发银行的低息贷款，先后花大力气对机械工业、石化工业、电子工业等主导产业进行重点培育。之后是振兴软件开发等信息产业。(3) 停滞产业的收缩。从50年代中期以来，日本政府先后对煤炭、铝、合成纤维、船舶、化肥、石化等衰退产业，采取了规模收缩和合理化对策，通过课税特例、特定产业信用基金的债务保证以及开发银行的融资等措施促进相关企业的设备处理、事业转移。(4) 就业政策。就业与产业结构调整密切相关。为配合结构调整，日本政府同时也在劳动者再就业培训、职业介绍、就职指导等方面采取了一系列措施。

(二) 美国

美国产业政策。战后美国的产业结构是从劳动密集型发展到资本密集型再到知识密集型。劳动密集型产业和资本密集型产业为传统工业产业，知识密集型产业为高技术产业或新兴工业产业。美国政府为了干预工业的发展，战后至20世纪70年代中期前产业政策的重点放在传统工业产业上，70年代中期后把产业政策的重点放到新兴工业产业上。

美国推动传统工业产业发展的政策主要有：对衰老工业部门的财政补贴；加大对于交通、道路等公共事业的投资以及工业建设的投资；加大对于私营铁路、航空运输的补贴，实施减免税政策，并利用信贷激励工业的发展。20世纪70年代中后期，政府又制定了支持高技术工业发展的产业政策，主要有：增加科研经费；对新型工业实行税收优惠。同时针对企业推行减低资本收益税的鼓励措施：放松反托拉斯法，激励企业与大学、科研机构等联合开发高技术项目。

(三) 英国

美国学者查默斯·约翰逊在《产业政策争论》中认为，产业政策是政府为了取得在全球的竞争能力，打算在国内发展或限制各种产业的有关活动总的概括，作为一个政策体系，产业政策是经济政策三角形的第三边，是对货币政策和财政政策的补充。英国经济学家阿拉格认为产业政策是与产业有关的一切国家法令和政策。各国的学者在不同角度对产业政策的定义做了不同的解读，其内涵基本都是国家或者政府制定一些措施促进经济的发展。作为工业革命鼻祖的英国在产业政策实践方面拥有独特的优势,但是伴随后工业化时代不断深入产生了大量经济问题。因此,新工党上台后确立以"新经济"为核心理念促使产业结构适应全球化与经济增长的需要。正如布莱尔首相所言:"在相当广泛的领域里,现在工业政策对于提高竞争力来说是非常必要的"。目前,国内研究英国新工党的产业政策基本是基于创意文化产业与其他具体产业方面。毕佳、龙志超编著的《英国文化产业》对英国的创意文化产业由来、发展现状以及其中的报纸、电影等8个产业进行了概括分析;邹丹琦的硕士论文《当代英国文化创意产业的发展(19902013)》(2015)详细阐述了新工党时期英国文化创意产业的发展措施与影响;王洪斌的《英国新工党的创意产业政策》对新工党文化创意产业形成原因以及相关产业政策做了简单概括,同时对文化产业政策的经济表现做了分析。在其他方面也有涉及,例如,朱静芬、王耕的《英国高新技术产业政策对我国的启示》论证了英国政府在高新技术产业方面的政策特点等。另外,对于新工党产业政策整体性的研究国内尚没有专门性的学术论著。但是有一些通史类的著作已有简短涉及,钱乘旦、陈晓律等主编的《英国通史》(第六卷日落斜阳——20世纪的英国),认为英国的产业结构继续变迁,"去工业化"特征更为明显,分析了1997~2007年农业、工业、服务业中的就业和产值的变化比重。此外在《英国的政治经济外交》和《老牌英法德》等书中也有涉及。

(四)法国

20世纪70年代以来,有两个因素对法国的产业政策产生了较大的影响。其一是石油危机。1973年爆发的石油危机暴露出法国产业系统中的一些最基本的缺陷,特别是法国产业系统不充分的国际化等,这些都使人们更加重视对产业政策的重新评议与调整。其二是技术的飞速发展。70年代以来,各个领域的技术都得到迅猛的发展,使人们对技术在经济发展中的作用更加重视,西方国家从70年代起开始重视技术创新问题的研究,许多国家在原有科技政策与经济政策的基础上,开始研究和制定技术创新的政策。在法国,研究创新政策和产业政策的专家通常都隶属于同一个政府部门,这有利于产业政策与创新政策的协调。在法国的产业政策制定方面,新思想的获得、新技术的传播与控制问题,长期以来就是政府关注的焦点。而有关产业政策的一些新概念及具体政策的重新确定等则始终处于次要位置,近年以来,法国产业政策中越来越重视高技术及高技术产业的作用。政府将发展高技术看作是走出危机的最重要的手段。这已成为产业政策的一个重要的思想基础。官方的文件中频繁地出现如下的看法,即法国的那些正在衰退的部门的不断恶化的趋势必须靠高技术的应用,为了促进投资,政府加强了对外贸易的保护措施,削减公共开支转向与投资和研究人员有关的资助,吸引企业投标和投资参加政府大型计划等。

四、主导产业的选择政策

主导产业选择政策是指政府为了引导、促进主导产业的合理发展，从整个经济发展的目标出发，运用经济政策、经济法规、经济杠杆以及必要的行政手段、法律手段来影响主导产业发展的所有政策的总和。主导产业的选择基准为以下几点。

1. 需求潜力大

主导产业的产品应在国内和国际市场具有较大量、长期、稳定的需求。当然首先是针对国内市场，市场需求是所选择的主导产业生存、发展和壮大的必要条件。没有足够的市场需求拉动，主导产业很快就会衰落。

2. 技术进步快且适用性强

主导产业的选择必须特别重视技术进步的作用，所选择的主导部门应当能够集中地体现技术进步的主要方向和发展趋势。与此同时，我们还应注意到，我国受科技和教育水平的制约，整个产业技术水平还很低，不能过分追求高技术。我国技术与经济发展本来就有多层次的特点，技术进步也具有不同层次的内涵，并非一定具有最高水平。所以，我国选择主导产业，必须考虑到技术发展的多层次性和协调性，选择具有启动关联作用的"适用技术"。

3. 部门带动性强

主导产业的选择必须充分考虑它对相关产业的带动作用，它应具有较大的前、后向关联和影响，通过这种关联产生对一系列部门的带动与推进作用，并使这些部门派生出对其他部门的进一步促进作用，从而产生经济发展中的连锁反应和加速效应。

4. 就业效果好

我国人口众多，劳动力相对过剩，这一方面是劳动力资源丰富的优势，另一方面也造成巨大的就业压力。因此，我们选择的主导产业应具有强大的劳动力吸纳能力，能创造大量就业机会，这样可以既缓解就业压力，又充分发挥我国劳动力资源丰富这一比较利益优势。

5. 有进口替代或出口创汇能力

虽然我国主导产业应以国内市场作为主体市场，但在开放条件下，还必须具有国际竞争意识，重视国际贸易的作用。主导产业应在立足国内市场的基础上，有外向发展潜力，能在国际市场上形成较强的竞争能力，从而既增加有效供给时间，又可为国家换取外汇。在选择主导产业时还应注意选择那些有一定技术基础，但产品长期大量依赖进口的产业加以重点扶植，尽快实现产品的进口替代，并能在此基础上，不断提高技术水平，增强对引进技术的吸收、转化、创新能力，闯出一条"进口依赖——进口替代——出口创汇"的道路。

五、幼稚产业的扶植与保护

(一) 扶植幼稚产业的有关理论

1. 社会振兴费用学说

使生产规模扩大到国内生产价格低于进口品价格的产量水平,从而使产业实现市场自立所需的费用就称为产业的社会振兴费用。

2. 先行者利益学说

先行者利益表现为发达国家产业利用其在国际市场上已经具备的垄断地位,对后发国家产业的市场进入设置障碍,或是发达国家产业利用其有利的国际分工领域的先行占据,获得比后发国家更大的国际分工利益,使后发国家永远处于落后的地位。

3. 边际产业开发学说与产业扶植

在把本国企业的生产费用与外国企业的生产费用进行产业比较时,总可以找到一个本国与外国优势相当的产业,这个产业就称为边际产业。产业扶持政策是指国家或者地方政府在制定区域发展计划或规划纲要时,针对地区经济发展的实际情况,采取重点倾斜、优先扶持某些产业或部门的措施,促使它们优先发展,快速发展,以其带动其他产业的共同发展,从而促进整个地区经济发展的政策和措施。国家或者地方政府需要扶持的产业主要是支柱产业、先导产业、瓶颈产业及幼稚产业,目的主要是着眼于未来的产业优势,直接服务于产业结构的高度化。

(二) 幼稚产业扶植的政策

1. 国际贸易保护政策

贸易保护政策(trade protectionism)是一种国际贸易理论,是指在对外贸易中实行限制进口以保护本国商品在国内市场免受外国商品竞争,并向本国商品提供各种优惠以增强其国际竞争力的主张和政策。贸易保护主义在限制进口方面,主要是采取关税壁垒和非关税壁垒两种措施。前者主要是通过征收高额进口关税阻止外国商品的大量进口;后者则包括采取进口许可证制、进口配额制等一系列非关税措施来限制外国商品自由进口。

2. 国内扶植政策

扶植政策具体有以下几项:对符合国家鼓励产品进口设备免税、重大技术装备进口关键零部件和原材料免税;鼓励相关示范企业在股票市场上市,为企业融资提供支持和服务;省财政专项资金优先支持技术改造、技术创新;优先向国家推荐企业相关项目,争取国家重大专项、重点计划和专项资金支持。

着力推动经济结构调整和战略性新兴产业发展。战略性新兴产业大致包括七个方面:新能源——突出清洁能源和可再生能源;新材料——形成新材料与智能绿色制造体系；生命科学——10年实现优良品种的显著改良；生物医药——力争在干细胞研究领域取得领先地位；信息网络——突破传感网、物联网关键技术；空间海洋开发——加强海岸带可持续发展研究；地质勘探——提高资源勘探开采水平和效益。

六、衰退产业的调整政策

衰退产业，是指一个地区或一个国家的产业结构中不适应市场需求变化、不具备区位优势、缺乏竞争力的产业群，在产业结构中陷入停滞甚至萎缩的产业。衰退产业特征包括生产力过剩、成本高、资金减少等。产品结构调整，指衰退产业根据市场需求来调整。产业衰退指停滞甚至萎缩的产业。实施衰退产业撤退政策的必要性：实现有计划的撤退次序；降低撤退成本；维持经济和社会的稳定。

衰退产业调整政策的主要措施包括：（1）加速设备折旧；（2）市场保护、援助；（3）促进转产；（4）技术与经营支持；（5）转岗培训。

本 章 案 例

知识经济支撑产业结构优化路径[①]

知识产权制度为产业结构优化提供制度保障。产业结构的优化，主要涉及传统制造业的升级、高技术产业的发展和新兴产业的提前布局等。随着我国产业的发展壮大，中国制造遍布全球，有效的知识产权制度安排将有利于传统产业的稳定发展。知识产权是产业发展的重要动力来源和核心生产要素，知识产权制度为产业发展提供了明确的责任权利安排，有利于激发市场主体的创新积极性，不断完善和保护市场创新，为产业结构优化提供原始动力。

知识产权为产业结构优化提供要素路径。在新常态下，传统的劳动资本密集型产业的发展受到越来越多的限制，其产业效率提升缓慢，迫切需要新的生产要素的融入，而知识产权具有较低的边际成本，其规模效应显著，是新经济情境下产业发展的最核心要素，也是后发国家和地区追赶先进国家和地区的关键要素，因此知识产权为我国的产业结构优化提供了关键的生产要素，是中国制造2025战略实施中的关键节点。

知识产权是产业技术升级的必然路径。科学技术是第一生产力，产业技术的升级一方面体现为生产效率的提升；另一方面通过知识产权的形式固化并迅速推广。知识产权从创造到运用的过程，本身就伴随着传统产业的技术升级和新兴产

---

① 田家林、顾晓燕、史新和：《新常态下知识产权支撑产业结构优化的对策——基于省际面板数据的实证分析》，载《技术经济与管理研究》2019年第11期。

业的快速发展。因此，产业结构的优化通过知识产权的创造、运用和产业化得以直接体现。知识产权数量的增加、质量的提升、运营效率的提高本身就是产业升级的体现。

参考文献

1. 罗斯托：《经济成长的阶段》，商务印书馆 1995 年版。
2. 西蒙·库兹涅茨：《各国的经济增长》，商务印书馆 1985 年版。
3. 植草益：《产业组织论》，中国人民大学出版社 1988 年版。
4. 泰勒尔：《产业组织理论》，中国人民大学出版社 1997 年版。
5. 王俊豪：《产业经济学》，高等教育出版社 2012 年版。
6. 高志刚等：《产业经济学》，中国人民大学出版社 2016 年版。
7. 林恩·佩波尔等：《产业组织：现代理论与实践》，中国人民大学出版社 2014 年版。

第十一章　产　业　关　联

第一节　产业关联概述

一、产业关联的实质与方式

（一）产业关联的实质

产业关联：在经济活动中，各产业之间存在着广泛的、复杂的和密切的技术经济联系，这种技术经济联系就叫产业关联。产业关联的实质就是各产业之间的供给与需求关系。

（二）产业关联的方式

产业关联方式是指产业部门间发生联系的依托或基础，以及产业间互相依托的不同类型。

1. 前向关联与后向关联关系

前向关联：就是通过供给关系与其他产业部门发生的关联。例如：对钢铁业来说，它与汽车制造业的关系就是前向关联关系。后向关联：就是通过需求联系与其他产业部门发生的关联。例如：对钢铁业来说，它与煤炭采掘业的关系就是后向关联关系。

2. 单向关联和环向关联

单向关联：先行产业部门为后续产业部门提供产品，以供其生产时直接消耗，但后续产业部门的产品不再返回先行产业部门的生产过程，这种产业间的联系是单向联系。环向关联：A、B、C、D等产业部门间，先行产业部门为后续产业部门提供产品。作为后续产业部门的生产性直接消耗，同时后续部门的产品也返回相关的先行产业部门的生产过程（见图11-1）。

3. 直接与间接关联

直接关联：两个产业部门之间存在着直接的提供产品，提供技术的联系。

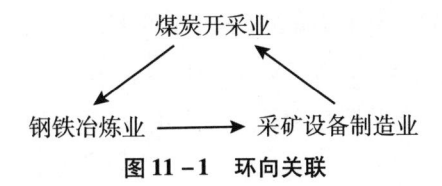

```
        煤炭开采业
       ↙        ↖
   钢铁冶炼业 → 采矿设备制造业
```
图 11 – 1　环向关联

例如：石油开采业 ⟶ 石油加工业。

间接关联：两个产业部门本身不发生直接的生产技术联系，而是通过其他一些产业部门的中介才有联系（见图 11 – 2）。

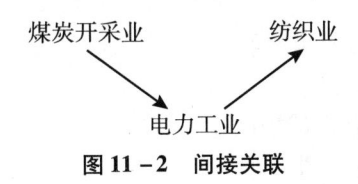

```
   煤炭开采业      纺织业
        ↘        ↗
          电力工业
```
图 11 – 2　间接关联

4. 纵向关联与横向关联

纵向关联：是指按加工序列形成的上游产业与下游产业、初加工产业与深加工产业，及最终产品生产之间的关联。

例如：铁矿开采业 ⟶ 钢铁冶炼业 ⟶ 汽车制造业。

横向关联：是指产业分工中同一序列各产业间的平衡关联，如煤炭与石油同属于采掘工业，它们之间互相消耗产品的关系就属于横向关联。

例如：采矿设备制造业 ⟶ 煤炭开采业。

二、产业关联的效应

我们定义 $X=(x_{ij})$ 为中间投入矩阵。其中，X 的第 i 个行向量为 i 产业作为供给者对其他产业的投入；而 X 的第 j 个列向量就是 j 产业作为需求方从其他产业所获得的各种投入（见图 11 – 3）。

$$X = \begin{bmatrix} X_{11}, & X_{12}, & \cdots\cdots & X_{1n} \\ X_{21}, & X_{22}, & \cdots\cdots & X_{2n} \\ \cdots, & \cdots, & \cdots, & \cdots \\ X_{n1}, & X_{n2}, & \cdots\cdots, & X_{nn} \end{bmatrix}$$

图 11 – 3　关联矩阵

1. 前向关联系数

前向关联系数又称为中间需求率，是各产业的中间需求与总需求之比，反映了各产业的总产出中，有多少是作为中间产品为其他产业所需求，中间需求率越高的产业部门就越具有原材料性质和基础产业的特点。

其计算公式为：$L_{F(i)} = \sum X_{ij}/X_i (i = 1, 2, \cdots, n)$

$L_{F(i)}$——i 产业的前向关联指数；

X_i 为 i 产业的全部产出；

X_{ij} 为 i 产业对 j 产业提供的中间投入。

2. 后向关联系数

后向关联系数又称为中间投入率，是各产业部门的中间投入与总投入之比，反映各产业部门为生产单位产值需从其他产业购进中间产品所占的比重，中间投入率越高，其附加值越低。其计算公式为：$L_{B(j)} = \sum X_{ij}/X_j (j = 1, 2, \cdots, n)$

$L_{B(j)}$——j 产业的后向关联指数；

X_j 为 j 产业的全部产出；

X_{ij} 为 j 产业从 i 产业获得的中间投入。

3. 直接关联效应分析实例

钱纳里和渡边经彦对美国、日本、挪威和意大利 4 国 29 个产出，依据具体数据将全部产业分成四类：

前向大 ⎰ 第Ⅰ类：中间投入型基础产业。特点：前向关联大，后向关联小
　　　 ⎱ 第Ⅱ类：中间投入型制造业。特点：前后向关联效应都比较大

前向小 ⎰ 第Ⅲ类：最终需求型制造业。特点：前向关联小，后向关联大
　　　 ⎱ 第Ⅳ类：最终需求型基础产业。特点：前后关联效应都小

三、产业间的投入与产出

（一）魁奈的经济表与投入产出理论（见图 11-4）

考察了"年预付"（流动资本）、"原预付"（固定资本）和"纯产品"（剩余价值）三者之间的关系。

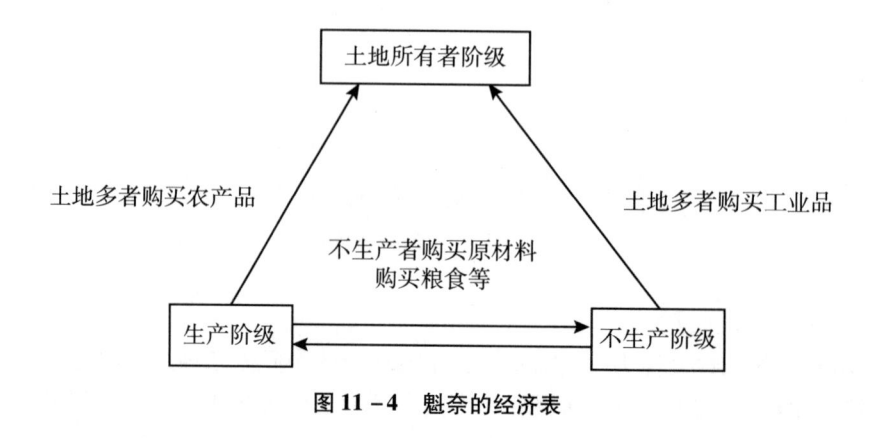

图 11-4　魁奈的经济表

(二) 马克思的再生产图式与投入产出理论（见表 11-1）

表 11-1　　　　　　　　　马克思的再生产图示

价值构成＼实物构成	中间产品 I	中间产品 II	消费	积累 I	积累 II	总产品
第 I 部类						
第 II 部类						
国民收入 v						
国民收入 m						
总产出						

(三) 瓦尔拉斯的一般均衡理论与投入产出理论

法国经济学家瓦尔拉斯 1874 年出版的《纯粹政治经济学纲要》一书中，以边际效用价值论为基础，运用数学的方法，考察了商品的供给和需求处于均衡状态时的价格决定问题，成为"一般均衡理论"的创建者之一。

(四) 里昂惕夫的投入产出理论

里昂惕夫创立的投入产出法有效地揭示了产业间技术经济联系的量化比例关系，因此，人们又把产业关联理论称为投入产出理论。投入产出理论是研究国民经济体系中或区域经济体系中各个产业部门间投入与产出的相互依存关系的数量分析方法。投入产出法，是通过投入产出表、投入产出模型来对产业间"投入"与"产出"的数量比例关系进行分析。因此，投入产出表和投入产出模型是产业关联分析的基本工具，包括实物型和价值型两种类型，使用最广泛的是价值型分析工具。

第二节　产业关联分析方法：投入产出法

一、投入产出表

(一) 投入产出表的形式

(1) 实物型投入产出表是以产品的标准单位或自然单位计量的。用于显示国民经济各部门主要产品的投入与产出关系,即这些主要产品的生产、使用情况,以及它们之间在生产消耗上的相互联系和比例关系(见表11-2)。

表11-2　　　　　　　　实物型投入产出表的一般形式

产出 投入	中间产品							最终产品	总产品
	产品1	产品2	…	产品j	…	产品n	合计		
产品1	X_{11}	X_{12}	…	X_{1j}	…	X_{1n}	U_1	Y_1	X_1
产品2	X_{21}	X_{22}	…	X_{2j}	…	X_{2n}	U_2	Y_2	X_2
…	…	…	…	…	…	…	…	…	…
产品i	X_{i1}	X_{i2}	…	X_{ij}	…	X_{in}	U_i	Y_i	X_i
…	…	…	…	…	…	…	…	…	…
产品n	X_{n1}	X_{n2}	…	X_{nj}	…	X_{nn}	U_n	Y_n	X_n
劳动力	L_1	L_2	…	L_j	…	L_n	L		L

(2)价值型投入产出表(见表11-3)。

表11-3　　　　　　　　价值型投入产出表的一般形式

		中间需求				最终需求				总产出
		产业1	产业2	…	产业n	积累	消费	…	出口	
各产出的中间投入	产业1									
	产业2	Ⅰ				Ⅱ				
	…									
	产业n									
毛附加值	折旧									
	劳动报酬	Ⅲ								
	社会纯收入									
合计										

(Ⅰ)中间需求部分,亦称为内生部分,是投入产出表的核心部分。它反映在一定时期内(如1年)一个国家社会再生产过程中各产业之间相互提供中间产品的依存和交易关系,是各产业之间经济技术联系的表象。

(Ⅱ)最终需求部分,亦称"外生部分"。它反映各产业生产的产品或服务成为最终产品那部分的去向。

(Ⅲ)毛附加价值部分,也是一种"外生部分"。这部分包括两部分:一是各产业部门提留的折旧;二是各产业部门在一定时期内,如1年内实现的净产值

（附加价值），亦即新创造的价值。

（二）投入产出表的结构

投入产出表的结构分为三个基本部分：（1）内生部分：反映了该经济系统各产业间发生的相互供给与需求关系；（2）最终需求部分：反映该经济系统向社会提供的最终需求部分；（3）毛附加值部分：反映经济系统实现的毛附加值，包括：劳动者的收入、企业的盈利和固定资产的折旧。

（三）投入产出表的均衡关系

1. 实物型投入产出表中的平衡关系

实物型投入产出表中的平衡关系式主要有三个：

(1) 总产品 = 中间产品 + 最终产品

(2) $X_i = \sum_{j=1}^{n} x_{ij} + Y_i (i = 1, 2, \cdots, n)$

(3) 劳动力总量 = 各产品生产所需劳动力数量之和 $L = \sum_{j=1}^{n} L_j (j = 1, 2, \cdots, n)$。

2. 价值型投入产出表中的均衡关系

价值型投入产出表，可以按行、按列，以及在行与列之间分别建立起平衡关系，这些平衡关系主要有：

(1) 各产业的总需求 = 该产业的中间需求 + 该产业的最终需求；

(2) 社会总需求（总产品）= 各产业的中间需求合计 + 各产业的最终需求合计；

(3) 各产业的总投入 = 该产业的中间投入 + 该产业的毛附加值；

(4) 社会总供给 = 各产业中间投入合计 + 各产业附加值合计；

(5) 各产业中间需求合计 = 各产业中间投入合计；

(6) 各产业最终需求合计 = 各产业毛附加值合计；

(7) 各产业的总需求 = 各产业的总投入（即投入等于产出）。

（四）投入产出表的前提假设

(1) 产业活动的独立性，是指各产业的经济活动除了投入产出的联系外不再有其他相关影响。

(2) 产业产出的单一性，指任一产业其产出是单一的，或相同的产出只能来自于同一个产业。

(3) 规模报酬的不变性，任何产业其投入的增减与产出的增减成正比例。

(4) 技术的相对稳定性，假设技术在一定时期内总是相对稳定的。

(5) 价格体系的公正性，即价格体系能公正客观地反映各产业的供求状况。

二、消耗系数

（一）投入系数

直接消耗系数又称投入系数，表示 j 产业总生产单位产品中所消耗掉 i 产业产品的数量。

公式为：$a_{ij} = X_{ij}/X_j (i, j = 1, 2, \cdots, n)$

X_{ij}——i 产业对 j 产业的中间投入；

X_j——j 产业的产出。

（二）完全消耗系数

完全消耗系数即一种产品 j 的完全消耗是指它对某种产品 i 的直接消耗和全部间接消耗的总和；j 产业产品对 i 产业产品的完全消耗系数就是直接消耗系数和全部间接消耗系数的总和，以 b_{ij} 来表示。

公式为：$b_{ij} = a_{ij} + \sum_{k=1}^{n} b_{ik} a_{kj} (i, j = 1, 2, \cdots, n)$

$b_{ik}(k = 1, 2, \cdots, n)$ ——所有产业对 i 产业的完全消耗系数；

$a_{kj}(k = 1, 2, \cdots, n)$ ——j 产业生产对所有产业的直接消耗系数；

$b_{ik} \cdot a_{kj}(k = 1, 2, \cdots, n)$ ——j 产业生产通过直接消耗每个产业的产品而形成的对 i 产业的全部间接消耗系数。

完全消耗系数矩阵可以在直接消耗系数矩阵的基础上计算得到，利用直接消耗系数矩阵计算完全消耗系数矩阵的公式为：

$$B = A + BA \quad B(I - A) = A$$

如果 $(I - A)^{-1}$ 存在，变换则有：

$$B = A(I - A)^{-1} \quad B = [I - (I - A)](I - A)^{-1}$$
$$B = (I - A)^{-1} - I$$

A 为直接消耗系数矩阵；

I 为单位矩阵；

B 为完全消耗系数矩阵。

（三）逆矩阵系数

$$AX + Y = X$$

根据上式得：$Y = (I - A)X$

$$X = (I - A)^{-1} Y$$

其中的 $(I - A)^{-1}$ 叫里昂惕夫逆矩阵，逆矩阵中的元素就叫逆矩阵系数。

（四）里昂惕夫矩阵（见图 11-5）

为生产每一单位 j 产品所需投入的第 i 种商品为一固定数量 a_{ij}，a_{ij} 称作投入系数。对于 n 部门经济投入系数可排成矩阵 $A = [a_{ij}]$，每一列表示生产每单位特定产业的产品所需的投入。

$$A = \begin{pmatrix} a_{11} & a_{12} & \cdots & a_{1n} \\ a_{21} & a_{22} & \cdots & a_{2n} \\ \cdots & \cdots & \cdots & \cdots \\ a_{n1} & a_{n2} & \cdots & a_{nn} \end{pmatrix}$$

图 11-5　里昂惕夫矩阵

若上述中的 n 个部门构成了整个经济，则他们所有的产出都将仅被用于满足同样 n 个部门的投入需求而非最终需求。同时经济中所用的所有投入将具有中间投入的性质而非基本投入的性质。为了允许最终需求和基本投入的存在，我们在 n 个部门的框架之外引入一个开放部门。考虑到开放部门的存在，投入系数矩阵 A 每一列的元素和必定小于 1。

即：$\sum_{i=1}^{n} a_{ij} < 1$，$(j = 1, 2, \cdots, n)$，因此生产 1 单位 i 商品所需的基本投入值应为 $1 - \sum_{i=1}^{n} a_{ij}$

若产业 1 要生产恰好足以满足 n 个产业的投入需求以及开放部门最终需求的产品，其产出水平 x_1 必定满足下列方程：

$x_1 = a_{11}x_1 + a_{12}x_2 + \cdots + a_{1n}x_n + d_1$ 或 $(1 - a_{11})x_1 - a_{12}x_2 - \cdots - a_{1n}x = d_1$

其中 d_1 表示对其产出的最终需求；

$a_{1j}x_j$ 代表第 j 产业的投入需求。

类似地，其他产业的产出水平应满足以下方程：

$$x_2 = a_{21}x_1 + a_{22}x_2 + \cdots + a_{2n}x_n + d_2$$
$$\cdots\cdots$$
$$X_n = a_{n1}x_1 + a_{n2}x_2 + \cdots + a_{nn}x_n + d_n$$

用矩阵符号可以表示成：

$$\begin{pmatrix} 1 - a_{11} & -a_{12} & \cdots & -a_{1n} & x_1 \\ -a_{21} & 1 - a_{21} & \cdots & -a_{2n} & x_2 \\ \cdots & \cdots & \cdots & \cdots & \cdots \\ -a_{n1} & -a_{n2} & \cdots & 1 - a_{nn} & x_n \end{pmatrix} = \begin{pmatrix} d_1 \\ d_2 \\ \cdots \\ d_n \end{pmatrix}$$

可将其写成 $(I - A)x = d$ 其中 x 和 d 分别为变量向量和最终需求向量。

矩阵 $(I - A)$ 被称作里昂惕夫矩阵。

第三节 投入产出分析法的应用

一、结构分析

结构分析是指对产业间的关系结构及其特征以及比例关系进行的研究和分析。结构分析原理：利用各种均衡关系，投入系数表反映了经济系统作为资源转换器的转换效率。结构分析的方法：（1）可对中间需要和中间投入进行分析（关联关系、依赖度）；（2）可对各产业进行比例分析：各产业的总产出占全部产业总产出之和的比重；（3）可对各产业的最终需求率进行分析：中间需求和最终需求；（4）也能对最终需求中的消费和积累按比例进行分析。

中间需求和中间投入分析。（1）中间需求是由投入系数所决定的其他产业（包括该产业本身）在经济活动中对某产业产出的消耗之和。（2）中间投入则是指由投入系数所决定的、某产业在经济活动中从其他产业（包括该产业本身）得到的投入之和。（3）中间需求率，是指各产业的中间需求和该产业的总需求之比。最终需求率 = 1 - 中间需求率。中间需求率越高的产业其产出用做其他产业原材料的成分就越大，就越具有基础产业的特点。而最终需求率越高的产业其产出用于最终需求的比例就越高，就越具有最终产品产业的特点。中间投入率是各产业的中间投入与总投入之比，毛附加价值率 = 1 - 中间投入率，显然，中间投入率越高的产业，其毛附加价值率就越低。

二、产业间的三角形配置图

1. 三角形的投入系数表（见图 11 - 6）

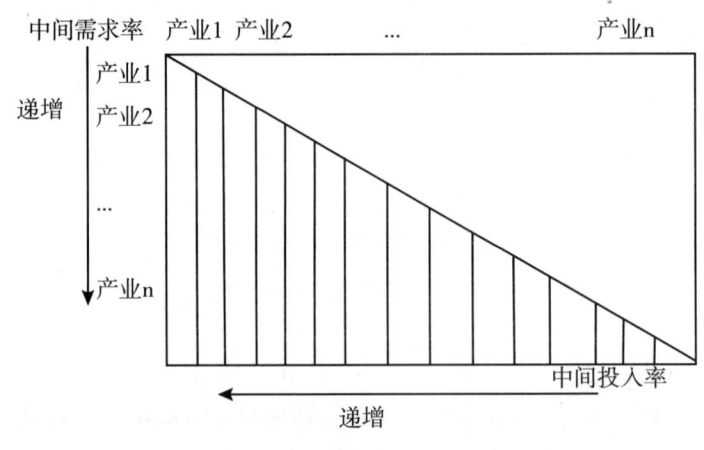

图 11 - 6 三角形投入系数表

2. 基础产业和最终产品产业

在图 11-6 下三角形的底端，产业 n 在生产过程中无需从其他产业处购入中间投入，而它的产出则全部作为中间需求提供给其他产业进行消费，从而不向社会提供最终产品。这样的产业具有作为整个产业结构基础的功能。因此，就把具有这种功能的产业称之为基础产业。

反之，在下三角形的顶端，产业 1 的产出不构成其他任何产业生产过程的中间需求，其所有的产出均成为最终产品而提供给社会作最终消费，并在其生产过程中需要吸收其他产业的部分作为自己的中间投入。这样的产业承担着向社会提供最终需求的主要任务，因此可将这类产业称之为最终产业。

3. 产业群

产业群的存在是由于各产业间的关联关系有亲疏远近。关联关系比较密切的产业在经济活动中的交往就必然多一些，自然就形成了一个"群"。1975 年，日本学者福井幸男对日本投入产出表进行三角化分析时，将日本全部 63 个产业分为六个产业群：

(1) 公共服务产业群；
(2) 非金属系下游产品制造业群（如纺织制品）；
(3) 金属系产品制造业群；
(4) 非金属系上游产品制造业群（化纤原料，基础化学工业）；
(5) 能源产业群；
(6) 私人服务产业群。

福井幸男认为，在当时的日本经济中，主要存在三条相互之间关系并不密切的产业链：

(1) 原油、天然气业→石油制品业→基础化学制品业→化纤原料制造业→纺织业→日常生活用品制造业。

(2) 煤炭采掘业 - +煤制品业 - 钢铁业→金属系上游产品加工业→一般机械工业→运输机械制造业。

(3) 林业→木材和木材制品业→纸浆、造纸业→印刷、出版业→教育、科研事业。进行产业群的划分，能为产业政策的制定提供有力依据，当对某产业进行促进或抑制时，可大致了解将引起哪些产业较大的反响。

三、经济分析

1. 分析产业间的比例关系

依据投入产出表的数据，计算以产值为根据的产业间比例关系、计算以净产值或最终产品为根据的产业间比例关系都是轻而易举的。不仅如此，投入产出表及其模型还为以大类产业分类的比例关系提供了良好的数量分析基础。这种数量分析为判别产业之间比例是否协调、合理以及如何调整提供了有力依据。

2. 分析积累与消费的比例

（1）通过计算积累实物构成系数与消费实物构成系数了解积累与消费的实物构成。

（2）通过投入产出模型了解积累消费比例、积累消费实物构成与所需各部门产品总生产量间的平衡。

（3）通过投入产出模型计算若干个积累消费比例，从分析中确定合理的积累消费比例。

3. 分析经济效应，分析国民经济各部门的比例

（1）通过分析投入产出表第Ⅰ象限中各部门与其他部门联系的广泛程度。

（2）通过分析各部门间的直接消耗系数与完全消耗系数，可以看出哪些部门对经济发展的间接影响较大。

（3）通过计算影响系数，可以了解哪些部门的发展会带动整个国民经济的加快发展。

第四节　产业波及效应分析

一、概念

产业波及是指国民经济产业体系中，当某一产业部门发生变化时，这一变化会沿着不同的产业关联方式引起与其直接相关的产业部门变化，并且这些相关产业部门的变化又会导致与其直接相关的其他产业部门的变化。

波及效果分析的两种形式：当最终需求项发生变化时，对整个经济系统产生的影响；当毛附加价值项有所变化时，对经济系统的影响。

波及效果分析的基础。投入产出表：一定时期经济活动的综合反映（经济系统）；投入系数表：各产业经济技术联系上的规律性；逆矩阵系数表：波及效果分析作用最大（也称波及效果分析表）。

产业波及源。产生产业波及效果的原因一般有两类：一类是最终需求发生了变化；另一类是毛附加价值发生了变化。

产业间的联系方式就是产业波及线路。产业间的联系方式规定了产业间波及的具体线路及其波及总效果。

二、逆矩阵系数表与波及效果分析

逆矩阵系数的经济学含义：当某一产业部门的生产发生了一个单位变化时，导致各产业部门由此引起的直接和间接地使产出水平发生变化的总和。因此，逆

矩阵系数表在波及效果分析中的作用最大，也被称为"波及效果系数表"。

三、产业波及效果现状分析

（一）产业的感应度系数和影响力系数

现状分析是运用逆矩阵系数从投入产出表提供的数据中引申出有关系数，来认识产业波及现状的有关规律。通常，把一产业受其他产业的波及作用称感应度，而把它影响其他产业的波及作用称为影响力。

1. 感应度系数

在逆矩阵系数表上，行向量的值即反映了该行所对应的产业在经济活动中受其他产业影响的波及程度，也就是感应度的大小。

感应度系数是指当国民经济各部门均增加一个单位最终使用时，某一部门由此而受到的需求感应程度，即该部门为满足与其直接或间接相关的产业部门的生产而发生的产出量的变化。当该部门受到的感应程度高于社会平均水平即各部门所受到的感应程度的平均值时，则表现为该部门的感应度系数大，反之亦然。

某产业的感应度系数＝该产业横行逆阵系数的平均值/全部产业横行逆阵系数的平均值的平均。

2. 影响力系数

在逆矩阵系数表上，纵向量值则反映了该列所对应的产业在经济活动中对其他产业影响的波及程度，也是影响力的程度。影响力系数反映当国民经济某一部门增加一单位最终使用时，对国民经济各部门所产生的生产需求的波及程度。当某一产业部门的影响力系数过大时，表示该部门的生产对其他部门所产生的波及影响程度超过社会平均影响水平，反之亦然。

某产业的影响力系数＝该产业纵列逆阵系数的平均值/全部产业纵列逆阵系数的平均值的平均。

（二）生产诱发系数及生产的最终依赖度

生产诱发系数用于测算各产业部门的各最终需求项目对生产的诱导作用程度，表示某一单位最终需求所诱发的各部门的生产额，说明各产业部门的生产受各需求项目影响程度的相对数。其计算公式为最终需求项目的诱发生产额与相应的最终需求额合计之比。反映某一个需求项目（如消费）每增加一单位的社会需求各产业部门将诱发多少单位的生产额。生产诱发系数越大，它的生产波及效果也越大。

根据方程可以用矩阵中某一行的数值分别乘以按项目分类的最终需求列向量（投资列向量、消费列向量、净出口列向量），得到由每种最终需求项目所诱发的各产业的生产额，即最终需求诱发产值额。

公式为：$W_{iL} = \dfrac{Z_{iL}}{Y_L}$ （i, L = 1, 2, …, n）

W_{iL}为第 i 产业部门的最终需求 L 项目的生产诱发系数；
Z_{iL}为第 i 产业部门对最终需求 L 项目的生产诱发额；
Y_L为各产业对最终需求 L 项目的合计数额。

生产的最终依赖度，利用生产诱发额还可对某一产业最终需求的各项目进行最终需求依赖度的分析。某产业最终需求各项目的依赖度是指该项目的生产诱发额与该产业所有最终需求项目生产诱发额的合计之比。

公式为：$W_{iL} = U_{iL} / \sum U_{iL}$

$\sum U_{iL}$——所有最终需求项生产诱发额之和；
W_{iL}——最终依赖度；
U_{iL}——产业 i 最终需求项 L 的生产诱发额。

四、产业波及效果分析的其他应用

（一）波及效果分析在计划编制中的应用

编制国民经济中长期计划是对国民经济进行宏观控制和计划指导不可缺少的重要手段。将波及效果分析应用于计划编制有助于增强所编制计划的科学性和有效指导性。波及效果分析应用于计划编制的基本思路是先预测出计划目标年份的最终需求量，然后依据投入产出模型和波及原理计算出这些最终产品需求量对各产业部门生产的波及以及相应产出量的影响。

（二）从最终产品出发编制计划的简要过程

（1）预测计划期内国民消费总需求；
（2）依据计划期生产的增长情况确定积累总额；
（3）确定计划期的直接消耗系数，对短期计划可参照使用报告期的直接消耗系数，而对于中长期计划，则要使用 RAS 法等进行预测；
（4）利用 $x = (I - A)^{-1} Y$ 计算计划期内各产业部门的总产出，并与各产业部门实际生产的可能进行反复平衡；
（5）选择一个比较合理的计划。

本 章 案 例

中日两国教育业的产业关联的比较

（一）直接消耗系数（见表 11-4、表 11-5）

表 11-4　　　　　　　　教育业对各产业的直接消耗系数

产业名称	中国	日本
第一产业	0.00399	0.00030
第二产业	0.29788	0.06746
教育业	0.00306	3.6E-07
第三产业（不含教育业）	0.15442	0.08451

总体来看，中国的教育业对三次产业的直接消耗量都大于日本，说明中国的教育业对各产业的直接依赖程度都高于日本。

表 11-5　　　　　　　　各产业对教育业的直接消耗系数

产业名称	中国	日本
第一产业	0.000649	0
第二产业	0.000808	0.000319
教育业	0.003056	3.6E-07
第三产业（不含教育业）	0.002744	0.000427

可见，中日两国的三次产业得到的教育服务都非常少，也就是说教育业为三次产业的发展提供教育服务的数量非常有限，即中日两国各产业对教育业的依赖度都很低。

（二）教育业的中间投入率和中间需求率（见表 11-6、表 11-7）

表 11-6　　　　　　　　教育业的中间需求率和中间投入率

	中国	日本
中间投入率（%）	45.93	15.23
中间需求率（%）	10.32	1.52

中日两国教育业都属于中间投入小、附加值高的产业，但中国教育业对上游产业的总体带动能力远远高于日本。

表 11-7　　　　　　　　教育业的中间需求率和中间投入率

	中国	日本
中间投入率	45.93%	15.23%
中间需求率	10.32%	1.52%

中国教育业的中间需求率略高于日本，但两国的教育业都是以提供生活性教育服务为主的产业。

（三）结论

（1）中国教育业对各产业的依赖程度高于日本。

（2）中、日两国各产业对教育业的依赖程度都非常低。

（3）中、日两国教育业都属于中间投入小、附加值高的产业。

（4）中国教育业的中间需求率略高于日本，两国的教育业都是以提供生活性教育服务为主的产业。

参考文献

1. 杨治：《产业经济学导论》，中国人民大学出版社1985年版。
2. 刘志彪等：《产业经济学》，机械工业出版社2017年版。
3. 苏东水等：《产业经济学》，高等教育出版社2015年版。
4. 臧旭恒、林平：《现代产业经济学前沿问题研究》，经济科学出版社2006年版。
5. 王俊豪：《产业经济学》，高等教育出版社2012年版。
6. 高志刚等：《产业经济学》，中国人民大学出版社2016年版。

第十二章 产业集群与产业布局

第一节 产业集群

一、产业集群的概念和特征

产业集群是指在特定区域中具有竞争与合作关系且在地理上集中、有交互关联性的企业、专业化供应商、服务供应商、金融机构、相关产业的厂商及其他相关机构等组成的群体。不同产业集群的纵深程度和复杂性相异。代表着介于市场和等级制之间的一种新的空间经济组织形式。

产业集群具有以下特征：

1. 空间集聚性

空间集聚是产业集群的外在表现形式，也是其首要的基本特征。绝大多数产业集群不仅包括专业组件、零部件、机器设备以及服务供应商、金融机构及其他相关产业的厂商，还包括下游产业的成员（或顾客）、互补性产品制造商、专业化基本架构的供应商及其他提供专业化训练的教育、信息、研究和技术支持的机构（如大学、培训机构），此外还有行业协会及其他支撑地方产业集群成员的民间机构等。按一些国内经济学家在欧洲各工业区所做的实际调查表明，产业集聚区内企业一般相距 1~500 千米，而且大约每平方千米有 50 家企业。

2. 柔性专业化

单纯的产业在地理上的扎堆并不必然导致合作与竞争关系，产业集群内集聚的企业是属于某一特定产业或具有直接上下游产业关联或具有其他密切联系的相关产业的企业。这种带有很强专业分工与合作关系的企业的空间集聚加上长期所形成的相互信任的产业文化，可以大大减少集群内企业间的不确定性，降低群内企业的交易费用，实现区域的外在规模经济和外在范围经济。因此，专业化是产业集群的另一个显著特征。

同时集群可以看成柔性生产的地域系统。柔性生产的"柔性"是用来描述对市场需求量、产品构成和产品设计等方面快速变化的适应能力，它是相对于福特制的"刚性"而言的。主要包括以下几个含义：首先，是指集群内企业生产和管理方式的柔性化，即对新的技术和观念具有快速吸纳能力，产品具有高度灵活性以适应不同顾客定做的要求，具有零仓储和超额的生产能力，智力和体力工作活动的一体化。其次，是指企业之间的柔性关系，即产业链上下游的供应商和客商企业之间的密切协作，生产和组织方式具有高度的灵活性，企业能获取更明确、更直接的需求信息，从而在产品和服务生产的过程实现了柔性化。最后，是指柔性劳动过程。在集群企业内，学习型员工大量存在，且劳动力的柔性使用机制，使员工有更多的机会与外部进行知识、信息的交流，外部创新的知识和技术得以更快地流入、渗透，增加了集群内企业的创新速度和可能。

以地理环境、资源禀赋等自然因素为基础原因形成中小企业集群的最典型代表是意大利。在意大利的33万家企业中，就业人口500人以上的大企业仅有625家，500人以下的中小企业占企业总数的99.82%，并且中小企业在意大利的地域分工也异常广泛，以中小企业为主的地区占到90%以上，为数众多的企业构成了大量的企业群。例如意大利三大毛纺中心之一的普拉托市，其中有881家毛纺企业与服务公司，有的企业只负责购进原材料，有的只负责毛纺生产的一两道工序，有的只负责半成品或成品，有的只负责经销，有的只负责运输，有的只负责机器设备的维修。这些企业各司其职，相互依存，形成无形的联合体。

3. 社会网络化

产业集群是一种产业网络体系，这种网络结构包括区内企业与企业之间、企业与地方政府部门之间、企业与各种类型的中介服务组织或企业（如研究开发、企业咨询、法律援助、资产评估以及金融、保险、广告、策划、审计、会计、测试、维修保养等各种服务性组织或企业）之间，以及企业员工与员工之间的各种正式与非正式的协作关系网络。正式的网络关系表现为各行为主体之间通过各种合同等形成的关系；非正式的网络关系表现为非合同且在长期交往过程中所形成的相对稳定关系。其中非正式的网络关系对产业集群竞争力的提高有非常重要的意义，这种网络是在人们经历了频繁而广泛非正式的交流和合作中不经意形成的，成为集群内的一种社会文化和社会资本，能有效地扩散和传递隐含经验类知识，从而更有效地推动人力资本和社会资本的社会化进程，加速知识、技术、管理创新速度，有效保持和提高区域的竞争力。

4. 植根性

植根性起源于社会经济学，其含义是经济行为深深嵌入社会关系中。产业集群的植根性一方面是指集群内的企业之间的关联；另一方面是指集群内的企业家之间的关联。首先，集群内企业不仅是在地理上靠近，更重要的是，它们具有很强的本地联系，这种联系不仅是经济上的，还包括政治、社会、文化等各方面。其次，集群内的企业家具有相同或相近的社会文化背景和制度环境，以此为基础，人们之间在经常的联系、互动过程中所采取的各种经济行为深深根植于互相所熟悉的圈内语言、背景知识和交易规则，因而具有可靠性和可预见性。共同的社会文化环境产生信任、理解和相互合作，相互信任和满意成为区内最有价值的资源。因此，产业集群是一种积极参与全球分工而又与本地社会文化高度融合的本地化的产业聚集。

二、产业集群的形成

（一）形成的条件

1. 必要条件

生产过程可分拆是产业形成集群的必要条件之一，只有产品生产过程可分拆为几个不同的步骤，才能够考虑企业间合作的可能性。例如，化铁炉的生产过程就不可分拆。由于技术上的原因，有些产品的生产是同时进行的，对于这类产品只需一个整体性的企业进行生产就可以了。一方面，生产的可分拆性取决于技术上的可分性；另一方面，为了使生产过程可分拆，产业中的大多数参与者必须达成一定共识，即就组织中的多重专业化分工形式达成共识。需要强调的是，在价值链上的参与者之间能够相互学习并能进行良性竞争。

最终产品可运输是产业形成集群的必要条件之二。如果产品不能实现空间的位移，产品提供者所在的地点将由消费者所在的地点决定。需要指出的是，产品和服务都应当是可运输的。例如，服务商是否能够跟随产品的移动而提供服务。此外，没有竞争者或没有机会参与竞争的产业集群是不能够界定其相应的地位的，因而其成员关系也不能转变为协作团体的关系，也不能产生相应的商业利益。因此，区别最终产品和中间产品是必要的，如果中间产品难于运输而最终产品易于运输，那么生产阶段厂商集中的必要性就增加了，因而整个产业集群形成的可能性就增加了。

2. 充分条件

长的价值链——多个成员之间为了形成最终产品而相互协作。产业专业化分工越明确，产业的竞争优势就越依赖于互补性活动，产业的环境就尤为重要，企业间相互协调的必要性也就大大增加了。这样的情况对分拆性的价值创造系统非常典型。需要强调的是协作带来的挑战。不同的参与者过去、现在和将来都不得不加强协作以便为其他成员提供合适的产品部件，并且不是提供一般的中间品，而是提供定制的中间品。价值链就是在此种情景下产生的。一方面，价值链的长度是由技术决定的，然而，专业化分工组织的研究者发现，每个单位活动具有不同的最优产出，通常企业由于规模效益而获得的额外利润比在市场上为获得同一利润需独自出售更多的产品要容易得多。另一方面，价值链细分还在于价值链的不同部分存在着不同的收益率。

能力的差异性——相异而互补的能力。一条价值链中能力差异越大，对单个企业来说处理的难度就越大。因此，不同合作伙伴之间的协作焦点都集中在不同能力之间的协调。同一价值链中互补差异知识的存在，是产业集群的另一个充分条件。

创新的重要性——作为集群动因的网络创新。产业创新过程中的互补性越强，协作创新的时间越短，相互协作的效率就越有可能成为成功的因素。如果一个产业不重视创新，那么那些创新的参与者之间的协作就不能带来产业的有效收益。这意味着产业内创新的重要性可以被认为是产业集群形成过程中的另一个充分条件。然而，有许多创新力有益于产业集群，但就哪一种创新类型能促进产业集群，学者们还没达成共识。一种理论认为，激进创新需要发挥彼此的互补协调作用，因而对于激进创新活动而言，就创新者周围环境制定一定的规定就显得尤为重要，因为创新活动牵涉到的企业组织数量很多。在相互适应的协同过程中非显性知识的交流扮演着重要的角色，非显性知识的存在对产业集群具有支持作用。基于以上认识，有些学者认为，在产品生命周期开始阶段产业的集群尤为重要。第二种对立的理论则认为，并非激进创新活动而是渐进的创新活动导致了产业集群的形成，因为在不同的成员之间进行持续而直接的知识交流对"基于产品的学习"过程是必要的。不同的渐进创新者之间的非显性知识交流是一个直接的相互作用的过程，因而当激进创新活动被渐进创新活动取代时，产业集群的过程就有望加速。

从以上简短的讨论中可以得出如下结论：要确定产业集群内行为主体间的明晰关系是很困难的。共同的场所使产业集群的形成成为可能，这样的产业特征存在着非显性知识，产业变革速度快，创新过程需要多个具有不同能力的企业的参与。不管产业是激进创新还是渐进创新，不管产业是刚刚形成还是已趋成熟，区别"基于发明的创新""实验型创新""网络创新"，则有益于我们理解由于不同类型的创新对产业集群形成的影响。

市场的易变性——柔性的企业将获得收益。对时间的控制比对空间的控制更为严格。换句话说，此结论意味着，当对需求时间的控制减弱时，空间上的任意定位也将减少。如果反应速度足够快的话，价值链上的参与者彼此靠近而相互协作带来的益处将会转变为竞争优势。比如快速变化的市场，市场决定了需求时间的灵敏度，因而，生产者对需求时间的控制将促进产业的集群。

相对市场变化而言，多组织系统比一般的一体化公司适应更快，转换成本更低。也就是说，市场的动态变化性有益于产业的集群。这样的时间灵敏度何时能够被察觉到？速度不光对高科技产业和有 Just-in-time 特征的生产过程具有重要意义，对于那些最终产品受流行趋势和季节周期影响的价值系统则更为重要。例如，基于快速变化市场的价值系统，基于时间的竞争是可能存在的。类似地，具有不同需求和个性化特点的市场，要求生产厂商具有高度的灵活性。另外，标准化产品要考虑对时间和空间的控制，结果降低了产业集群的可能性。

（二）形成的途径

区域性产业集群的形成路径主要有市场途径、成本途径和政府途径。

一是市场途径。当交易费用很大时，市场被分割成规模有限的条块，由空间距离所决定的不完全竞争性质和就地供应市场的要求决定厂商的数量有限，而有限的市场也抑制专业化分工和产品细分，市场外部性难以体现，整个经济空间为众多分布于不同区域的厂商和分散的规模有限的市场所覆盖。当交易费用逐渐下降，分立的小规模市场趋于融合，厂商和劳动力在更大规模的市场区域集聚。市场的扩大和厂商的集聚导致加工各环节与前期供料、后期销售等的专业化分工体系出现。专业化分工与交易费用下降进一步推动市场的扩张，市场外部性逐渐提升。进一步扩张的市场支持更多的厂商以更低的成本规模生产和开发细分产品，产业链不断分解、拉长，产品越做越精。市场外部性的显著提升，使得区域对更多的厂商形成吸引，从而形成"市场扩张—生产专业化/产品细分—外部经济加强—厂商集聚—市场扩张"的循环累积效应，最终导致较大规模的产业集群形成。

二是成本途径。聚集企业成本的高低是直接决定产业集群形成的重要因素之一。企业的集聚，首先带来交易费用的节约，直接降低企业的运行成本；其次，竞争对手的存在，迫使企业不断降低成本、改进产品与服务，获得比较成本优势；最后，竞争对手的集聚将通过专业化分工获得外部规模经济，区域经济的外部性增强，企业成本下降。聚集企业的成本下降将激励更多的企业在本地出现，而更多企业的集聚将进一步增强区域经济的外部性，企业成本进一步降低，从而形成"企业集聚—专业化分工/区域经济外部性增强—企业成本降低—企业集聚"的循环累积效应，逐渐形成较大规模的产业集群。

三是政府途径。虽然产业集群一般都是自发形成的，而且产业集群被普遍认为是一种"自发组织系统"，但地方政府对区域性产业集群的培育与发展起着十分重要的作用。我们对区域性产业集群的研究发现，在形成产业集群的经济因素中最关键的是交易费用的下降、专业化分工以及产业经济外部性的加强。产业集群形成的政府路径就是地方政府通过降低产业交易费用、引导专业化分工、提升产业经济外部性等非直接干预措施，培育产业集群形成的环境与利益机制。

（三）形成的动力机制

1. 外部动力机制

需求的异质性是产业集群形成的链接力。市场需求是集群发展的重要外部推力。市场需求的变化直接决定了集群发展的波动性。需求的变化决定了区域内竞争程度，促进集群内专业化分工的加深和集群内合作网络的形成，直接推进动力因素的更迭。因此，集群的发展必然是市场需求变化下的发展动力演进的过程。随着居民收入水平的提高，消费者的需求日益呈现异质性与多样性的特点。从市场细分的角度看，由于其资源的有限性与内部条件的差异性，任何一个商家都不能将自身的服务范围覆盖整个市场，而只能瞄准蕴含于其中的优势部分进行强势的占有，是每一个企业必须采取的市场战略。因此，在一个产业中，各个企业会按照市场细分的无限性原则，综合考虑外部环境与自身条件的基础上合理分割市场，形成了各个企业的市场定位。这些不同的市场定位构成了一个产业的横向关联，即每个企业都为自己的特定消费群体开展生产经营活动，既可以减少与同类企业之间的正面冲突，又可以使企业充分利用自身优势，更加专业化地生产，不断提高生产效率和服务质量。

知识外溢的空间集聚是产业集群形成的凝聚力。知识传递的空间集聚是指知识溢出和传递的效果与空间聚集的程度成正方向关系，即空间聚集程度越高，知识传递的效果越好。虽然信息技术的迅猛发展打破了知识传递的地域，而且大大地降低了交流沟通的成本。但是，国内外大量的实证研究表明，知识的传递，特别是那些过程性知识和策略性知识的隐性知识传播与习得，具有情境的依赖性。在隐性知识转移和习得的过程中，只有隐性知识的受体接近隐性知识传递的主体以及所依赖的情境，才能更好地转移和习得隐性知识。因此，面对面的沟通与交流仍然是它们扩散与传递的最佳途径。因此，处于同一产业的集群内的企业由于它们地理空间的临近和文化背景的相似，极大地促进了集群内各成员间的组织学习，不断地促进整个集群的创新。知识和技术的空间约束力演变成为产业集群的外部凝聚力。

对于横向的产业集群，集群内的各个企业之间都从事产业链中的相同环节，它们的原材料使用状况基本相同，对市场及客户需求也基本相似，因此，在生产经营过程中所运用的技术手段更具有通用性。近距离的知识学习与交流对于其中的任何一个企业都变得十分有意义。由于每个企业的优势点并不一样，都具有比较优势，因而它们之间相互构成了一定程度的互补性。例如有的企业在原材料采购方面具有优质的关系资源，有的企业在工艺流程上更加优化，而有的企业在售后服务方面掌握了诀窍。所以，从来就不存在某一个企业在知识和技术方面具有绝对的优势，在这样一种优势分布的结构集群中，知识和技术的交流与学习不仅是必要的，而且是促进整个产业集群优化的根本所在。这就从外部消除了企业因为学习或获取某种知识或技术而带来的成本和风险。正是集群内的知识与技术获取的便利性，凝集了多家相同产业的企业向集群内跟进和集中。

基础设施的共享是产业空间聚集的粘合力。产业集群一般趋向聚集于具有基础设施发达、智力资源密集、信息灵通、良好的生活环境质量、交通通讯便利的地区，基础设施是指为社会生产和居民生活提供公共服务的物质工程设施，是用于保证国家或地区社会经济活动正常进行的公共服务系统。它是社会赖以生存发展的一般物质条件。"基础设施"不仅包括公路、铁路、机场、通讯、水电煤气等公共设施，即通常所说的基础建设，而且包括教育、科技、医疗卫生、体育、文化等社会事业即"社会性基础设施"。它们是国民经济各项事业发展的基础。在现代社会中，经济越发展，对基础设施的要求越高；完善的基础设施对加速社会经济活动，促进其空间分布形态演变起着巨大的推动作用。建立完善的基础设施往往需较长时间和巨额投资。对新建、扩建项目，特别是远离城市的重大项目和基地建设，更需优先发展基础设施，以便项目建成后尽快发挥效益。

从微观的企业来看，基础设施具有公共性和社会性，即经济学中所指的公共产品，它是相对于私人产品而言，在使用过程中具有非排他性。所谓社会性，即基础设施是由政府根据社会需要和推动社会发展而提供的社会产品。既然基础设施是由政府提供的，它必然受到地方政府的预算约束，并不是无限供给。所以，基础设施是一种稀缺资源。从区域经济学的视角看，由于各个区域的经济发展水平不一样，其预算能力也是参差不齐，地方政府建立的基础设施体系的发达程度与分布状况是存在差异的。

关系资源的扩展是横向产业集群形成的扩张力。关系资源就是人脉资源，是社会资本形成的基础。社会资本理论的奠基者科尔曼认为，社会资本就是某些重要的社会关系。他认为，"行动者拥有某些资源，他们部分（或全部）控制着这些资源，并有利益寓于其中，行动者为了实现各自利益，相互进行交换，甚至单方转让对资源的控制，其结果，形成了维持存在的社会关系。"在科尔曼看来，社会关系能够存在是因为资源的拥有者为了实现各自的利益，相互进行交换。一般而言，企业社会资本是企业拥有的，嵌入在企业内外部的关系网络中的，通过协调的行动为企业的生产经营活动提供便利和机会的各种资源的集合，关系资源是网络结构中各节点的联结方式。总之，关系资源作为企业存续和发展的外部条件，为企业的发展和壮大提供各种机会和便利，产业集群中的每个企业在集群之前，都拥有各自的关系资源，为了竞争的需要，它们彼此之间是相互封锁的，因而形成了关系资源的专有性。也就是说一个企业所拥有的关系资源对于其他同类企业具有一定程度排斥性，关系资源的共享缺乏必要的体制和机制。在客观上增加了每个企业的交易成本，而且强化了市场功能的缺陷。一旦某一产业在特定区域落户后，产业传播便沿着一定的路径向外传播和扩散。其传播和扩散路径，一般是沿着血缘、亲缘、地缘的脉络向外依次选择推进的。在信息不对称的情况下，与自己具有血缘和亲缘关系的人自然成为最可靠的信息来源以及合作和模仿对象。随着产业集群的转型和升级，这些原始意义上的以亲缘为基础的网络组织逐步被企业之间"相互信任"的网络组织所替代，为各自的关系资源适当让渡与共享创造了条件。当每个企业将自己的关系资源进行一定程度的开放与共享，使集群内的外部关系资源产生了乘数效应，即关系资源的倍数扩展。从而对其他同类企业的跟进与聚集产生了扩张力。

2. 内部动力机制

范围经济效应。范围经济是横向产业集群内的最大优势。范围经济是相对于规模经济而言的，是指同时生产经营两种或两种以上类别产品的成本低于分别生产每种产品的成本之和时，那么组织所存在的这种经济状态被称为范围经济。产生范围经济原因有很多，如通用技术作用的发挥、资源上的互补性，要素共享、原材料的节约等。如果将产业集群看作是一种特殊组织方式的企业集团，那么其内部的每个部门共享外部的基础设施和关系资源则是产业集群获取范围经济的根本所在，这是集群的纵向边界扩大而带来的好处。由于一个地区集中了某项产业所需的人力、相关服务业、原材料和半成品供给、销售等环节供应者，从而使这一地区在继续发展这一产业中拥有比其他地区更大的优势。

规模经济效应。规模经济理论是经济学的基本理论之一，也是现代企业理论研究的重要范畴。规模经济理论是指在一特定时期内，企业产品绝对量增加时，其单位成本下降，即扩大经营规模可以降低平均成本，从而提高利润水平。兼并可以在两个层次上实现企业的规模效益，即产量的提高和单位成本的降低。兼并给企业带来的内在规模经济在于：通过兼并，可以对资产进行补充和调整；横向兼并，可实现产品单一化生产，降低多种经营带来的不适应；纵向兼并，将各生产流程纳入同一企业，节省交易成本等。兼并的外在规模经济在于：兼并增强了企业整体实力，巩固了市场占有率，能提供全面的专业化生产服务，更好地满足不同市场的需要。规模经济分为内部规模经济与外部规模经济。

交易成本的节约。制度经济学的代表人物康芒斯将人类经济活动分为生产活动和交易活动两大类。科斯在康芒斯的基础上，提出了"交易成本"的概念。他认为任何交易活动都是要产生成本的，而且这种成本完全可以计量出来，因此不同制度下的交易成本可以进行比较，这一概念被广泛应用于各种经济形态和经济活动的考察之中。在这种广泛的应用中，"交易成本"的概念得到了界定，即它是经济制度的运行费用，也就是人们在经济活动中，耗费在与人打交道的过程中的费用。交易成本的内容具体包括：（1）市场信息成本：即有关收集和传播市场信息的费用，其中最主要的是关于价格信息的费用；（2）合同谈判成本：即为订立合同而进行谈判所支出的费用；（3）合同履行成本：即为使合同得以履行而必须支出的费用，如制定与执行经济法和进行诉讼的费用；（4）运输成本。科斯认为，企业的作用就在于可以降低交易成本，从而增加社会福利。由于横向产业集群内的各个企业经营的产品是同类异质的，在采购渠道、生产方式、销售方式等方面具有极大的协同性。集群内的一个企业与外部所获得的交易关系或交易范式，都可能成为其他关联企业交易的范例。同时，一个企业所获取的商业信息在集群内扩散和共享后，减少了其他企业重复获取外部信息的成本。这种建立在一种社会信任基础上的产业集群是节约交易成本的社会基础。

三、中国产业集群的类型及形成机制

根据形成机制的不同，我国产业集群可以分为六种类型：资源驱动型产业集群、贸易驱动型产业集群、外商直接投资型产业集群、科技资源衍生型产业集群、大企业种子型产业集群和产业转移型产业集群。不同类型的产业集群其形成机制有本质上的差异。

（一）资源驱动型产业集群

资源驱动型产业集群是指凭借本地区独特的产业专业化条件、工商业传统和自然资源,依靠民间微观经济主体的自发创新并在内生性民间资本积累的推动下和获得相对全国其他地区体制优势的情况下,借助市场力量逐渐生成的产业集群。此类产业集群包括社会资源驱动型和自然资源驱动型两类,前者主要分布在东南沿海地区,所凭借的是当地的工商业传统、文化等社会资源,后者主要分布在中西部地区,所凭借的是当地的矿产、农副产品等自然资源。

东南沿海地区,受到过去台海关系的影响,国家没有投资布局大型工业企业,当地工业经济发展水平非常有限。由于没有更多的资本,当地只好利用廉价的劳动力,发挥传统经商、手工业技术优势和部分自然资源,在改革开放后开始搞一些结合地方特色的中小企业,包括一些中小型的国有企业和门类众多的乡镇企业。伴随着这些企业的发展,一大批特色集镇竞相成长,成为发展地方经济的支柱,逐步形成了各具特色的产业集群。如江浙一带的纺织产业集群,广东的五金、家电等产业集群。

(二) 贸易驱动型产业集群

贸易驱动型产业集群是指以本土企业为主的国内贸易和出口贸易带动的产业集群。此类产业集群的起源往往是当地一些企业家在国内外市场中看到了商机,开始进行单个家庭或小规模企业的创业,成功之后迅速带动其他企业跟进,并有相应的配套企业共同成长,最终形成了面向全国和全球市场的产业集群。资源驱动型产业集群和贸易驱动型产业集群都是自发形成的,两者最大的区别是后者的发源地往往没有产业发展的基础,一般都经历了从无到有的发展历程。此类产业集群在我国现有的产业集群中占有很大的比例,广泛分布在纺织品、机电产品、家具等技术含量较低的日用消费品行业中。以浙江温州、广东中山等地的产业集群为典型。

(三) 外商直接投资型产业集群

在我国对外开放过程中,一些地区凭借优越的地理位置、优惠的投资政策、丰富的土地资源和充足的廉价劳动力,在地方政府培育、企业创造性模仿和企业家精神等共同作用下形成了以外商直接投资为主的产业集群。外商直接投资型产业集群以 IT 产业为典型代表,其形成形式主要有两类:一是围绕个别外商投资的龙头企业形成众多企业配套的产业集群,如以前北京以诺基亚为龙头的移动通信产业集群;二是全球行业内的大企业和产业链上下游企业集聚的产业集群,如苏州昆山市,目前共有外商投资企业 2583 家,在其笔记本电脑产业集群中,中国台湾十大笔记本厂商中有 6 家在昆山投资建厂。

外商直接投资型产业集群主要分布在长三角、珠三角和环渤海经济圈等地区。早期主要投资于广东一带,之后向上海、苏州、北京等地扩展,在 21 世纪初期达到了高峰。改革开放后,广东、福建沿海地区以优惠的投资政策、丰富且廉价的劳动力和土地资源的比较优势和邻近港澳地区的区位优势,通过"三来一补",迅速发展成为中国台湾和中国香港制造业的"加工工厂",加入到全球生产网络中来。

(四) 科技资源衍生型产业集群

中关村产业集群是科技资源衍生型产业集群的典型代表。中关村是我国教育和科研资源最为密集的区域,有以北大、清华为代表的68所著名大学和以中科院为代表的270家科研机构;国家重点实验室51个,占全国的28%;国家工程研究中心22个,占全国的22%;国家工程技术研究中心,占全国的19.8%;国家级企业技术中心13个;国家级专业基地11个;还有跨国公司设立的研发中心65个。围绕着这些科研资源集聚和发展了众多企业,形成了以科研资源为依托、以科技创新为重点、以技术推广应用为内容的高新技术产业集群。1980年中关村诞生了第一家高技术企业,到1987年底,中关村10平方公里的地面上聚集了148家高技术企业,其中97家为电子信息技术产业,占中关村企业总数的66%。1988年中关村被确定为"北京市高技术产业试验区",区内高新技术企业数目迅速增长,到1998年增至4500家,2006年底,中关村科技园共有企业16000家,大都是创新型的中小企业。目前,中关村已经形成了以信息产业为龙头,多个高技术产业蓬勃发展的局面,在软件、集成电路、网络通信、生物医药、环保新能源等重点产业形成了国内领先的产业集群。

(五) 大企业种子型产业集群

作为产业集群种子的大企业主要有两类:第一类是传统的国有大中型企业,它们是20世纪50年代实施的国土资源计划、60~70年代的三线建设甚至是80年代的区域规划、产业布点的产物;第二类是市场竞争中逐步成长起来的大企业,在产权形式上可能是民营企业,也可能是国有企业。改革开放以来,传统国有大中型企业发展一般有两种结果:一是逐步走向衰落,最后经破产或改制消亡;二是通过体制和机制改革,适应市场经济发展,逐步做大做强,成为产业中的龙头企业。在第一种情形中,原国有大中型企业的裂变为该地区留下了相应的人才、技术、设备等产业基础,在其他推动因素如市场需求、外商投资等的推动下,逐步形成了以原国有大中型企业为基础的产业集群,此类产业集群也被称为大企业裂变型产业集群。大多数大企业种子型产业集群都是围绕着逐渐做大做强的传统国有大中型企业和在市场竞争中逐步壮大的其他大型企业发展起来的。随着企业间竞争的加剧和专业化分工的演进,很多大企业往往专注于某一环节的核心能力建设,而将其他业务外包出去,这样就吸引了众多的中小企业依附在周边,为大企业配套服务,从而形成了全产业链的产业集群。

(六) 产业转移型产业集群

此类产业集群主要存在于中西部地区。相比东部沿海地区,中西部地区在资金、技术、市场、人才、对外贸易等方面处于弱势，但在劳动力、土地、自然资源等方面具有优势。近几年，随着东部沿海地区产业容量的缩小，产业北移与西进的转移态势十分明显，中西部地区在承接东部沿海地区的产业转移过程中逐步形成了产业集群，以劳动密集型、土地等资源依赖型的产业集群为主。产业转移型产业集群的形成一般依赖于当地已有的产业条件，很多情况是该地区本身已经形成了一定规模的企业集聚，具有承接东部产业转移的基础，进一步的产业转移使得集群快速形成和发展。

四、产业集群的测度

（一）空间基尼系数

空间基尼系数是衡量产业空间集聚程度指标的一种，由克鲁格曼在1991年时提出，当时用于测算美国制造业行业的集聚程度，该方法应用较为广泛，其公式如下：

$$G = \sum_{i=1}^{n}(S_i - X_i)^2$$

在此公式中，G为空间基尼系数，为地区i的某产业的相关指标（产值、就业人数、销售额、资产总额等）占全国该产业的比重，n为全国地区的数量。G的值在0和1之间，若G的值越是接近0，那么该地区的产业分布越均衡，若G的值越接近1，则产业集聚程度越强。

此指标的缺陷在于：空间基尼系数大于0并不一定表明有集群现象存在，因为它没有考虑企业规模的差异。举例而言，如果一个地区存在一个规模很大的企业，有可能就会造成该地区在该产业上有较高的基尼系数，但实际上并无明显的集群现象出现。利用空间基尼系数来比较不同产业的集聚程度时，会由于各产业中企业规模或地理区域大小的差异而造成跨产业比较上的误差。

（二）区位商

在区域经济学中，通常用区位商来判断一个产业是否构成地区专业化部门。区位商是指一个地区特定部门的产值在地区工业总产值中所占的比重与全国该部门产值在全国工业总产值中所占比重之间的比值。区位商大于1，可以认为该产业是地区的专业化部门；区位商越大，专业化水平越高；如果区位商小于或等于1，则认为该产业是自给性部门。一个地区某专业化水平的具体计算，是以该部门可以用于输出部分的产值与该部门总产值之比来衡量。地区某产业专业化系数＝1－1/区位商。利用它可以为人们发展区域经济提供定量分析数据参考依据。

(三) 首位度指数

首位度是一个形容市场竞争力的指标,特别是可以发现某品牌与市场第一名(首位品牌)的差距是拉大了还是缩小了。下面举例说明首位度的算法,假设:中国国内冰箱市场的销售额份额和排名,海尔30%,西门子20%,那么西门子的首位度 = 20% ÷ 30%。

1. 城市首位度

城市首位度是用于测量城市的区域主导性的指标,反映区域城镇规模序列中的顶头优势性,也表明区域中各种资源的集中程度;一般用一个地区最大城市与第二大城市经济规模之比来表示这个最大城市的首位度,它通常用来反映该国或地区的城市规模结构和人口集中程度。一般认为,城市首位度小于2,表明结构正常、集中适当;大于2,则存在结构失衡、过度集中的趋势。很多发展中国家的第一大城市的人口往往比第二大城市的人口多3~9倍,最高达到12~13倍。也有种说法是指一个国家、地区或者省的首都或省会城市人口占总人口的比例。

2. 经济首位度

经济首位度用来度量城市发展属性的参数,一般是指在一个省域范围内,第一大城市经济指标占全省的比重,也代表了这个城市在所属区域的实力和地位。

(四) 产业地理集中指数

1. 产业绝对地理集中指数

产业绝对地理集中指数最初被 Haaland et al. 采用,其公式为:

$$S_K^A = \sqrt{H/m} = \sqrt{\frac{1}{m}\sum_i (S_i^k)^2}$$

其中:S_K^A 为 k 产业绝对地理集中指数,H 为赫芬达尔指数,m 为区域的个数,S_i^k 表示 k 产业在 i 地区就业人数(或者产值)占全国的份额。

绝对地理集中指数没有考虑地区规模大小的差异,主要衡量经济活动地理分布的绝对集中程度。当所有地区都具有相同的份额时,该指数为:1/m,表示分布绝对平均;当产业完全集中于某一地区时,该指数为:$\sqrt{1/m}$。

2. 产业相对地理集中指数

产业相对地理集中指数也被称为修正的胡佛 - 巴拉萨系数,Amiti、Haaland et al. 使用该指标研究了欧盟的产业地理集中,其计算公式为:

$$S_K^R = \sqrt{\frac{1}{m}\sum_i (S_i^k - S_i)^2}$$

其中:S_K^R 为 k 产业相对地理集中指数,其中 m 为区域的个数,S_i^k 为 i 地区 k 产业的总产值(或者就业人数)在全国 k 产业中所占的份额,S_i 为 i 地区整个制造业在全国的份额。

相对地理集中指数主要是衡量某产业的地区分布不同于平均分布的程度。当某产业的空间分布与整个制造业的空间分布相一致时，该指数取值为0。

第二节 产业布局

一、产业布局的形成与发展

产业布局是指产业在一国或一地区范围内的空间分布和组合的经济现象。产业布局在静态上看是指形成产业的各部门、各要素、各链环在空间上的分布态势和地域上的组合。在动态上，产业布局则表现为各种资源、各生产要素甚至各产业和各企业为选择最佳区位而形成的在空间地域上的流动、转移或重新组合的配置与再配置过程。其合理与否影响到该国或地区经济优势的发挥和经济发展的速度。

（一）产业布局理论形成

1. 杜能的农业区位理论

1826年德国经济学家杜能从区域地租出发，探索因地价不同而引发的农业分带现象，创立了农业区位论，奠定了产业布局经济理论的学科基础。杜能撰写了《孤立国同农业和国民经济的关系》，该书中提出了著名的孤立国与农业圈理论。

杜能农业区位理论的中心思想是要阐明：农业土地经营方式与农业部门地域分布随距离市场远近而变化，而这种变化取决于运费的多少。它将复杂的社会假设为一个简单的孤立国，并提出以下假设条件：

（1）地理位置：孤立国位于中纬度的大平原上，土地广阔、肥沃，气候适宜。

（2）单一中心：孤立国唯一城市位于中央，该城市是工业品的唯一供给中心和农产品的唯一贩卖中心。

（3）经营者同质性：农业经营者的能力相同，技术条件一致。

（4）市场化农业：农业经营以谋取最大利润为目的。

（5）交通条件：只有陆运，马车是唯一交通工具，运费与市场远近正相关。

（6）孤立国市场的农产品价格、农业劳动者工资资本利息是均等的。

杜能从这个假设的"孤立国"出发，深入分析了在孤立国内如何布局农业才能从每一单位面积土地上获得最大利润的问题。他认为，利润 π 是农产品价格 P、农业生产成本 C 和农产品运往市场的运费 T 的函数，即 $\pi = P - (C + T)$。杜能利用此公式计算出各种农作物组合的合理分界线，并将孤立国划分成6个围绕城市中心呈向心环带的农业圈层，由里向外依次为自由农作区、林业区、轮作式农业区、谷草式农业区、三圃式农业区、放牧区或家畜饲养区，每一圈都有特定的农作制度，这即是"杜能圈"，如图12-1所示。

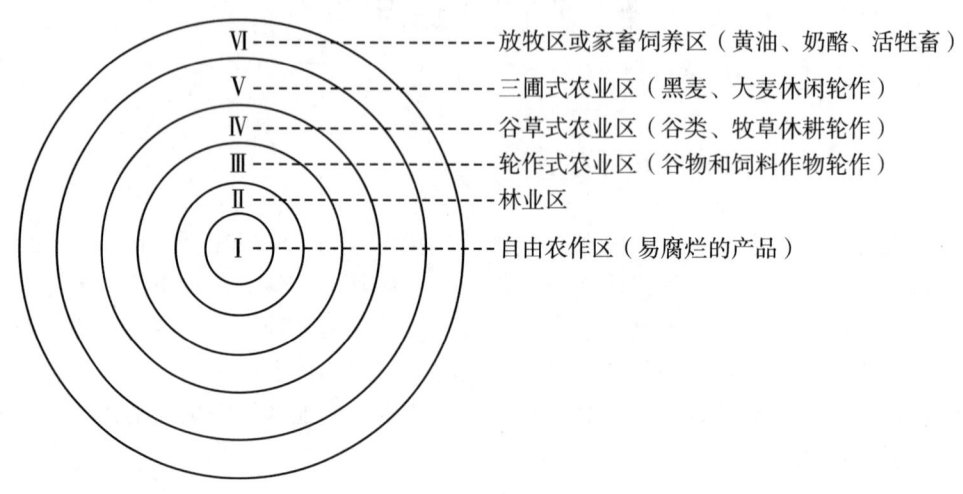

Ⅵ —— 放牧区或家畜饲养区（黄油、奶酪、活牲畜）
Ⅴ —— 三圃式农业区（黑麦、大麦休闲轮作）
Ⅳ —— 谷草式农业区（谷类、牧草休耕轮作）
Ⅲ —— 轮作式农业区（谷物和饲料作物轮作）
Ⅱ —— 林业区
Ⅰ —— 自由农作区（易腐烂的产品）

图12-1 杜能农业圈层理论

2. 韦伯的工业区位理论

德国经济学家韦伯是工业布局理论的创始人，其在德国产业革命的大背景下，提出了工业区位理论。他在1909年撰写的《工业区位理论：区位的纯粹理论》一书中提出了工业区位论的最基本理论。在1914年发表的《工业区位理论：区位的一般理论及资本主义的理论》一文中，对工业区位问题和资本主义国家人口集聚进行了综合分析。韦伯理论的中心思想是区位因子决定生产场所，将企业吸引到生产费用最小、节约费用最大的地点。

韦伯在进行工业区位理论研究时，也是将复杂的社会假设为一个简单的孤立国，并提出以下假设条件。

（1）分析对象：一个孤立的国家或特定的地区对工业区位只探讨其经济因素。

（2）生产条件同质性：孤立国或特定地区的气候、地质、地形、民族、工人技能都相同。

（3）已知的主要生产条件固定不变：工业原料和燃料、劳动供给、消费地（市场）、价格以及供求关系不变。

（4）同一产品：分析生产与交换时，均就同一类产品进行讨论。

（5）运输费用是重量和距离的函数，且唯一的运输方式是铁路货车运输。

韦伯把影响工业区位的经济因素称为"区位因子"，在众多区位因子中，经反复分析、筛查，最终确定了三个决定工业区位的因子，即运费、劳动力费用、集聚力。韦伯把这一过程分为三个阶段：第一阶段，假定工业生产引向最有利的运费地点，就是由运费的第一个地方区位因子勾画出各地区基础工业的区位网络，即基本格局；第二阶段，第二地方区位因子劳动力费用对这一网络首先产生修改作用，使工业有可能由运费最低点引向劳动力费用最低点；第三阶段，单一的凝集力或分散力形成的集聚或分散因子修改基本网络，有可能使工业从运费最低点趋向集中（分散）于其他地点。韦伯认为合理的工业区位应位于三个因子总费用最小的地方。

韦伯的工业区位理论是区域科学和工业布局的基本理论，其后的各种区位理论流派都是通过对韦伯理论的验证、完善或质疑而发展起来的，但它在实际应用中也有很大的局限性。

（二）产业布局理论发展

二战后，特别是20世纪60年代以来产业布局理论得到了巨大的发展，出现了各种论述，大致可分为五大学派。

1. 成本—市场学派

该学派以成本与市场的相依关系作为理论核心，以最大利润原则为确定区位的基本条件。其中影响较大的有：胡佛提出的以生产成本最低准则来确定产业的最优区位；弗农提出的产业寿命周期理论，认为处于不同生命周期的产业布局各有特色；克鲁格曼、波特等人的产业集群理论则从竞争经济学的角度去研究产业布局问题，认为产业集群对企业竞争是非常重要的，可以使企业更好地接近劳动者和公共物品以及获得相关机构的服务，企业成本越低，整个产业的竞争力就越强。

2. 行为学派

代表人物是普莱德。该学派最大特点是确立以人为主题的发展目标，主张现代企业管理的发展、交通工具的现代化、人的地位和作用是区位分析的重要因素，运输成本则降为次要因素。该学派认为，在现实生活中既不存在行为完全合理的经济人，也难以做出最优的区位决策，人的区位行为必然受到实际获得信息和处理信息能力的限制。

3. 社会学派

代表人物是克拉克、摩尔等人。他们推行政府干预区域经济发展，认为政策制定、国防和军事人口迁移、市场因素、居民储蓄能力等因素都在不同程度地影响区位配置，而且社会经济因素愈益成为最重要的影响因素。

4. 历史学派

代表人物是达恩、奥托伦巴等人。其理论核心是空间区位发展的阶段性。认为区域经济的发展是以一定时期生产力发展水平为基础的，具有很明显的时空结构特征，不同阶段空间经济分布和结构变化研究是理想区域发展的关键。

5. 计量学派

该学派以定量研究的可能性和准确性作为其理论核心，认为区位研究涉及内容广、范围大、数据多、人工处理已经显得无能为力，必须建立区域经济数学模型，借助计算机等科学技术工具进行大量的数据处理和统计分析。

二、产业布局的影响因素

（一）地理位置

地理位置一般是用来描述地理事物时间和空间关系。它是影响产业布局的因素之一。不同的地理位置，自然、经济、社会、环境和条件各不相同。地理位置对某些产业，如特色旅游产业、农业等这类对自然环境质量要求较高的产业的分布有明显的影响。产业通常也是优先布局在地理位置优越的地方，尤其是经济地理位置优越的地方。经济地理位置是指一个国家、一个地区或一个城市在国际、国内地域生产分工中的位置。经济地理位置的优劣则决定产业市场范围的大小，进而决定着产业集聚程度和分布状况。需要说明的是，随着科技的进步，社会生产力的发展，产业集聚与扩散规律的相互作用，地理位置对产业布局的影响有着弱化的趋势。

（二）自然因素

自然因素包括自然条件和自然资源。自然条件是指人类赖以生存的自然环境。自然资源是指自然条件中被人类利用的部分。自然条件和自然资源是生产的前提条件，也是产业布局的依据。自然条件和自然资源的存在状态及其变化对产业布局具有非常重要的基础性影响。它是一种重要的影响产业布局的因素，包括气候、土壤、植被、矿产原料、燃料、动力、水资源等，且各要素在地表的分布状况和组合特征差异显著。因而，自然因素对产业布局的影响，要针对各种不同的自然条件和自然资源，做具体分析。

（三）社会因素

1. 人口因素

人口数量、人口构成、人口分布和密度、人口增长、人口素质、人口迁移和流动，人口中的劳动力资源比重、分布、构成、素质、价格等构成人口因素的主要方面。它也是确定产业布局的一个重要因素。在人口众多、劳动力充裕的地区布局劳动密集型产业，如纺织、服装业等可使劳动力充分就业；在人口稀少的地区布局一些有效利用当地自然条件、自然资源的优势产业，有利于提高劳动生产率；在人口素质、劳动力素质高的地区布局技术密集型和知识密集型的产业，能满足其对各类人才的需求，提高产品质量增强竞争能力；在劳动力价格低廉的地区布局产业，可使劳动力费用在成本中所占的比重大大降低。

2. 社会历史因素

历史继承性是产业布局的基本特征之一，同时历史上形成的产业基础始终是新的产业布局的出发点。不同经济体制传统对产业布局的合理性、盲目性、波动性或趋同性也有明显的影响。可见，社会历史因素也是影响产业布局的一个重要因素。社会历史因素主要包括历史上已经形成的社会基础、管理体制、国家宏观调控法律政策、国内外政治条件、国防、文化等因素。它们是超经济的，也是独立于自然地理环境之外的因素。其中最主要的是表现为政府通过政治、经济和法律的手段对产业布局进行干预和宏观调控。它对产业布局有不可忽视的影响。而且，特定的社会文化环境和法制环境对某些产业集中于特定地区有较大影响。

3. 行为因子

行为因子是指决策者、生产者和消费者在确定产业区位过程中的各种主观因素。行为因子往往使产业区位指向发生偏离。事实上，无论是我国还是世界上其他国家，许多产业并非建立在最优区位。这种偏离，行为因子起了关键作用，其中特别是决策者的行为影响极大。决策者的行为在产业区位选择过程中的作用不容忽视，它取决于决策者个人素质的高低。生产者消费者的行为仅对产业区位指向产生一定的影响。就生产者的行为而言选择最优区位时，考虑最多的是能否招收到足量的员工，以及稳定员工队伍，就消费者的行为而言，选择最优区位时，考虑最多的是与老百姓吃、穿、住、用、行相关的城市产业的定位问题。

（四）经济因素

1. 集聚因子

集聚与分散是产业空间分布的两个方面。产业布局在空间上是趋于集中还是分散，取决于集聚因子的作用。产业在区位上集中，通常产生不同的集聚效果。它主要通过规模经济和外部经济实现。产业在区位上集中，可以减少前后关联产业的运输费用，从而降低成本。产业在区位上集中，可以利用公共公用设施，从而减少相应的费用。产业在区位上集中，便于相互交流科技成果和信息，提高产品质量和技术水平。产业在区位上集中，可以利用已有市场区位，扩大市场服务范围等。然而，应该指出的是，产业在区位上集中，既产生各种不同类型的集聚经济，又会产生一种集聚不经济。集聚不经济与集聚程度密切相关，集聚程度越高，可能产生的集聚不经济就越大。在集聚不经济的条件下，产业在地域上呈分散化趋势。集聚经济与集聚不经济同时存在，相互制约共同决定产业布局。由于各地的集聚条件存在显著的差异，因此，在集聚经济作用下将会导致产业向某些集聚条件优越的区域集中。在集聚不经济作用下，将会导致产业由某些过度集聚的区域分散出去。

2. 基础设施条件

基础设施是指人类生产和发展所需的基本的人工物质载体。它包括的范围很广，不但包括为生产服务的生产性基础设施，也包括为人类生活和发展服务的非生产性基础设施，如交通运输设施、信息设施、能源设施、给排水设施、环境保护设施、生活服务设施等。这些基础设施条件，特别是其中的交通运输条件、信息条件对产业分布的影响很大。交通运输条件主要指交通线路、交通工具和港站、枢纽的设备状况，以及在运输过程中运输能力的大小、运费率的高低、送达速度的快慢、中转环节的多少等。它们综合反映人员往来和货物运送的便利程度。交通运输条件同产业区位的关系十分密切。产业区位在最初总是指向交通方便、运输速度快、中转环节少、运费率低的地点。交通运输条件对第一、第二产业的制约作用尤为突出，它深刻地影响着农矿资源开发的次序、规模和速度。我国克拉玛依油田的开发落后于东部各类油田的主要原因，就在于克拉玛依油田偏居新疆，远离市场，交通不便，区位条件差。近年来，随着交通技术的发展，运输成本的不断降低，出现了一些加工工业区位由原来的原料地、燃料地指向转向交通运输枢纽指向的倾向，交通运输条件对产业布局的影响与日俱增。信息条件主要指邮政、电信、广播电视、电脑网络等设施状况。通常，在市场经济条件下，灵通的信息有利于准确地掌握市场，正确地分析影响产业布局的条件，以达到合理布局的目的。

3. 市场因子

市场有商品市场、资本市场等。商品市场泛指商品的销售场所，它不仅包括最终产品的消费地，也包括原材料或半成品的深加工地。它对产业布局的影响主要体现在以下四个方面：(1) 市场与企业的相对位置。一般而言，在市场竞争的压力下，这一因素促使产业区位指向能使商品以最短路线、最少时间、最低花费进入市场的合理区位。(2) 市场规模。即商品或服务的容量。它为产业区位的形成提供可行性。产业布局只有注重市场规模，才能生存和延续。否则，不研究市场需求量，盲目上马，只能导致市场供过于求、商品滞销、企业倒闭的恶果。(3) 市场结构。即商品或服务的种类，反映市场的需求结构从某种意义上讲，它是商品生产的"指挥棒"，将进一步引导产业区位指向最有利的地方。(4) 市场竞争。市场竞争可以促进生产的专业化协作和产业的合理集聚，使产业布局趋向更有利商品流通的合理区位。资本市场对产业布局的影响在现代社会表现得特别突出，资本市场发达、体系完善、融资渠道多样且畅通，尤其是产业投融资基金发达，产业布局就可以突破地域资本稀少的限制；相反，产业布局就会受到地域资本稀少的限制。

（五）技术因素

科学技术是影响人们利用和改造自然的能力，是产业布局发展变化的一种推动力。技术水平的高低及不同地区技术水平的差异都将影响地区的产业布局。一是自然资源利用的深度和广度对产业布局的影响。技术进步不断地拓展人们开发利用自然资源的深度和广度，使自然资源不断获得新的经济意义。这有利于扩大产业布局的地域范围，使单一的产品生产区转变为多产品的综合生产区，扩大生产部门的布局。二是技术通过影响地区产业结构，从而对产业布局产生重大影响。特别是随着新技术的不断涌现，一系列新的产业部门诞生，三次产业结构将不断变化，人类生产和生活的地域及方式也随之发生改变，从而对产业布局产生重大影响。三是技术通过改变交通运输方式，影响产业布局。如"临海型""临空型"的产业布局。值得注意的是，产业布局往往受双重或多重因素的影响。不同的地区，不同的影响因素所施加的影响是不同的，有的表现为主导作用，有的表现为次要作用。在不同的经济发展阶段，上述影响因素对产业布局的影响也是不一样的，有的从原来的次要影响因素成为主要影响因素，有的则从原来的主要影响因素降为次要影响因素。这就要因时因地、因产业做具体分析，从发展的角度评价各种因素在产业布局中的作用。

三、产业布局的一般规律和基本原则

（一）产业布局的一般规律

1. 生产力发展水平

生产力是一个多因素、多层次的有机体系，它的组成要素（劳动者、劳动工具、劳动对象、科学技术等）在社会发展的不同阶段有不同的水平、内容和形式。这些要素在特定时间的地域空间中的有机组合，形成特定历史时期的产业布局。生产力发展水平决定产业布局的形式、特点和变化，这是在任何社会形态下都发生作用的普遍规律，它是产业布局的基石。不论是哪个国家、地区，无论是社会经济发展的哪个阶段，这一规律都能从产业布局的演化中反映出来。人类社会不同生产力发展阶段与产业布局的关系，我们可以看到，生产力发展是产业布局发生量的扩张和质的飞跃的原动力。

在农业社会，生产工具经历了石器、铜器和铁器阶段。在农业社会后期，部门分工和劳动地域分工逐渐形成，但总的说来，这个时期的生产力水平低下，自然经济占主导地位，商品经济不发达；产业部门简单，农业占绝对优势，手工业和商业处于附属地位，交通运输不发达；人类对自然的依赖程度较大，自然条件与自然资源，尤其是农业自然资源直接影响产业分布的形式和内容，少数工场手工业主要分布在有水力和获取原料与销售产品方便的地方，产业布局呈现出与生产力水平相适应的分散性，如表 12-1 所示。

表 12-1　　　　　　　生产力发展水平与产业布局的关系

生产力发展阶段	能源动力	生产工具	交通工具	产业布局主要特点
农业社会	人力、兽力、水力	石器、铜器、铁器、手工机械	人力车、畜力车、风帆船	农业自然条件对产业布局起决定作用，产业布局有明显的分散性
第一次科技革命（18世纪末至19世纪初）	蒸汽动力	蒸汽机械	蒸汽火车、蒸汽轮船	产业布局由分散走向集中，工业向动力基地和水陆运输枢纽集中

续表

生产力发展阶段	能源动力	生产工具	交通工具	产业布局主要特点
第二次科技革命（19世纪末至20世纪初）	电力、内燃动力	电力机械、内燃机械	内燃机车、电力机车、汽车、飞机、内燃机、船舶	产业布局进一步集中，交通、位置条件等在产业分布中的作用得到加强
第三次科技革命（第二次世界大战后）	原子能	电子计算机、机器人	航天飞机、宇宙飞船、高速车辆	懂科技、高技术的劳动力，快速、便捷的交通枢纽成为产业布局的重要条件，产业布局出现了新的形式。未来产业布局将从过分集中走向适当分散

资料来源：作者整理。

18世纪60年代，从英国开始的产业革命使人类社会发生了巨大历史变革，从而引发了产业布局的巨变。首先，蒸汽机的发明使煤炭代替水力跃居为主要动力，机器大生产代替了手工工场。在产业布局上则表现为工业由沿河流分散的带状分布发展到围绕煤炭产地和交通枢纽等地集中布局，并由此导致工业城市雨后春笋般地增加起来。之后，电力作为动力资源的普及，又使产业布局呈现出新的特点，进一步趋于集中。

在电气时代，不仅出现了大批新的产业部门，如石油与天然气工业、有色金属工业、机器制造工业、化学工业、电力工业等，而且各产业部门的布局范围显著扩大，人们在产业布局中获得更大的自由和主动。人类利用自然条件与自然资源的能力大为提高；区位、交通、信息条件等在产业布局中的作用大大增加；在产业布局中人口数量因素的作用在减弱，人口与劳动力素质的作用在增强，高素质的劳动力对现在及未来的产业分布的作用与日俱增；社会经济因素对产业布局的影响增加，管理体制、政策、法律、关税与国际环境等，无一不对产业分布产生强烈影响。产业布局的形式也发生了巨大变化：工业生产分布进一步走向集中，形成工业点、工业区、工业城市、工业枢纽、工业地区和工业地带等空间上的集中分布形式；农业逐渐工业化和现代化，农业地域专门化成为农业分布的重要地域形式；交通运输业逐渐现代化，综合运输与综合运输网成为交通运输业地域分布的重要形式；第三产业迅速发展，对产业布局的作用也日益明显；城市成为产业分布的集中点等。

以计算机、原子能为特征的第三次科技革命，则使社会经济向前迈进了一大步，产业布局条件也随之发生了明显的变化，懂科技、高技术的劳动力，以及快速、便捷的交通枢纽（如大的航空港、高速公路枢纽等）成为产业布局的重要条件，临海、临空地域等成为产业布局的重要地域。近些年来，在世界主要发达国家里，又开始酝酿一场新的科技革命浪潮。未来世界将进入智能社会，智力和科学技术将成为影响产业布局的重要因素，产业布局将从原来的过分集中走向适当分散，一些知识、技术密集型工业，如电子、激光、宇航、光导纤维、生物工程、新材料等新兴产业将得到蓬勃发展。

2. 劳动地域分工规律

地域分工是在人类社会发展过程中产生的。最早出现的是原始的自然分工，以后发展到劳动地域分工。即当一个地域为另一个地域劳动、为另一个地域生产产品并以其产品与外区域实现产品交换时，劳动地域分工就产生了。劳动地域分工是各地区之间经济的分工协作、社会经济按比例发展的空间表现形式，是地区布局条件差异性的客观反映。通过劳动地域分工，各地区就可以充分发挥各自的优势，生产经济效益高的产品。相互之间就可以实现广泛的产品交换，从而促进商品经济的广泛发展，以取得巨大的宏观经济效果。地域分工的深化和社会生产力的提高相互促进，推动了产业布局形式由低级向高级不断演进和发展。合理的劳动地域分工不仅能发挥地区优势，促进商品流通，更重要的是能够形成合理的产业布局。产业合理布局的目的也就在于实现合理的地域分工与交换。遵循劳动地域分工规律，合理地进行地域分工，将始终是推动不同阶段的社会生产向前发展、不断提高社会劳动生产率、实现产业合理布局的强大手段。正是在劳动地域分工规律的作用下，世界各地区逐渐形成了分工协作的统一的世界经济系统。这就要求在考虑一个国家或地区的产业布局时，必须把它纳入更大范围的经济联系中去分析，才能使这一国家或地区的经济发展在劳动地域分工体系中形成自己的特色，产生巨大的经济效益和社会效益，才能做到产业的合理布局。

3. 产业布局"分散—集中—分散"的规律

集中与分散是产业布局演变过程中相互交替的两个过程，是矛盾的两个对立面。集中在实质上体现了经济活动在地域分布上的不平衡性。分散则意味着空间分布上的均衡性。工业、农业、交通运输等各产业部门在地域上的布局演变可以表示为"分散集中分散"。如此循环上升的链环，只是后一阶段的产业布局较前一阶段在内涵上更为丰富，形式上更为高级。这也是产业布局的一条客观规律。早在农业社会，社会分工不发达，产业布局具有明显的分散性，集中化的趋势不明显，产业革命才成为产业布局以分散为主转向以集中发展为主的开端，出现工业集中分布在矿产地、农业发达地区、交通枢纽、沿海沿河地区与大中城市，农业在自然条件优越的地区集中发展，交通运输业也主要分布在条件优越、经济发达地区等。产业布局相对集中带来集聚效益非常明显：如在大中城市建立专业的或综合的工业区，不仅可以充分利用城市中已有的道路、通讯、管线等基础设施，节约厂区工程投资，更为重要的是可以促进工业区内各企业在技术生产中的协作，促进资源的综合利用，促进劳动生产率和技术水平的提高。而且加工工业在大中城市中的集聚有利于集中大量人口，为企业提供高素质的劳动力，同时又为服务性的生产部门提供大量消费者等。然而，在集中的主流下，近些年也伴随出现了分散的趋势，如特大城市和大城市周围出现了卫星城镇群，经济发展重心由发达地区向次发达地区推进。这是由于工业在城市中的过分集中，出现了一系列弊端，如交通拥挤、环境恶化，城市土地、水、原料、燃料、动力供应严重短缺，种种危机促使产业分布由集中向分散转化。

4. 地区专业化与多样化相结合规律

各国、各地区之间的自然条件和经济技术水平以及地理位置等的差异，构成了劳动地域分工的自然基础和经济基础。在经济利益的驱动下，各地根据自己的优势进行劳动地域分工，当地域分工达到一定规模时就出现了地区专门化部门。地区生产专门化是随着生产力发展逐步形成的一种生产形式。早在英国工业化初期，英格兰、澳大利亚、新西兰为满足纺织工业的需要，发展成为以养羊业为主的农业专门化地域。农业生产专门化在提高农产品产量、发挥机械化的效用、引进先进的耕作方式和管理制度、改进产品质量等方面的作用不可低估。农业生产专门化还可促进农产品加工和农副产品的综合利用，促进农村地区第三产业和社会化服务水平的提高。农业生产专门化所产生的经济、社会效益同自给自足的小农生产形成鲜明对比，优势显著。工业生产专门化则可以充分利用当地的技术优势、资源优势，提高设备利用率和劳动生产率，降低成本，提高质量和产量等。地区产业布局专门化所带来的规模效益是显而易见的。同时，我们也应该看到，地区专门化水平越高，对多样化的需求也越高。因为国民经济各部门是个有机整体，部门之间在纵向上有前后向的连锁关系，还存在着部门之间横向的经济关系。地区专门化的发展还需要以下各部门的大力配合与支撑：为专门化部门进行生产配套的部门；对专门化部门的废物和副产品进行综合利用的部门；为生产提供服务的科研、银行、商业、信息咨询等部门；为生活提供服务的文教、卫生、旅游部门等。如此，又促进产业布局多样化的形成与发展。地区专门化与多样化相结合，是产业布局的又一条客观规律。

5. 非均衡规律

人类经济活动的空间表现向来就是不平衡的。一方面，就单个产业部门和企业而言在特定生产力水平下，总是选择最有利的区位进行布点，以求获得最大的经济效益。在农业社会，产业主要分布在适于农业发展的大河流域。人类社会进入19世纪下半叶以后，产业布局采取了集中分布的形式，如工业集中分布在矿产地、农业发达区、交通方便的城市沿江沿海地区；农业则集中分布在农业自然资源优越的地方。任何一国或地区的产业布局均是如此，多是由点到面逐渐铺开的。以我国为例，我国在农业社会，产业布局的重心在中原一带，随着社会经济的发展，其重心则转向东南沿海，进而扩展到东部沿海，并逐渐向内地推移。另一方面，就某一地区产业布局而言该地区的自然、社会、经济条件等不可能适合所有产业的发展，有的地区甚至只适合一种产业或一组产业的发展等。因此，产业分布不平衡是一个绝对规律。随着生产力的发展，人类也只能使这种不平衡接近相对平衡，使产业布局由低级的分散走向集中，再由集中走向适当分散，使产业分布逐渐扩展。但是，由于产业分布受诸多因素的制约，绝对的平衡是不可能达到的，只能是非均衡。

（二）产业布局的基本原则

1. 全局原则

国家的产业布局正如一盘棋，各地区恰似棋子，产业布局首先要贯彻全国一盘棋的全局原则。一方面，国家可以根据各地区不同的条件，确定各地区专业化方向，使不同地区在这盘棋中各占有不同的位置，并担负不同的任务；另一方面，国家可以根据各个时期经济建设的需要，确定若干个重点建设的地区，统一安排重点建设项目。在此前提下，各地区产业布局则应立足本区域，放眼全国，杜绝片面强调自身利益和发展不顾全国整体利益的割据式的诸侯经济格局的产生。国家非重点建设的地区只能统一于全国产业布局的总体要求。根据自身的需要与可能，布局好区内的生产建设。这是一条局部服从全局的原则。通过这一原则的贯彻，可以更好地发挥各地区优势，避免布局中出现重复建设和盲目生产；可以确保国家重点项目的落实，促进区域经济的发展；也可以更好地实现地区专门化生产和多样化发展相结合，有利于逐步地在全国范围内实行产业布局的合理分工。

2. 分工协作原则

产业布局的分工协作原则，主要体现在劳动地域分工与地区综合发展相结合上。地域分工和地区专门化的发展，不仅能充分发挥各地区优势，最大限度地节约社会劳动，促进商品的流通与交换，而且可以加速各地区经济一体化的进程，形成合理的地域经济综合体。坚持地区生产专门化与综合发展相结合，贯彻分工协作的原则，是实现产业布局合理化，保障各地区经济健康发展的有效形式。

3. 集中与分散相结合的原则

产业在区位上相对集中，是社会化大生产的客观要求，也是扩大再生产、提高经济效益的有效组织形式。工业布局可以根据各地区的资源条件、位置和交通状况、人口与劳动力状况、社会经济因素等有选择地集中，如在能源与原材料富集地区，形成煤炭工业、钢铁工业、石油工业、森林工业基地等；在农业区形成农畜产品加工中心；在一些交通枢纽形成各种加工工业中心；在科教发达、工业基础好的地方形成高层次的加工工业中心等。农业布局也只有适当集中才能充分利用有利的自然条件和技术基础，迅速提高单位面积产量，降低生产成本，提高商品率，满足国家对大量优质农产品和出口换汇的需要。这也是农业生产专门化和区域化的客观要求。但是，产业集中不能无限制地进行下去，产业集中只有在合理限度之内，才能取得较好效益。超过合理限度，其效益就会减少，甚至起反作用。产业过分集中就会出现一系列严重的社会问题，如许多工业企业过分集中在大城市和工业地带，由此带来城市地价飞涨，空间狭窄，水源不足，能源紧缺，交通拥挤，公害严重，燃料、原料、居民生活用品等成本大幅度增加，城市建设费用提高等问题，经济社会矛盾交织，使集聚带来的好处补偿不了它所造成的弊端。农业上过度的集中，也会导致片面专业化，降低土地肥力，影响农业的综合发展，引起生态平衡的失调。过分集中也使分散的和少量的各种自然资源不能充分地加以利用。适当分散则可充分利用各地区的自然资源和劳动力资源，促进落后地区的经济发展，有利于产业的均衡布局。但产业过于分散将导致协作困难、间接投资大、职工生活不便、经济效益差等弊端。总之，在产业布局中既要反对过分集中，又要反对互不联系的过分分散两种偏向。

4. 经济效益原则

以最小的劳动消耗争取最大的经济效益，是人类社会生产的基本要求，也是评价产业布局合理与否的最基本的标志。以经济效益为准则，农业布局首先就应在摸清区域农业资源的基础上，揭示农业发展的区域差异；其次应根据区域的差异性，因地制宜地选择农、林、牧、副、渔最适宜发展的地区。通过挖掘农业生产潜力，增加自然投入，减少经济投入和生产成本，达到增加经济产出、提高经济效益的目标。工业布局则应尽可能接近原料地、燃料地和消费地。这样，既可以减少和消除原料、半成品、成品的不合理运输，减少中间环节及运输投资的浪费，加速资金周转速度，节约社会劳动消耗，加快扩大再生产进程，又可以保证各地区工业的构成、品种、质量同当地资源及居民的需要取得最大的一致性。然而，在现实中，原料、燃料产地与产品消费市场分布在一起的情况比较少见，多数情况是三者分离，这就要求产业布局应根据具体产业的技术经济特点，确定产业布局的趋向。比如，采掘、冶炼和金属加工在地区分布上宜采取成组布局的方式。因为就冶炼工业来说，采掘工业是它的原料供应者，金属加工工业是产品的消费者。一般来说，采掘工业产品比较笨重，长途运输是不经济的。金属加工工业在切削加工中，废材率较高。所以，最好将这些部门在一个地区进行成组布局。此外，随着科学技术的发展，工业布局接近原料地、燃料地和消费地的倾向也随之会发生变化，即便在同一工业部门也是如此。如炼铁工业，18 世纪前，由于用木炭炼铁，其布局就接近有森林有铁矿的地区；18 世纪后，焦炭代替了木炭，其布局就接近煤矿。后来，贫铁矿得到广泛运用，铁矿消耗量大于煤的消耗量，布局格局则由靠煤近铁转为靠铁近煤。如今，由于废金属成为生铁的替代品，以及海上运输的发展，又出现了接近消费区及沿海布局的趋势。事实告诉我们，从经济效益出发，择优选择产业区位，是我们在产业布局中应该贯彻的又一原则。

5. 可持续发展原则

过去，由于人们对于环境问题认识不足，人类的经济活动普遍采取先发展后治理的方式。在农业生产上，表现为对农业自然资源不合理的利用，如毁林开荒、毁草种粮、围湖造田等，严重破坏了自然生态，造成水土流失、土壤沙化、气候失调等不良后果。在工业生产上，表现为工业布点不重视环境因素，"三废"过量排放，造成废水、废气、废渣严重污染环境，对自然环境造成严重的破坏，给国民经济造成不应有的损失，也极大地影响了人类的身体健康。如果任其发展，后果不堪设想。走可持续发展之路，才是人类的正确抉择。产业布局只有贯彻可持续发展原则，才能达到经济效益、社会效益和生态效益的真正统一，实现产业的合理布局。产业布局不仅应追求经济效益最佳，而且还应重视对环境的保护，重视社会效益。为此，从可持续发展的原则出发，农业布局应宜农则农、宜林则林、宜牧则牧、宜渔则渔。工业布局则要求做到如下几点：（1）工业布局不宜过分集中，应适当分散。这有利于工业生产中产生的"三废"在自然界稀释、净化，也有利于就地处理。（2）工业企业的厂址选择要考虑环境因素。一是工矿企业选点要注重保护水源，对排放有毒物质和"三废"较多的企业不应摆在水源地或河流上游，以避免对水质的污染；二是工矿企业的选点要注重风向，对排放大量烟尘和有害气体的企业不应摆在生活区和工矿区的上风地带；三是工矿企业的布点也要防止对农业生产的污染，还应尽量少占农田。（3）建设新厂时，要实行污染处理设施与主体工程同时设计、同时施工、同时投产的办法，防止新污染源的产生。

四、产业布局的实践

（一）全国性产业布局

全国性产业布局的总体目标是实现产业的合理布局和经济资源在空间上的有效配置。但从根本上讲，产业布局的目标可分为两个，即效率目标和公平目标。此外，生态平衡目标和国家安全目标也是非常重要的目标。

（1）效率目标追求整个国民经济较高的增长速度和良好的宏观效益，公平目标要求不断缩小区域间的经济水平和收入水平的差距。一般说来，效率和公平是相对消长的。但从长远看，两者的目标又是统一的。

（2）我国现阶段产业布局的总体目标应是适度倾斜、总体协调、效率优先、兼顾公平。

（二）地区性产业布局

地区性产业布局是地区产业运行在空间上的实现，它主要研究在地区经济发展的不同阶段，地区内部各产业空间组合的最佳形式和一般规律，以求合理地利用本地资源，求得最大的区域效益。

地区性产业布局的依据：自然环境上有一定的类似性和关联性；经济发展与布局现状有相似性和互补性；拥有实力雄厚的经济中心地区性产业布局的基本走势：传统社会的产业布局；工业化初期的地区性产业布局；工业化社会中期的地区性产业布局；工业化社会后期的地区性产业布局；后工业化社会和现代化社会的地区性产业布局。

本 章 案 例

一、诸暨大唐袜业群[①]

浙江诸暨大唐袜业群现有上万家专业加工企业（包括家庭工场），拥有各类袜业机械6.5万余台，其中普通袜机近5万台，进口袜机0.6万。每年生产各类袜子48亿双，实现产值近80亿元。产品销往除了海南之外的全国各地，产量占全国市场份额的40%左右（1999年），并外销到日本、韩国、中东和俄罗斯等30多个国家和地区，成为名副其实的"中国袜业之乡"。在袜业群所在区域的11个乡镇中，大唐镇的生产规模最大，袜业从业人员达2万人，袜子生产企业4500家，化纤生产加工企业210个，袜子和化纤经营企业分别为1200个和421个；现有袜机1.8万台（占袜业群的27.7%），其中进口袜机1900台（占31.7%），年产量为16.5亿双（占34.4%），年产值达到29亿元（占36.3%）。

在20多年的发展过程中，大唐袜业群内部已经形成了具有专业化分工和协作的生产体系，并推动着相关产业部门（如袜业用料生产和原料成品、袜机及联托运四大市场）的兴起。袜业群现有300多家定型、包装厂；40余条丙纶涤纶丝生产线年产1万余吨；50条氨纶包覆丝生产线；各类加弹机1200余台，年产6万余吨；橡筋机800余台，年产近5000吨，堪称目前国内规模较大的丙纶丝、涤纶高弹丝、橡筋线生产基地。

袜业的兴起带动了农村社会经济的快速发展。2000年，在诸暨市35个乡镇中，袜业群内的6个乡镇的综合经济实力、7个乡镇的农民人均纯收入位于前15名。大唐镇综合经济实力位于全市乡镇第三，国内生产总值的90%来自于袜业及相关产业，目前成为诸暨市三强镇、浙江省综合经济实力百强镇和小城镇综合改革试点镇、国家建设部小城镇建设试点镇。

二、日本濑户内海工业区的工业布局特点及启示[②]

濑户内海是日本最大的内海，它介于本洲、九州、四国之间，东西长440千米，南北宽5~55千米，面积约9500平方千米，是日本最大的新兴工业地区。第一次世界大战期间，建立了造船、炼钢、炼油、机械和化学等工厂。在"二战"前，又建立了兵工厂和炼油厂。濑户内海工业的迅速发展，始于20世纪50年代末期。在日本经济高速增长期间，原四大工业地带由于工业集中，新建工厂用地困难，工业设备的现代化和科学技术的进步，使企业由单一化的纵向联系，

[①] 金兴华：《区域营销与产业群成长——以浙江诸暨大唐袜业群为例》，载《绍兴文理学院学报》2004年第1期。
[②] 唐晓华、王伟光：《现代产业经济学导论》，经济管理出版社2011年版。

向大型化、联合化的横向联合发展，原有的港口设备亦不适应，势必寻求新区以满足需要。为此，原有工业地带迅速扩大，战后北九州工业地带工业发展缓慢，经济地位明显下降。而地处阪神与北九州之间的濑户内海沿岸，特别是1965年以后，为了实现重化学工业的大型化，在政府的扶植政策和国家调整布局方针下，日本垄断资本向濑户内海沿岸地区竞相进行投资，建设了以钢铁和石油化学联合企业为骨干的沿海工业地区，出现了濑户内海北岸山阳地区工业划时代的迅速发展，形成了以广岛、水岛为中心的新兴的濑户内海工业地域的两部分，北部是山阳地方以重、化工业为中心的工业地域；南部为以化学、有色金属冶炼等工业为主的四国北部工业地域，两部分构成濑户内海工业地带，包括山口、广岛、冈山、爱媛、香川等县。

（一）濑户内海重化工业地带迅速形成的原因

（1）工业发展的原料、燃料，绝大部分从外国进口，而产品的大部分又依靠国外市场，这是战后日本进行工业布局的出发点；

（2）海水平静且沿岸水浅，海岸线较长，适于填海造陆，修筑港口和码头，并有盐田可以转用，保证了工业用地；

（3）海陆交通便利，运费低廉，对工业地带的形成起着关键性的作用；

（4）地震、台风灾害较少，地质基础坚固；

（5）劳动力资源丰富；

（6）山阳道自古与近畿联系频繁；

（7）20世纪50年代中期以来，日本政府和地方自治体对企业的诱导政策。

这些条件对该工业地带的形成起到了促进的作用。

（二）濑户内海工业区产业结构的特点

1. 以重化学工业为中心的工业结构

濑户内海工业化是从轻纺工业开始的，战后重化学工业畸形发展，轻工业增长缓慢，使本区工业结构发生了变化，形成了以钢铁、有色金属、机械制造、石油化学为中心的工业体系。1946~1954年日本经济恢复时期，其特点是由破落的军事工业向为农业服务的工业转换，轻工业恢复较快。1955~1969年工业结构转向重化工业为主，重点抓两条生产线：一条是山阳地方的重化工业；另一条是北四国的化学、有色金属冶炼工业。结果工业结构变为属于大量消费资源型和公害多发型。20世纪70年代初，已经实现重化学工业化，工业结构明显由大量消费原材料基础资源型向技术密集型、知识密集型转换。同时加快以流通和服务业为中心的第三产业的发展速度。

2. 将科技进步同优化产业结构相结合

不论是濑户内海地区的总体布局还是城市布局，其产业结构调整都必须以发挥当地优势和提高生产率为原则，选择那些有利于采用新技术、大幅度提高生产率、降低成本、提高产品竞争的行业作为主导产业，以主导产业为核心建立一批现代化的生产和服务产业，带动整个经济结构的调整，实现产业结构的高度化。

现代产业经济学

临海型工业布局有其优越性，但这种优越性是有条件的，即国内煤、铁资源都缺乏，都是大量靠进口；钢铁产品主要面向国际市场；有优越性港口条件和比较强大的海运能力。不具备这些条件，临海型布局的优越性就难以发挥。尽管日本搞临海型工业取得了巨大成效，但工业向临海集中到一定程度，带来许多经济问题和社会问题，必须要花大量投资来解决这些问题。如解决工业过度集中所带来的问题，需要付出更大。

（三）对我国东北老工业基地发展的启示

我国东北等一批老工业区经济增长速度缓慢，工业优势地位逐步丧失，产业技术老化，失业现象严重。为此，我们可以借鉴日本的一些成功经验，利用国家、地方和企业三方面的力量，加强对老工业基地的改造。具体建议如下：

（1）采取大力发展民营经济战略，包括私有经济、个体经济、中外合资合作、外国独资等，打破国有经济的垄断地位，改变国有垄断企业为混合所有制的现代化股份制企业，逐步实现投资主体多元化。

（2）构造新的增长点，用高新技术改造、带动传统产业的发展。其途径可以是通过引进技术和利用外资，重塑石化、冶金、机械和电子四大支柱产业的新形象，建立符合产业结构优化要求的新兴产业群，这些产业应该起点高，技术装备和产品水平都达到或接近世界先进水平；或在老工业基地内建立一个或几个新产业开发区，对开发区实行特殊的优惠政策，以吸引外资和促进新兴产业的高速发展。

（3）要加强老工业基地的经济中心功能，大力发展第三产业，在全球范围内调整和优化产业结构。为促进老工业基地工业企业的"第三产业化"和老工业城市的"产业空心化"，可将一些加工生产企业迁移出去，腾出空间发展商贸金融设施和企业的营销中心、技术开发中心，老企业可以将原有厂地和房产作为股东，与新兴的商贸、金融和科技企业相互嫁接，形成新的经济实体，实现产业结构的升级。

三、巴黎产业布局[①]

巴黎的城市产业空间布局在城市化进程和郊区化进程中随着城市空间结构的变化而变化，其演变历程主要可分为两个阶段：20世纪60年代以前，巴黎是典型的同心圆圈层结构，市中心集聚程度最高，商业、金融、行政和文化教育结构等都主要集中于市中心的核心区内，城市边缘区则为结构简单的住宅区。这种格局后来导致巴黎城市中心区过度集中和拥挤，使城市绿化面积剧减，城市环境污染，城市交通阻塞，给城市发展带来窒息的危险。

20世纪60年代后，巴黎提出降低巴黎中心区密度，在城市边缘和郊区建设大型住宅区和卫星城，引导人口和产业向外疏散。1960年制定的《巴黎地区国

[①] 杨凤、徐飞：《产业经济学》，清华大学出版社2017年版。

土开发与空间组织计划》首次提出在巴黎地区建设新城镇,将"中心多极化"作为分散巴黎中心区人口和工业活动的手段。此后,巴黎城市化进程进入郊区化阶段,巴黎大区开始采取多中心分散布局模式,引导产业和人口向郊区卫星城迁移。现阶段,在面积仅78平方公里的巴黎城周围,形成了约2500平方公里、人口约880万人的城市化郊区,近郊重点发展9座副中心,远郊沿南北轴线重点发展5座新城。

如今,巴黎大区形成了多中心的产业布局模式,巴黎市主要发展文化产业、旅游产业和金融业等现代服务业,巴黎郊区副中心和卫星新城成为巴黎工业的主要分布区域,而且还形成了明显的专业分工,如东郊的基础化学和制药工业、西郊的汽车工业、南郊的航空和电子工业等。值得注意的是,巴黎的多中心产业布局模式很注重区域整体性,新城并不是作为巴黎市的附属,在郊区新城内同样具有完善的基础配套设施,郊区的金融保险业、商业等服务业也相当发达,与巴黎市区构成了统一的城市产业布局体系。巴黎这种注重中心城区与卫星城产业布局平衡性的产业空间布局思想十分值得我们学习。

参考文献

1. 宋胜洲等:《产业经济学原理》,清华大学出版社2012年版。
2. 刘志彪等:《产业经济学》,机械工业出版社2017年版。
3. 苏东水等:《产业经济学》,高等教育出版社2015年版。
4. 臧旭恒、林平:《现代产业经济学前沿问题研究》,经济科学出版社2006年版。
5. 高志刚等:《产业经济学》,中国人民大学出版社2016年版。
6. 林恩·佩波尔等:《产业组织:现代理论与实践》,中国人民大学出版社2014年版。

第十三章 产业竞争力

第一节 产业竞争力理论

一、产业竞争力的内涵

产业竞争力,亦称产业国际竞争力,指某一国或某一地区的某个特定产业相对于他国或地区同一产业在生产效率、满足市场需求、持续获利等方面所体现的竞争能力。

竞争力本质上是一个比较的概念,因此,产业竞争力内涵涉及两个基本方面的问题:一个是比较的内容;另一个是比较的范围。具体来说,产业竞争力比较的内容就是产业竞争优势,而产业竞争优势最终体现于产品、企业及产业的市场实现能力。因此,产业竞争力的实质是产业的比较生产力。所谓比较生产力,是指企业或产业能够以比其他竞争对手更有效的方式持续生产出消费者愿意接受的产品,并由此获得满意的经济收益的综合能力。产业竞争力比较的范围是国家或地区,产业竞争力是一个区域的概念。因此,产业竞争力分析应突出影响区域经济发展的各种因素,包括产业集聚、产业转移、区位优势等。

二、产业竞争力的理论基础

产业竞争力的理论基础主要包括以下两个方面。

(一) 产业比较优势原理

比较优势原理是一种将国际贸易归因于不同国家之间商品比较成本差异的一种国际贸易理论。它是当今国际自由贸易理论的基石。它的发展首先是斯密的绝对优势理论和李嘉图的比较优势理论,他们都是研究商品在国家间相对成本的差别,从而把比较优势归因于各国在生产商品时存在着相对劳动生产率的差别。后来赫克歇尔-俄林提出 H-O 模型理论,该理论认为各国出口应是需要用本国相对丰富的生产要素生产的产品，进口的应是需要用本国相对稀缺的生产要素生产的产品。赫克歇尔－俄林理论对传统比较优势理论进行了补充，指出国家之间生产要素的差异决定着贸易的流动方向。

（二）竞争优势原理

竞争优势有别于比较优势，它是指各国或各地区相同产业在同一国际竞争环境下所表现出来的不同的市场竞争能力。波特认为，一国的贸易优势并不像传统的国际贸易理论宣称的那样简单地决定于一国的自然资源、劳动力、利率、汇率，而是在很大程度上取决于一国的产业创新和升级的能力。由于当代的国际竞争更多地依赖于知识的创造和吸收，竞争优势的形成和发展已经日益超出单个企业或行业的范围，成为一个经济体内部各种因素综合作用的结果，一国的价值观、文化、经济结构和历史都成为竞争优势产生的来源。

尽管比较优势和竞争优势是存在区别的一组概念，但两者都是产业竞争力形成的基础。两者的区别是，比较优势强调同一国家不同产业间的比较关系，而竞争优势强调不同国家同一产业间的比较关系。前者强调各国产业发展的潜在可能性，后者则强调各国产业发展的现实态势。与区别相比，两者之间的联系更为重要：一国一旦发生对外经济关系，比较优势与竞争优势会同时发生作用；一国具有比较优势的产业往往易于形成较强的国际竞争优势；一国产业的比较优势要通过竞争优势才能体现。因此，比较优势是产业竞争力的基础性决定因素，而竞争优势是直接作用因素。比较优势是产业国际分工的基础，也是竞争优势形成的基础，但比较优势原理却不能直接用来解释产业竞争力水平的高低，而竞争优势原理作为一种研究思路和分析方法可直接用于解释产业竞争力的形成机理。

三、产业竞争力的影响因素

美国哈佛商学院的管理学大师迈克尔·波特教授对产业竞争力的决定因素进行了系统研究，提出了著名的"钻石模型"理论。"钻石模型"的理论基础是竞争优势理论。在经过后人的研究最终归结为以下五种因素：

（1）政府行为。对于市场经济制度和市场竞争主体成熟程度不一样的国家，政府在提升产业国际竞争力时所起的作用是不一样的。在市场经济制度和市场竞争主体比较成熟的发达国家，政府只是影响产业国际竞争力的部分因素。而对发展中国家来说，政府可能就是一个决定因素。国家市场经济制度不完善，市场主体未完全成熟，加上国有经济在国民经济中所占比重较大，企业参与国际竞争的时间较短，经验不充分，因此，要全面提升产业竞争力，在相当长的时期内需要发挥政府的积极作用。

（2）国际直接投资。国际直接投资包括利用外资和本国产业的对外直接投资两个方面。双向的外部直接投资对于提升一国竞争力都有正面影响，主要表现在技术资本、设备、管理的流动上，通过外部投资提升一国的技术和资本，从而获得稀缺的自然资源和市场。

（3）生产要素。生产要素是一个国家在特定产业竞争中有关生产方面的表现，它包括：人力资源、天然资源、知识资源、资本资源和基础设施。波特把生产要素分为两种：初级生产要素和高级生产要素，他认为能创造出生产要素的机制远比拥有生产要素的程度重要。一个国家想要经由生产要素建立起产业强大而又持久的竞争优势，必须发展高级生产要素。

（4）相关与支持性产业。对一国某一产业的国际竞争力有重要影响的另一个因素是该国该产业的上下游产业及其相关产业的国际竞争力。如果一国存在着具有国际竞争力的供应商、完善的相关产业和支持产业，则能够使该国的主导产业降低生产成本，提高产品质量，交流产品信息，从而建立起自己的竞争优势。因此，相关及支持性产业的发展水平及其相互间经常、紧密地协调与合作关系，在很大程度上影响和制约着主导产业的国际竞争优势。

（5）产业组织结构。产业组织结构包括产业集中度、市场结构分散度以及产业区域集聚效应等方面。一般来说，产业集中度高、规模效益明显的产业，规模的扩大可以增强其竞争能力，因为规模扩大可以降低成本，并具有技术创新、减少不确定性的优势。但是规模扩大又会导致垄断现象的发生，可能抑制市场竞争，从而不利于竞争力的提高。因此，适度市场结构的分散化有利于加强市场的竞争性。产业布局的集聚效应也体现了产业结构能力。

第二节　产业竞争力评价

一、产业竞争力评价指标体系

（一）构建产业竞争力评价指标体系的原则

产业竞争力指标体系的建立原则，主要是要揭示各项指标的理论依据及相互之间的关系，以及竞争力来源的理论问题。通过三个问题的研究对产业竞争力的评价指标进行了分析，形成三个思路：一是通过一般对竞争力的实现性指标、直接因素和间接因素指标的分析思路；二是通过波特的模型对产业竞争力指标进行分析的思路；三是通过对产业经济运行指标进行分析的思路。以以上三个思路所分析的指标为基础，结合产业的实际和特点，对已有的指标进行筛选，并增加一些对产业竞争力影响较大的指标，从而构建起产业竞争力的多层次评价指标体系。

(二) WEF 和 MD 两大竞争力评价体系

瑞士洛桑国际管理学院（International Institute for Management Development, IMD）和世界经济论坛（Word Economic Forum, WEF）是目前国际上最著名的两家研究竞争力评价体系的机构，两家机构从 1989 年开始共同合作开发世界竞争力评价的项目，1996 年 WEF 则因与 IMD 有分歧而开始独立研究，分歧点在于 WEF 将生产率作为国家（地区）竞争力，WEF 认为竞争力是"考察决定一国生产率水平，进而决定国家经济繁荣和人们生活福祉水平的要素，以及政治制度的集合"。正如现任 WEF 国际竞争力评价项目主持人之一、哈佛大学管理学教授迈克·波特（Michael E. Porter, 1998）所言"生产率就是竞争力"。

WEF 的基本逻辑为：人民生活福祉、国家繁荣是由生产率的提高带来的，所以，竞争主体的生产率就是竞争力。竞争力评价信息来自决定生产率高低的各方面，包括生产要素、政策和制度。IMD 的基本逻辑认为，国家作为竞争主体其竞争力表现为一种综合能力，该能力以国家（地区）为企业提供良好的运营环境水平和人民福祉增进水平为标准，以利用经济、科技、社会、教育和政治方面的信息进行描述。因此竞争力水平的评价信息，应是被评价经济体的社会、经济、科技、体制现状的全部信息。

WEF 竞争力决定模型：生产率 = G（基础条件，效率提升，创新与成熟度）；IMD 竞争力决定模型：国家竞争力（综合能力）= F（经济运行，政府效率，商务效率，基础设施）。IMD 竞争力决定模型是按线性设计的。其评价体系由 4 个竞争要素构成，各竞争要素下设 5 个子要素，共计 20 个子要素，子要素下设若干指标。

在竞争力评价中，WEF 实际上对生产率概念作出一定的扩展，不仅包括人均 GDP，还包括稳定持续的经济增长（如 GDP 增长率）、充分就业（如就业率）、平衡的国际收支（如经常项目差额及结构）等方面。其在 WEF 竞争力决定模型中也都作为被解释变量处理，不能进入 WEF 评价指标体系，由此形成了可称为广义生产率，或均衡生产率的竞争力概念。

（三）中国区域产业竞争力评价指标体系

"中国区域竞争力"属于"区域竞争力"和"产业竞争力"两个概念的交叉区域，区域产业竞争力研究的意义在于提高中国区域竞争力，与产业竞争力在构成要素以及要素的相互作用方面是一致的。区域产业竞争力是指在市场经济环境中，一个区域相对其他区域更有效地控制要素条件、配置资源、调适和创新、承载和发展优势产业的区域产业系统能力和状态。就中国的四大经济区域（包括长江三角洲、珠江三角洲、京津冀和成渝经济区），将区域产业竞争力分为优势产业竞争力、区域组织功能、主体要素竞争力、客体要素竞争力四种评价指标体系。

1. 优势产业竞争力

优势产业竞争力是区域产业竞争力最聚焦的表现结果。选择主营业务收入区位商大于 1 的工业部门，增加值区位商大于 1 的服务业、建筑业和农业部门作为区域的优势产业，然后从优势产业的产业层次、盈利能力、市场地位、成长性四个方面综合考察优势产业竞争力水平。优势产业层次度＝优势制造业占工业主营业务收入比例 ×0.4 + 优势服务业增加值占 GDP 比例 ×0.6。优势工业销售利润率反映优势产业的盈利能力，优势工业销售利润率＝优势工业部门的利润总额/优势工业部门的主营业务收入总额。优势产业市场占有率反映优势产业的市场竞争地位。优势产业的全国年均增长率反映优势产业本身所处的生命周期阶段及发展前景。

2. 区域组织功能

区域组织功能指标体系包括资源配置力、结构转换力与创新力三个层面内容。资源配置力是区域产业系统配置资源效率的静态表现，用全社会劳动生产率衡量。结构转换力是指区域产业系统走向高端、对外部环境应变调适的更新能力，是区域产业系统配置资源效率的动态表现。创新力是区域产业竞争力地位可永续维持并不断提升的核心动力，是区域组织功能的最高级表现。

3. 主体要素竞争力

主体要素竞争力是提升区域产业竞争力主观性影响因素，经济主体的协同整合效率远大于单个经济主体对区域产业竞争力的带动作用，主体互动协同度是形成区域组织功能的核心动力。从企业集聚度、政府与企业互动程度、产学研互动三个方面综合考察，主体规划协调度反映政府与企业互动程度，具体包括政府间协调度、政府与企业间协调度，政府间协调度 = (中央与地方政府规划的重点产业门类一致性比例 + 同级地方政府规划的重点产业门类差异性比例)/2，政府与企业间协调度 = 企业规划与地方政府规划重点产业门类一致的区域 A 股上市公司数量/区域 A 股上市公司总数。

4. 客体要素竞争力

客体要素竞争力是区域产业竞争力的客观性基础，从生产要素投入、产业配套、市场需求、资源环境四个维度综合评价。生产要素控制力是区域产业活动得以开展的首要条件，侧重从生产要素的控制角度来评价区域产业竞争力的生产要素条件；产业配套能力是区域内优势产业发展和增强竞争力的重要匹配因素，主要表现为与产业密切相关的交通和通信设施发展水平，用地均交通里程、电话普及率、互联网普及率衡量；市场需求度是推动区域产业竞争力的需求诱导力；资源环境承载力是承载和支撑区域产业发展的自然基础，用人均水资源、人均土地利用面积、森林覆盖率衡量。

二、产业竞争力评价方法与模型

(一) 主成分分析法

1. 主成分分析法的基本原理

主成分分析是把原来多个变量指标划为少数几个综合指标的一种统计分析方法，是一种降维处理技术。主成分分析是设法将原来众多具有一定相关性的指标（比如 n 个指标），重新组合成一组新的且互相无关的综合指标来代替原来的指标。通常数学上的处理就是将原来 n 个指标作线性组合，作为新的综合指标。常用的做法就是用 F1（选取的第一个线性组合，即第一个综合指标）方差来表达，即 Var(F1) 越大，表示 F1 包含的信息越多。因此在所有的线性组合中选取的 F1 应该是方差最大的，故称 F1 为第一主成分。如果第一主成分不足以代表原来 n 个指标的信息，再考虑选取 F2，即选第二个线性组合，为了有效地反映原来信息，F1 已有的信息就不需要再出现在 F2 中，用数学语言表达就是要求 F1 和 F2 的协方差等于零，则称 F2 为第二主成分，依此类推可以构造出第三、第四、……、第 ($m \leq n$) 个主成分。

将原来的变量指标 $x_1, x_2, \cdots, x_n$ 进行线性组合，组合成 m 个不相关的综合指标 $F_1, F_2, \cdots, F_m$ ($m < n$)，新评价指标模型如下：

$$\begin{cases} F_1 = l_{11}Z_{x1} + l_{12}Z_{x2} + \cdots + l_{1n}Z_{xn} \\ F_2 = l_{21}Z_{x1} + l_{22}Z_{x1} + \cdots + l_{2n}Z_{xn} \\ \vdots \\ F_m = l_{m1}Z_{x1} + l_{m2}Z_{x1} + \cdots + l_{mn}Z_{xn} \end{cases}$$

其中，$F_1, F_2, \cdots, F_m$ 分别称为原变量指标 $x_1, x_2, \cdots, x_n$ 的第一、第二、…、第 m 主成分，在实际问题分析中，常挑选前几个最大的主成分，F_i 与 F_j 不相关 ($i \neq j$, $i, j = 1, 2, \cdots, m$)；F1 是 $x_1, x_2, \cdots, x_n$ 的一切线性组合中方差最大者，F2 是与 F1 不相关的 $x_1, x_2, \cdots, x_n$ 的所有线性组合中方差最大者；Fm 是与 $F_1, F_2, \cdots, F_{m-1}$ 不相关的 $x_1, x_2, \cdots, x_n$ 的所有线性组合中方差最大者。

2. 主成分分析法的计算步骤

根据产业竞争力评价的内容选取指标与数据；

对原数据进行标准化处理；

假设原始数据包含 n 个指标，样本容量为 m，x_{ij} 为第 i 个样本第 j 个指标，原始数据矩阵为：

$$X = \begin{bmatrix} x_{11} & x_{12} & \cdots & x_{1n} \\ x_{21} & x_{22} & \cdots & x_{2n} \\ \cdots & \cdots & \cdots & \cdots \\ x_{m1} & x_{m2} & \cdots & x_{mn} \end{bmatrix}$$

将原始数据标准化，得到

$$Y = \begin{bmatrix} y11 & y12 & \cdots & y1n \\ y21 & y22 & \cdots & y2n \\ \cdots & \cdots & \cdots & \cdots \\ ym1 & ym2 & \cdots & ymn \end{bmatrix}$$

其中：

$$yij = \frac{xij - xj}{sj}, xj = \frac{1}{m}\sum_{i=1}^{m} xij, s^2j = \frac{1}{m}\sum_{i=1}^{m}(xij - xj)^2$$

$$i = 1, 2, \cdots, m; j = 1, 2, \cdots, n$$

$$R = \begin{bmatrix} r11 & r12 & \cdots & r1n \\ r21 & r22 & \cdots & r2n \\ \cdots & \cdots & \cdots & \cdots \\ rn1 & rn2 & \cdots & rnn \end{bmatrix} \quad 其中：rij = \frac{\sum_{k=1}^{m}(xki - xi)(xkj - xj)}{\sqrt{\sum_{k=1}^{m}(xki - xi)^2 \sum_{k=1}^{m}(xkj - xj)^2}}$$

3. 计算特征值和特征向量

解特征方程 $|\lambda I - R| = 0$ 得到相关系数矩阵 R 的 n 个非负特征值 λi，$i = 1, 2, \cdots, n$，并使其按大小顺序排列，即 $\lambda 1 \geq \lambda 2 \geq \lambda 3 \geq \cdots \geq \lambda n \geq 0$。分别求出对应于特征值 λi 对应的特征向量 ei，其中 $\sum_{i=1}^{m} eij^2 = 1$。

4. 确定主成分个数

主成分 Fi 的贡献率为：

$$\frac{\lambda i}{\sum_{k=1}^{n} \lambda k} \quad (i = 1, 2, \cdots, n)$$

累计贡献度为：

$$\frac{\sum_{k=1}^{i} \lambda k}{\sum_{k=1}^{n} \lambda k} \quad (i = 1, 2, \cdots, n)$$

一般取累计贡献率到达85%或特征值大于1，即可确定主成分的个数 $p(0 \leq p \leq n)$。

5. 计算主成分载荷

$$Lij = p(Fi, xj) = \frac{eij}{\sqrt{\lambda i}} \quad (i, j = 1, 2, \cdots, n)$$

6. 计算综合主成分分值并进行评价和研究

$$\begin{cases} F1 = l11Zx1 + l12Zx2 + \cdots + l1nZxn \\ F2 = l21Zx1 + l22Zx1 + \cdots + l2nZxn \\ \quad \vdots \\ Fp = lp1Zx1 + lp2Zx1 + \cdots + lpnZxn \end{cases}$$

$$F = \sum_{k=1}^{p} bkFk, \text{ 其中}: bk = \frac{\lambda k}{\sum_{i=1}^{p} \lambda p}$$

(二) 层次分析法

层次分析法（常简写为 AHP）是由美国著名的运筹学专家——匹兹堡大学教授萨蒂（T. L. Saaty）于 1970 年提出，该方法原理简单，有较严格的数学依据，广泛应用于复杂系统的分析与决策。尤其适合于评价指标不能直接量化时使用。主要实施步骤和原理如下：

1. 建立层次结构模型

在深入分析所面临的问题之后，将问题中所包含的因素划分为不同层次，如目标层、准则层、方案层、措施层等，用框图形式说明层次的递阶结构与因素的从属关系。

2. 构造判断矩阵

A	A1	A2	…	Aj	…	An
A1	a11	a12	…	a1j	…	a1n
A2	a21	a22	…	a2j	…	a2n
…	…	…	…	…	…	…
Aj	aj1	aj2	…	ajj	…	ajn
…	…	…	…	…	…	…
An	an1	an2	…	anj	…	ann

判断矩阵元素的值反映了人们对各因素相对重要性的认识，一般采用 1~9 及其倒数的标度方法；

其中：1——表示两个因素相比，具有同等重要性；

3——表示两个因素相比，一个因素比另一因素稍重要；

5——表示两个因素相比，一个因素比另一因素明显重要；

7——表示两个因素相比，一个因素比另一因素强烈重要；

9——表示两个因素相比，一个因素比另一因素极端重要；

2，4，6，8 分别表示相邻判断 1-3，3-5，5-7，7-9 的中值。

3. 层次单排序及其一致性检验

判断矩阵 A 最大特征值对应的特征向量，$A\omega = \max\lambda\omega$ 的解 ω，经归一化后即为同一层次相应因素对于上层次某因素相对重要性的排序权值，这一过程被称为层次单排序，为进行判断矩阵的一致性检验，需要计算一致指标 $CI = \frac{\lambda \max - n}{n-1}$。当随机一致性比率 $CR = \frac{CI}{R1} < 0.10$ 时（R 为平均随机致性指标，该指标可经查表求

得),认为层单排序的结果有满意的一致性,否则需要调整判断矩阵的元素取值。

4. 层次总排序

计算同一层次所有因素对于最高层(总目标)相对重要性的排序权值,称为层次总排序。这一过程是最高层次到最低层次逐层进行的。若上一层次 A 包含 m 个因素 A1,A2,…,Am,其层次总排序权值分别为 a1,a2,…,am,下一层次 B 包含 n 个因素 B1,B2,…,Bn,它们对于因素 Aj 的层次单排序权值分别为 b1j,b2j,…,bnj,(当 Bk 与 Aj 无联系时,bkj = 0),此时 B 层次总排序权为 $\sum_{j=1}^{m} ajbij (i = 1, 2, …, n)$。

5. 层次总排序的一致性检验

这一步骤也是从高到低逐层进行的,如果 B 层次某些因素对于 Aj 单排序的一致性指标为 CI,相应的平均随机一致性指标为 CRj,则 B 层次总排序随机一致性比率为:

$$RI = \frac{\sum_{j=1}^{m} ajCIj}{\sum_{j=1}^{m} ajCRj}$$

类似地,数尺 RI < 0.01 时,认为层次总排序结果具有满意的一致性,否则需要重新调整判断矩阵的元素取值。

(三)数据包络分析法

这种方法主要是采用数学规划方法对单个企业进行生产效性评价,即对企业的投入规模有效性和技术有效性进行评价,以企业投入产出的相对效率作为企业竞争力评价的依据,这种方法在实际运用中存在一些问题:一是要应用比较高深的数学知识,在企业界一时难以推广;二是这种方法是从竞争力结果(投入产出的相对效率)角度对企业竞争力进行评价,没有从企业内部挖掘影响竞争力的因素,缺乏对影响竞争力因素的评价,难以用于指导企业竞争力的提升。

三、产业竞争力的实践

由于各国的国情不一样,研发水平也不相同,因此不同国家开展产业竞争力的目的、实施方法也存在较大差异。就发达国家美国来说,《1930 年关税法》规定竞争力调查制度,但不具有强制性,只是为政府提供参考,为市场提供指导。后来美国国际委员会开发的 USEGE – ITC 模型,专门用来分析经济政策变化对美国经济的影响,成为美国贸易代表办公室在决定重大事项时评估产业影响的重要依据。澳大利亚非常注重本国产业国际竞争力,澳大利亚设有很多产业国际竞争力评价的机构,有政府、高校以及专业机构,它们从不同的角度分析了澳大利亚产业在国际背景下所受的影响,为不同的对象提出相关建议。澳大利亚政府机构体系中专门研究产业竞争力的是澳大利亚生产力委员会。该委员会每年年初根据政府内阁提出的题目和委员会自行确定的题目制定当年要完成的产业竞争力计划，征求有关政府部门意见后确定每个报告的研究要点和范围，报经政府总理或财长批准后以文件下达任务和相应的经费预算。

在中国，随着对外开放不断深化，实施产业竞争力意义重大，主要体现在积极推动产业竞争力的立法工作；商务部正式启动了重点产业竞争力评价试点工程，将汽车、磷肥产业列为首要工程，并同时启动了纺织产业的竞争调查；加大宣传力度，树立品牌对产业竞争力的实施也具有促进作用，同时，在《国际商报》上开设了产业国际竞争力资讯专栏，内容主要是竞争力的研究进展和成果及相关信息动态，为产业和政府提供参考。自中国加入WTO以后，政府和大型企业虽然相继实施产业竞争力，但与国际相对比仍存在很大差距，中国应参照借鉴国外成熟的经验，加快产业竞争力的实施工作。

第三节 提升产业竞争力的途径

一、产业链与产业竞争力

产业链也称产业链式发展，是通过产业链的构建，加强企业之间产业技术联系和市场交易关联，促进资源、信息等要素的共享。产业链式的实施有利于提升区域产业竞争力，在微观层面，可以形成企业的成本优势和效率优势，形成企业的核心竞争力；在宏观层面，提高区域产业部门抗风险能力，扩大区域经济收益，提升区域综合实力，并在这些基础上最终提高产业竞争力。

（一）产业链的整合会提高企业的核心竞争力

产业链的整合管理，一方面，有利于加快物流速度、减少各个环节的库存量，进而消除非产业链合作关系中的上下游之间的成本转嫁，从整体上降低企业成本；另一方面，有利于企业比竞争对手更及时地了解顾客的需求，打破企业间及企业内各部门间人为的分割，优化产品或服务流程，提高企业的营运效率，通过成本的降低和企业效率的提升，构建企业的核心竞争力。

（二）产业链的接通会增强区域产业部门的抗风险能力

通过培育产业链的接通，加强产业链的完整性，可以使产业链中的某一产业环节在受到外部环境的打击或遭到市场不景气的影响时，通过产业链的利益和风险传导机制在各环节之间进行传递并逐层分散风险，减少风险所带来的损失。同时，各个产业环节在市场信息方面的共享能够降低未来发展中的不确定性，避免危机的发生。

(三) 产业链的延伸会加强区域经济的整体实力

产业链在地域和产业二维空间的延伸有利于新的产业部门的形成,并在此基础上能够提高区域内产业的资本有机构成,增强产业的技术水平和深化区域产业分工,使产业链条的附加价值最大化,扩大区域经济效益,带动区域 GDP 的增长。

二、产业集群与产业竞争力

(一) 产业集群提高了产业的整体竞争能力

集群加剧了竞争,竞争是产业获得核心竞争力的重要动力。竞争不仅仅表现在对市场的争夺,还表现在合作上。同居一地,相同行业的相互比较有了业绩评价的标尺,也为产业中各企业带来了竞争的压力。绩效好的企业能够从中获得成功的荣誉,而业绩差的企业因此会感到压力。同时,由于地理位置接近,产业集群内部的竞争自强化机制将在集群内形成"优胜劣汰"的自然选择机制,刺激企业创新和企业衍生。

首先,产业内的竞争迫使各企业不断降低成本,改进产品及服务,追求技术变革的浪潮。企业群居一地,竞争对手就在眼前,企业永远不能满足,必须不断进取,产业内各个企业的不断创新,提高了整个产业的竞争能力。其次,产业内竞争能够使得企业在竞争中获得更好的地位。主要表现在:竞争对手可以吸收周期性的需求波动,从而使企业能够更充分地利用生产能力;竞争对手作为企业产品价值比较的标准,能够提高企业自身"标新立异"的能力;竞争对手优化了整个产业的结构,如增加了产业的需求,提高了产品的知名度;提供第二方或第三方货源。最后,各企业可以在新产品或新兴产业中协作开发市场,事实上是产业内各企业一起分担市场开发成本;竞争对手的存在降低了买方风险,还有助于推进技术标准化。

(二) 产业集群加强了集群内企业间的协作

产业内部形成的专业分工和协作,降低了交易成本,创造了外部经济和集体效率。首先,向产业集群当地寻求资源,远比到外地采购的交易成本低。在集群内采购,使沟通更方便,也可减少采购成本,并使辅助性和支援性的合作更方便容易;降低了远距离元件输入成本,供应商会提供更好的价格。其次,提高了协作效率。人们早就发现,许多工作只有聚集在一起的时候才能完成。最后,开拓合作竞争或协作竞争的新局面。市场经济是竞争经济,也是合作经济和协作经济。没有竞争就没有合作、没有协作就没有活力,但没有合作、没有协作,竞争也无从谈起。正因为如此,提出"合作竞争"是值得重视的。企业集群在一起虽然加剧了竞争,但竞争并不排斥合作。竞争并不仅仅表现为市场上的争夺,而更多地表现为追求卓越的心理压力。产业内企业联合的形式很可能是未来的潮流,它将取代公司之间一对一的竞争,供应商、客户,甚至竞争者将走到一起,共同分享技能、资源,共担成本。

三、科技创新与产业竞争力

1912年美国经济学家熊彼特最早提出了"创新"(innovation)概念,指出"创新"是指在经济活动中引入新的东西以实现生产要素新的组合,主要包括以下五个方面:(1)引入一种新的产品或者赋予产品一种新的特性;(2)引入一种新的生产方法;(3)开辟出新的市场;(4)获得原材料或半成品新的供应来源;(5)实现一种新的工业组织。科技创新是原创性科学研究和技术创新的总称,是指创造和应用新知识和新技术、新工艺,采用新的生产方式和经营管理模式,开发新产品,提高产品质量,提供新服务的过程。科技创新可以被分成三种类型:知识创新、技术创新和现代科技引领的管理创新。

科技创新是促进生产力发展的第一要素,是知识经济发展的主要动力,是可持续发展能力的核心因素。可持续的生产方式、生活方式和社会发展模式的形成与发展均依赖于科技的创新、发展和应用。科技创新正是"技术进步"与"应用创新"这个"双螺旋结构"共同演进催生的产物。当前企业的生存与发展,关键是把握市场的脉搏,依靠不断的科技创新开创符合社会发展的产业。无论是产业中提高产品质量,或是实行产业升级,或是培育优势产业,除了要依靠制度创新外,还需要狠抓科技创新。我国企业的竞争力弱,主要在于产品质量差、技术含量低、新产品开发慢,而这又在于企业的技术创新滞后。虽然有些企业通过技术引进等方式,促进了产业的技术改造,但是随着经济的发展,缺乏核心技术、自主创新能力薄弱、对外技术依赖的程度较高等问题在近年来开始出现。要解决这些问题,必须坚定切实地实施科学发展、自主创新、科技创新的战略方针,这是解决问题的关键。

加强科技创新提高产业竞争力的措施:(1)增强企业科技创新的自信心。我国大部分企业是在引进技术的基础上进行模拟仿制来发展产业的。由于市场竞争压力大,利润率低,很多企业引进技术后缺乏消化吸收再创新的能力,立足于跟踪模拟国外企业,科技创新意识不强,自信心不足。这需要企业增强科技创新的信心,企业发展壮大后把主要精力放在掌握核心技术上,提高研发能力。如汽车行业是一个资本密集型的产业,相当多的人对自主品牌的汽车没有信心,但吉利等企业靠几亿元进入了汽车制造业,实现了多项技术的突破,打破了汽车界的习惯思维,实现了多项科技创新。因此要相信企业有能力进行科技创新,可以提高产业竞争力。(2)企业科技创新的内动力。企业目前总体科技创新力不强,最根本的原因是企业科技创新意识淡薄,科技创新的内生动力不够,自我研发生产能力薄弱,根本问题是缺乏有效的面向市场。国家应该意识到目前随着经济的快速发展,科技创新逐渐成为引领社会的浪潮,因此,一个产业的产品要想立足于这个社会,就必须比其他同类产品有相对优势,这个相对优势就是产业产品的创新,进一步通过科技创新提高产业竞争力。

四、人才因素与产业竞争力

人才因素对产业竞争力并没有直接影响,但又不可或缺,产业本身是由人类管理的,而想要企业在众多产业中脱颖而出,就必须要有专业的技术人才,专业技术人才提供的科研成果对产业的稳定性与长久性有着直接的影响,进一步影响产业竞争力,因此人才的数量与质量的发展速度、效率及规模能够充分调动产业的持续发展,提高产业竞争力。

本 章 案 例

一、中国农业银行产业竞争力评价过程[①]

(一) 确定评价目标

随着网络时代的不断更新换代,世界各国银行之间的竞争日益激烈,这里主要以中国农业银行的产业竞争力为例,分析如何提高农业银行的竞争优势。长期以来,中国农业银行主要服务于农村经济,受国家政策和历史因素的影响较大,经济效益也相对较弱,各项改革也一直落后于其他国内银行和外资银行。

(二) 建立指标

中国农业银行主要资产负债管理指标,根据中国人民银行规定,银行资产负债比例管理分为监管指标和监控指标两大类。其中,监管指标包括:资本充足率指标、贷款质量指标、单个贷款比例指标、备付金比例指标、拆借资金比例指标等。

资本充足率指标(本外币合并考核):是衡量银行业务经营是否稳健的一个重要指标,它反映了银行的资本既能经受坏账损失的风险,又能正常营运,达到盈利水平的能力。一家银行的资本充足率越高,其能够承受违约资产的能力就越大,其资本风险也越小。规定银行的资本充足率应不低于8%。

贷款质量指标:贷款质量的高低不仅在微观上会涉及其自身的安危,而且宏观上对一国的金融体系乃至国民经济的正常运行都会产生巨大的影响。但也存在很多不良贷款,一般认为主要分外部因素和内部因素两种。外部因素是指由外部力量决定、银行无法控制的因素,如国家经济状况的改变、社会政治因素的变动

[①] 唐荻、米振莉、吴华杰:《中国特殊钢行业发展成就与特点》,载《中国材料进展》2011年第12期,第18页。

以及自然灾害等，使得银行无法按期收回贷款本息而产生不良贷款；内部因素是指商业银行对待信贷风险的态度，它直接决定了其贷款质量的高低和贷款风险的大小，这种因素主要是信誉方面造成的。

备付金比例指标：我国于1984年开始建立了法定存款准备金制度，并制定了相应的法定准备金率。备付金率高，意味着一部分资金闲置，资金周转效益差；备付金率低，商业银行的正常支付将难以保证，资金的清算、款项的划拨将受到影响。

拆借资金比例指标（仅对人民币考核）：是衡量银行流动性风险及其程度的指标之一。也就是在收益水平一定的条件下，确保商业银行资产负债结构的匹配，最终减少流动性的风险。拆借资金与各项存款的关系非常密切，无论拆出或拆入资金都要考虑资金的承受能力。拆出资金需要考虑即期的资金能力；拆入资金要考虑预期是否有足够的资金来源。因此必须对拆借资金进行控制，目前我国人民银行规定拆入资金比例应不高于4%，拆出资金比例应不高于8%。

存贷款比例指标：反映商业银行流动性风险的传统指标。该比例很大程度上反映了存款资金被贷款资金占用的程度。存贷款比例越高，说明商业银行的流动性越低，其风险程度越大。

（三）确定指标属性

（1）资本充足率 = 资本净额/加权风险资产总额 × 100%。

（2）贷款质量指标：

a：不良贷款比例 = 不良贷款/各项贷款 × 100%；

b：逾期贷款比例 = 逾期贷款余额/各项贷款余额 × 100%。

（3）备付金比例 = 备付金余额/各项存款余额 × 100% – 法定准备金比例。

（4）拆借资金比例：

a：拆出资金比率 = 拆出资金余额/各项存款余额 × 100%；

b：拆入资金比率 = 拆入资金余额/各项存款余额 × 100%。

（5）存贷款比例 = 各项贷款余额/各项存款余额 × 100%。

（四）收集和处理数据

中国农业银行2016年报告数据显示如下（见表13-1）。

表13-1　　　　　　　　　中国农业银行2016年报告

项目	2014年	2015年	2016年
资产总额（亿元）	159741.52	177913.93	195700.6
营业收入（亿元）	5208.58	5361.68	5060.16
净利润（亿元）	1795.1	1807.74	1840.6
放贷和贷款总额（亿元）	80980.67	89099.18	97196.39
不良贷款率（%）	1.54	2.39	2.37

截至2016年中国农业银行业务主要有：金融业务，拥有379.85万个公司银行客户，其中有贷款的客户有6.3万个；个人金融业务，中国农业银行个人贷款余额33408.79亿元，较上一年增加6129.89亿元；资产管理业务，截至2016年末，中国农业银行理财产品余额16311.96亿元，较上年年末增长34%，其中个人理财产品11515.88亿元，对公理财产品479608亿元。

（五）选择评价方法

主要采用层次分析法对中国农业银行的竞争力评价指标进行分析。

（六）分析评价结果

可得出国内对银行业竞争力研究相对薄弱，中国农业银行的业务量并不高，但在逐步增长。应进一步推动农业银行的改革，加快发展，改进管理，逐步缩小与其他银行的差距。

二、中国特殊钢产业竞争力研究[①]

特殊钢是指具有特殊的化学成分（合金化）、采用特殊的工艺生产、具备特殊的组织和性能、能够满足特殊需要的钢类。比普通钢具有更高的强度和韧性、物理性能和化学性能，通常把生产这类钢材的企业所组成的产业称为"特殊钢产业"。

近年来，我国特殊钢产量占全国钢产量的比重为8%~10%，其中合金钢为5%左右，特殊钢钢材产量约占全国钢材产量比重的7%~8%，合金钢材为4%。2001年我国特殊钢产量约1268万吨，特殊钢钢材1100万吨，2002年特殊钢和特殊钢钢材分别达到1600万吨和1300万吨。我国共有27家生产特殊钢企业，这些企业承担着我国51%的特殊钢生产任务，这些企业的规模、技术、人才、产品质量在中国都占有主导地位。

中国特殊钢产业经过20世纪90年代的发展，特别是近3~5年围绕着特殊钢产业脱困进行的企业组织结构调整和较大规模的技术改造，使特殊钢产业的竞争力明显提高，总体竞争力已处于国际中游水平。突出表现在以下三点：

（1）特殊钢产业的资源、产能都在加快向优势企业集中，目前先进特殊钢企业的产量已占特殊钢产业总产量的36.4%，这部分企业的生产成本、产品质量以及科研开发能力与国际先进水平相当。

（2）我国特殊钢产业在中低端产品生产成本上同发达国家相比具有较明显竞争优势，这不仅体现在先进企业用电炉生产这类产品，成本具有竞争力，而且中间企业同样用电炉生产这类产品，成本也与发达国家大体相当。特别是我国一些企业用转炉生产这类特殊钢产品，成本比发达国家至少要低60美元/吨，具有较强竞争优势。

（3）我国现在进行的市场化取向改革和国民经济持续快速发展，有利于特殊钢产业竞争力的进一步提高。如电力、运输行业打破垄断，有利于特殊钢成本的

---

① 刘浏：《高品质特殊钢生产流程技术研究》，载《中国冶金》2011年第12期，第11页。

降低。随着钢铁积蓄量的增加,废钢产出也将有所增加,有利于改善特殊钢企业原料供给。投融资体制改革则有利于企业投资决策、技术进步等。

我国特殊钢产业的竞争力与国际先进水平相比,仍存在一定的差距。主要表现在:一是高端产品的比例偏低,不适应国际平均经济发展的需要;二是高端产品及部分中端产品如冷轧不锈钢板、轴承钢、齿轮钢、模具钢等在实物质量上还有较大差距;三是特殊钢产业和大多数特殊钢企业没有建立自己的技术创新体制和机制,缺乏具有独立知识产权的技术和产品开发能力。

参考文献

1. 斯蒂格勒:《产业组织和政府管制》,上海人民出版社、上海三联书店1996年版。
2. 刘志彪等:《产业经济学》,机械工业出版社2017年版。
3. 苏东水等:《产业经济学》,高等教育出版社2015年版。
4. 臧旭恒、林平:《现代产业经济学前沿问题研究》,经济科学出版社2006年版。
5. 高志刚等:《产业经济学》,中国人民大学出版社2016年版。
6. 林恩·佩波尔等:《产业组织:现代理论与实践》,中国人民大学出版社2014年版。

第十四章 经济全球化与产业分工

第一节 经济全球化与产业分工的关系

一、产品分工

（一）概念

产品分工一般是指产品内分工，是指产品生产过程包含的不同工序和区段，被拆散分布到不同国家进行，形成以工序、区段、环节为对象的分工体系；产品内分工是指特定产品生产过程中不同工序和区段通过空间分散化形成跨区或跨国性的生产链条或体系，由不同国家的企业参与产品生产过程、不同环节或区段的生产或供应活动；产品内分工是指某一特定产品的生产过程按不同工序、区段和零部件的空间分割处于不同的国家或地区，每个经济体专业化于产品生产价值链的特定环节进行生产的活动。产品内分工是国际分工从产业间分工与产业内分工进一步深化发展的表现。

（二）形式

产品内分工既可以通过企业（如跨国公司的分支机构或子公司）之间的分工方式来实现，也可以通过分布在不同国家或地区的独立厂商之间的联系来完成。因此，其包含企业内分工和企业间分工两种形态。

企业内部实现产品内分工一般是通过国外直接投资或并购国外某些企业，把某些生产环节转移到国外子公司或附属企业进行生产，而国内保留部分生产环节，形成企业内部的产品内分工。这一过程凭借跨国公司的母公司对生产资源的整合配置以及对生产过程的控制与协调来实现。

企业间实现的产品内分工一般是通过代工的方式来实现，代工，一般指发达国家品牌商按照一定设计要求和生产标准向国外制造商下单，后者按照前者的要求进行生产，产品完成后发包方贴上自己品牌然后进行销售。这种产品内分工是由发包方来控制整个生产过程，即使代工企业逐步担任产品设计环节的工序，产品品牌仍由发包方掌握。而这种承担加工并且担任产品研发设计环节工序的企业被称为"原始设备制造企业"。

（三）产品内分工的动因

1. 产品内分工的基础或源泉

（1）比较优势。比较优势的概念来源于大卫·李嘉图的比较成本理论和赫克歇尔·俄林的要素禀赋论，李嘉图的比较优势主要表现为各国在生产同种产品时，由于各国的劳动生产率不同而使机会成本不尽相同。而赫克歇尔的比较优势理论则主要表现为由于生产要素禀赋的不同以及生产中使用要素组合比例的不同，从而导致生产成本的差异，进而表现为价格的差异。当产品的生产工序可以拆分后，由于产品内部生产工序之间的要素投入比例存在差异，此时应按照比较优势的原则进行生产以最大程度地节省成本和取得收益，因而分工交换可能提高两国经济福利。比较优势是生产产品内分工的重要基础。

一般情况下，劳动密集型产品在劳动力丰富的国家生产其价格相对便宜，资本密集型产品在资本丰富的国家生产其价格也相对要便宜。发达国家跨国公司将根据产品生产环节与零部件的生产技术含量的高低将生产过程进行拆分迁至不同国家，把劳动密集型生产环节置于劳动力丰富的国家特别是发展中国家，而把资本技术密集型生产环节置于资本技术丰富的发达国家或留在国内。所以，比较优势归根结底是要素或资源的比较优势，各个国家按这样的比较优势参与国际分工和贸易，从而获得利益。

（2）规模经济。产出数量规模与单位成本存在反向关系。规模经济又分为内部规模经济与外部规模经济，二者都可能对产品分工产生影响。内部规模经济是指由于产品内不同生产环节或不同零部件的最佳有效规模不同，通过产品内分工，可以将不同的生产环节对应到不同的国家或地区进行生产，使各个生产活动达到最佳规模，从而提高资源配置的效率。外部规模经济是指整个产业的产量扩大时，该产业各个企业的平均生产成本下降。进行产品内分工之后，某部件的生产供应商可能就成为该种中间产品的生产基地，而对产品的需求又使同类产品企业在此集聚，规模得到扩大，从而生产成本降低。

2. 产品内分工的决定因素

观察不同行业的不同产品，产品内分工的状况存在差异，例如制造业比农业更容易发生产品内分工，生产性服务业的产品内分工比消费性服务业更为活跃。而决定产品内分工的因素主要包括以下三大方面。

（1）产品内不同工序环节的空间可分离以及分离成本的高低。实现产品内分工要求生产过程在技术上可以被分解，而且不同的工序可以被拆分到不同的国家或地区进行，不同生产工序的可分离性越强，产品内分工的实现强度就越大，其主要取决于生产过程的技术属性。产品及其零部件单位价值、运输成本以及跨境生产活动交易成本的大小都影响产品内分工发生的可能性大小。而经济全球化是产品内分工产生的重要原因，在经济全球化背景下，信息产业与通信技术迅猛发展，这使跨国生产的协调性管理成本降低。由于运输业的发展，运输成本降低，以及经济自由化改革使生产要素可以在国家和地区间自由流动，这些都使得分离成本降低，产品内分工的可能性因此加大。

（2）不同生产工序要素投入比例差异度。生产过程不同工序或区段，根据特定生产工艺要求，对投入品要素组合可能存在不同数量比例要求。比较优势是派生产品内分工的基本源泉，给定不同国家和经济体之间资源禀赋结构和要素相对价格的差异程度，不同区段生产工艺所要求的投入品比例反差越大，越有可能通过产品内分工节省全球范围稀缺资源，从而在经济合理性的前提下发展产品内分工。因而，其他条件给定时，不同生产区段的要素比例差异程度，与产品内分工的密集程度，存在正向联系。

（3）不同生产区段有效规模差异度。生产过程的不同工序或区段，由其技术和成本属性决定，可能存在不同的有效规模。规模经济是产品内分工的又一源泉。因而给定其他条件，不同生产工序或区段有效规模差异越大，越有可能通过国内或国际产品内分工节省成本和提升效率。不同生产区段的有效规模差异程度，与产品内分工的密集程度，具有正向联系。

（四）产品内分工的经济效应

在全球生产一体化趋势下，国与国之间基于比较优势的分工从产品之间，贯彻到产品内部的工序和流程分工，极大地改变了全球经济运行方式。产品内分工的经济效应主要体现在以下几个方面。

1. 产品内国际分工的产业转移效应

全球生产网络大背景下产品内国际分工是国际产业转移的主要动因。国际产业转移可以促进产业结构优化和产业升级、优化出口结构、促进技术进步等，同时也存在价值增值低、技术依赖严重、加剧国际贸易摩擦等负效应。在承接国际产业转移过程中还要意识到有可能带来环境污染问题，因此，对于发展中国家来说，要从战略层面上高度重视国际产业转移的机遇，努力打破跨国公司的结构性封锁，改变价值链低端锁定的现状，以促进产业结构持续升级和国际竞争力的提升。

2. 对一国福利的影响

在赫克歇尔-俄林模型的框架下，利用国际贸易常规分析技术，对全球外包和转包等产品内分工的效应进行研究，当先进国家采用了垂直专业化分工的技术，将原来国内生产的环节放在其他国家进行，先进国家的工资将会上涨，产业就业和产出都会增加，国家的整体福利都会改善，对大国而言福利改善的效果将更加明显。也有学者提出不同的意见，在一个完全竞争的两要素两部门的开放经济贸易模型基础上，分析产品内国际分工对国家福利和要素价格的影响，可以得出结论：产品内国际分工将使得原生产国的工资降低同时收入分配效应将提高资本的效应，而对原生产国的整体福利的影响并不明确。外包是产品内分工的方式之一，如果将外包开始的均衡状态设为"非贸易"的，生产力进步的直接效果就是将之前非贸易的服务变为了可贸易的服务外包。发达国家的外包活动会将一些低技能工作机会转移到海外，但是这种转移节约了成本，使发达国家提高来自贸易的利润；与此同时，与低技能工作机会的流失相伴随的是高技能工作机会的创造，虽然这个过程比较长，但是长期内外包行为不会使发达国家整体福利受到影响。

3. 对就业和收入的影响

产品内分工不仅会对一国总体福利产生影响，也会对参与国内部不同部门不同要素的收入和就业产生影响。菲恩斯特和汉森（Feenstra and Hanson）认为发达国家的外包活动必然会对其本国和接包国的就业和收入分配（熟练劳动力和非熟练劳动力的工资）产生影响。发达国家的非熟练劳动力的工资相对于发展中国家要高，若发达国家将一些劳动密集型工序转移至发展中国家，必然会减少本国非熟练劳动力的就业需求，但是可以大大降低其产品生产的成本，利润空间扩大。发达国家所转移的工序对发展中国家来说是属于技术密集型，可以增加发展中国家熟练工人的就业，熟练工人的工资会增加。假设条件不同，得出的结论也会不同，假设允许跨国公司在高工资国家和低工资国家选择生产地点，跨国公司在高收入国家会扩大熟练工人和非熟练工人的收入差距，在有些情况下，也会扩大低收入国家的收入差距。

4. 产品内国际分工的技术进步效应

参与垂直专业化分工，对工业行业的技术进步与生产率的提升有促进作用。其中在资本密集型与出口密集度高的行业，这一影响更为显著。垂直专业化分工有利于制造业技术进步，而研发投入对制造业技术进步会带来一定的负面影响。此外，低集中度、低开放度、高技术行业中垂直专业化分工对技术进步的促进作用更为明显。

二、垂直一体化

（一）概念

垂直一体化（Vertical Integration）又称纵向一体化，是由经济发展水平不同的国家形成的一体化组织。纵向一体化分为前向一体化和后向一体化。前向一体化是指企业进入供应产品原材料、零部件的生产领域，通过兼并和收购若干个处于生产经营环节下游的企业实现公司的扩张和成长，如制造企业收购批发商和零售商。后向一体化则是指企业进入销售产品的领域销售自己生产的产品，获得新的价值增长，通过收购一个或若干供应商以增加盈利或加强控制。如汽车公司对零部件制造商的兼并与收购。垂直一体化有利于提高资源利用深度和综合利用效率，使企业扩大规模，快速发展。

（二）垂直一体化产生的原因

研究企业垂直一体化的理论主要有产业组织理论和交易费用理论，它们分别从不同的角度对垂直一体化进行解释。

1. 产业组织理论

产业组织理论认为上下游企业在生产过程中的依存关系是形成纵向一体化的主要原因，其中的依存关系包括生产组织、原料供应关系等。哈佛学派建立了较为完备的产业组织理论，该理论认为是垄断竞争和寡头垄断市场结构决定了该产业厂商的一体化战略。

2. 交易成本理论

交易成本理论认为纵向一体化是否发生，取决于一体化节约的市场交易费用和带来的合并费用之间的比较，当前者大于后者时，纵向一体化就会发生。通过实施一体化经营，可以使产品独具特色，降低交易费用，带来更大收益。麦当劳在全球扩张也采用过垂直一体化战略，比如麦当劳为保证产品质量，耗资 4000 万美金在俄罗斯建立了奶牛养殖场、蔬菜种植园和食品加工厂为当地的餐厅食品提供牛奶、土豆、蔬菜、汉堡肉、面包等原材料。建立当地餐厅只花费 400 万美元。之所以这样做，是因为能够获取更多的利润。

（三）垂直一体化的优缺点

1. 优点

（1）帮助企业快速发展壮大。当企业不断发展，规模不断扩大，如果这时某产品的市场占有率趋向饱和，未来不能出现新的大范围增长，企业的投资应考虑向纵向发展。后向一体化有利于保证原材料供应和产品价格，质量的稳定，前向一体化可以减少中间环节，了解市场需求，降低风险，获得更多利润。

（2）有助于技术创新。垂直一体化为企业提供了熟悉上游或下游经营相关技术的机会，有利于其进一步了解各种技术信息，从而为基础经营技术的开拓与发展提供有利条件。

（3）减少交易的不确定性，降低交易费用。根据波特五力模型，行业利润受到五大因素包括供应商、经销商、竞争对手、替代品和顾客讨价还价能力的影响。垂直一体化减少了供应商和销售商讨价还价对企业构成的威胁，企业通过实施一体化，降低了原材料供应和产品销路的不确定性。当企业掌控上下游生产供应链的信息，各个环节以成本价供应，降低了产品生产成本，能以更低成本获得竞争优势。

（4）确保供给和需求。垂直一体化能够确保企业在产品供应紧缺时得到充足的供应，或在总需求很低时能有一个畅通的产品输出渠道。也就是说，垂直一体化能减少上下游企业随意中止交易的不确定性。当然,在交易的过程中,内部转让价格必须与市场接轨。

(5) 提高差异化能力。垂直一体化可以通过在管理层控制的范围内提供一系列额外价值,来改进本企业区别于其他企业的差异化能力(核心能力的保持)。例如云南玉溪烟厂为了保证生产出高质量的香烟,对周围各县的烟农进行扶持,使他们专为该烟厂提供高质量的烟草;葡萄酒厂拥有自己的葡萄产地也是一种一体化的例证。同样,有些企业在销售自己技术复杂的产品时也需要拥有自己的销售网点,以便提供标准的售后服务。

(6) 提高进入壁垒。企业实行一体化战略,特别是垂直一体化战略,可以使关键的投入资源和销售渠道控制在自己的手中,从而使行业的新进入者望而却步,防止竞争对手进入本企业的经营领域。企业通过实施一体化战略,不仅保护了自己原有的经营范围,而且扩大了经营业务,同时还限制了所在行业的竞争程度,使企业的定价有了更大的自主权,从而获得较大的利润。例如IBM公司即是采用垂直一体化的典型。该公司生产微机的微处理器和记忆晶片,设计和组装微机,生产微机所需要的软件,并直接销售最终产品给用户。IBM采用垂直一体化的理由是,该公司生产的许多微机零部件和软件都有专利,只有在公司内部生产,竞争对手才不能获得这些专利,从而形成进入障碍。

(7) 进入高回报产业。企业现在利用的供应商或经销商有较高的利润,这意味着他们经营的领域属于十分值得进入的产业。在这种情况下,企业通过垂直一体化,可以提高其总资产回报率,并可以制定更有竞争力的价格。

(8) 防止被排斥。如果竞争者们是垂直一体化企业,一体化就具有防御的意义。因为竞争者的广泛一体化能够占有许多供应资源或者拥有许多称心的顾客或零售机会。因此,为了防御的目的,企业应该实施垂直一体化战略,否则会面临着被排斥的处境。

2. 垂直一体化的局限性

(1) 带来风险。垂直一体化会提高企业在行业中的投资,提高退出壁垒,从而增加商业风险(行业低迷时该怎么办),有时甚至还会使企业不可能将其资源调往更有价值的地方。由于在所投资的设施耗尽以前,放弃这些投资的成本很大,所以,垂直一体化的企业对新技术的采用常比非一体化企业要慢一些。

(2) 代价昂贵。垂直一体化迫使企业依赖自己的场内活动而不是外部的供应源,而这样做所付出的代价可能随时间的推移而变得比外部寻源还昂贵。产生这种情况的原因有很多。例如,垂直一体化可能切断来自供应商及客户的技术流动。如果企业不实施一体化,供应商经常愿意在研究、工程等方面积极支持企业。再如,垂直一体化意味着通过固定关系来进行购买和销售,上游单位的经营激励可能会因为实行内部销售而使竞争有所减弱。反过来在从一体化企业内部某个单位购买产品时,企业不会像与外部供应商做生意时那样激烈地讨价还价。因此,内部交易会减弱员工降低成本,改进技术的积极性。

(3) 不利于平衡。垂直一体化有一个在价值链的各个阶段平衡生产能力的问题。价值链上各个活动最有效的生产运作规模可能不大一样，这就使得完全一体化不容易达到。对于某项活动来说，如果它的内部能力不足以供应下一个阶段的话，差值部分就需要从外部购买。如果内部能力过剩，就必须为过剩部分寻找顾客，如果生产了副产品，就必须进行处理。

(4) 需要不同的技能和管理能力。尽管存在一个垂直关系，但是在供应链的不同环节可能需要不同的成功关键因素，企业可能在结构、技术和管理上各有所不同。熟悉如何管理这样一个具有不同特点的企业是垂直一体化的主要成本。例如，很多制造企业会发现，投入大量的时间和资本来开发专有技能和特许经营技能，以便前向一体化进入零售或批发领域，但并不是总如他们想象的那样能够给他们的核心业务增值，而且在拥有和运作批发、零售网络等方面会有很多棘手的问题。

(5) 延长了时间。后向一体化进入零配件的生产可能会降低企业的生产灵活性，延长对设计和模型进行变化的时间，延长企业将新产品推向市场的时间。如果一家企业必须经常改变产品的设计和模具，以适应购买者的偏好，他们通常会发现后向一体化，即进入零配件的生产领域的负担很重，因为这样做必须经常改模和重新改进设计，必须花费时间来实施和协调由此所带来的变化。从外部购买零配件通常比自己制造便宜一些，简单一些，使企业能够更加灵活、快捷地调节自己的产品以满足购买者的需求偏好。

三、中国加工贸易

(一) 加工贸易的概念

加工贸易，是指经营企业进口全部或者部分原辅材料、零部件、元器件、包装物料，经加工或装配后，将制成品复出口的经营活动，包括进料加工、来料加工、装配业务和协作生产。

(二) 中国加工贸易发展现状

加工贸易是产品内国际分工在中国的实践。随着经济全球化在世界各个地方不断深化，国际分工趋势的不断加强，加工贸易也随之应运而生，成为当今国际分工和国际贸易的重要形式之一。加工贸易从根本上是依据世界各国的生产要素禀赋和比较优势情况的差异，在世界上不同的国家或者地区完成不同性质的生产加工步骤，来实现资源的最优化利用，降低产品的生产成本，提高其竞争力。

我国改革开放以来，加工贸易在我国迅速发展强大，并逐渐成为对外贸易的重要方式，在促进对外贸易发展，扩大就业，增加外汇收入，推动工业化进程，提高经济发展水平方面，发挥着巨大作用。但是如今市场环境变化，我国的土地成本，劳动力成本急剧上升，新兴国家的优势开始显现，我国的加工贸易面临很大的挑战。

相对于一般贸易而言，我国加工贸易附加值不高，对国家经济的作用力弱，拉动作用相对较小。我国绝大部分加工贸易生产企业规模不大，技术含量低，缺少产品研发能力。我国承接的加工贸易工序大部分属于技术含量低的劳动密集型的产品，比如大量的组装，装配型企业。加工产品的产出过剩，但真正高、精、尖，高附加值的产品其加工能力严重不足，加工贸易中生产加工能力主要集中于下游产业，零部件和原材料大部分依赖进口，尤其是技术含量高的关键零部件更是严重依赖进口，料件本地采购比例偏低。即使外商投资的加工贸易，使用国内原材料和零件，也不存在对其他企业的示范效应和扩张效应，而仅仅是利用优惠政策建立的加工基地。我国大量企业没有掌握核心技术，企业只负责组装，赚取低附加值的组装费用。加工贸易发展到如今，随着国际贸易竞争力加强，自然环境的恶化，投资环境的变化，新兴国家的崛起，使得加工贸易面临的挑战持续增多。

因此，如何进行加工贸易转型升级成为我国当前需要解决的问题，我们可以从以下几个方面进行思考：提升我国在国际生产价值链的位置，加强企业技术创新，延长产业链条，企业进入服务环节，发展本土跨国公司等方面促使加工贸易转型升级；从政策上促使加工贸易从东部到中西部的梯度转移；引进更高技术，实施产业聚集与配套，提高加工深度，延长价值链，培育自创品牌。

第二节 全球价值链

一、概念

全球价值链是指为实现商品或服务价值而连接生产、销售、回收处理等过程的全球性跨企业网络组织，涉及从原料采购和运输，半成品和成品的生产和分销，直至最终消费和回收处理的整个过程。包括所有参与者和生产销售等活动的组织及其价值、利润分配，当前散布于全球的处于价值链上的企业进行着从设计、产品开发、生产制造、营销、交货、消费、售后服务、最后循环利用等各种增值活动。

二、全球价值链原因

关于全球价值链的形成机制的研究，从宏观层面看，大卫·李嘉图提出的比较优势理论，赫克歇尔与俄林所发展出的要素禀赋理论和迈克尔·波特阐述的竞争优势理论,成为解释全球价值链理论的主流思想。从微观层面看,需求因素对全球价值链的形成具有核心导向作用。

(一) 全球价值链形成的支持系统

1. 经济活动的全球化为全球价值链的形成提供了环境支持

随着经济全球化的日益深入、区域经济一体化的进程加快以及世界贸易组织的扩张,推动了国际贸易和国际投资的自由化,大大消除了货物贸易、服务贸易跨境投资的制度性障碍,使生产活动的全球性布局成为可能。各国政府为了使本国在国际分工格局中占据有利地位,大多数国家都鼓励外资进入本国市场,并对其给予政策上的优惠,使生产活动的全球布局更加便利,为全球价值链的形成和发展提供了制度保障。

2. 信息技术的发展为全球价值链的形成提供了信息支持

以互联网技术为代表的信息技术的迅猛发展大大降低了信息跨国流动的成本,从而以跨国公司为主导的全球价值链分工得以在跨国境的范围内展开,既推动了传统产业生产与服务活动的模块化,使企业的生产与服务环节可以在空间上分离而且不影响其衔接与运作的效率,又大大降低了跨国公司的交易成本和管理成本。信息的全球共享与信息成本的下降,推动了跨国公司在全球范围内配置资源,同时也让其在全球范围内设立和管理分支机构成为可能。

3. 物流技术的进步为全球价值链的形成提供了硬件支持

跨国公司为降低成本,提高竞争力,开始大规模从发达国家向发展中国家进行产业转移,以往只在发达国家之间存在的产业内分工,越来越多地出现在发达国家与发展中国家之间。另外,技术方面的进步也促进了全球价值链的形成,运输技术的进步大大降低了货物跨境流动的成本,从而为其全球价值链的形成提供硬件上的支持。

(二) 全球价值链形成的动力系统

1. 终端市场的需求是全球价值链形成和发展的内在牵引力

从某种程度上讲,终端市场的需求对于全球价值链形成和发展具有核心导向作用,是全球价值链形成机制的关键所在,具体表现为以下几个方面。

首先,从生产出来的产品性质来看,资本性产品虽然不是直接用来供人们消费的,但是从它的用途指向来看,最终还是为生产消费性产品服务,所以,整个全球价值链的链接与衍生,最终是受到终端市场的牵引。虽然处在全球价值链相同层次横向衍生的多个节点之间的协作与竞争形成了各自的子市场,但这些分支市场只是决定本层次范围内的竞争状态和生存状态,但从宏观上看,整条全球价值链服从和服务于终端市场的变化和需求。因此,在全球价值链治理模式中处于主导地位的龙头企业,会始终着眼于全球的终端市场的需求变化,借助一些治理工具协调和控制战略环节,以实现对全球终端市场的控制。

其次，从一个国家经济发展的宏观视角来看，终端市场的需求容量，是决定一切产品生产要素投入生产以实现价值增值活动能否最终得以实现的关键因素。同时，越是处于产品价值链高端环节的高端要素（如核心技术研发能力、品牌与销售终端），就越依赖于高速增长的新兴市场空间来实现其价值的转移和增值。在经济全球化背景下，产业或产品生产链的各个基本功能环节在全球地理空间上发生了广泛的分离片段化和重组，因此，发达国家如果只具有产品价值链核心技术环节的控制力，而不具有产品终端需求市场的控制力，就不能实现其全球价值链高端环节高研发投入活动的补偿与收益，以及对利益分配的控制力和主导权。因此，发达国家要主导全球价值链的形成与布局，就不能脱离对全球市场中需求因素的战略思考，也就是说，需求因素已成为全球价值链形成与分布格局中的一个核心因素。

2. 加强对终端市场的控制是全球价值链形成的内在推动力

从需求决定生产的原理分析，市场主体只有掌握终端市场的控制权，才能及时掌握准确的市场需求信息，以此指导企业内部的技术研发、组织和安排生产活动，并在对应的区域市场上建立自己的营销渠道和销售网络，不断完善售后服务系统，使终端市场成为生产价值的实现机制。企业在全球价值链上所处的层次与地位是由全球价值链的主导企业根据参与企业自身的实力与相对优势进行安排和配置，以实现利润最大化。同时，企业为了保持自身在全球价值链中的主导地位和对利润分配的话语权，就会不断地根据市场需求的变化和发展，适时地进行技术的研发和投入，将优势要素向企业的核心竞争力聚集，将非核心业务和增值较小的生产环节向外转移，以形成更大的市场竞争力。企业不断地加强对终端市场的控制的一系列竞争行为，推动了全球价值链的形成和发展。

（三）全球价值链形成的组织系统——跨国公司的利益驱动和战略转型

第三次科技革命对跨国公司产生了深刻的影响。一种新产品的开发可能涉及不同的高技术领域和生产经营环节。从研发、设计、制造、销售再到服务的价值链已经变成了一个越来越巨大的系统工程。价值链增值环节越来越多，结构也日趋复杂。产品的研发过程变得日益庞大而复杂，其对资金、技术、人才以及组织管理等各个方面的要求也越来越高。面对这样的压力，跨国公司只能根据综合比较优势与合作优势，尽力参与并抢占产业中的高技术和高附加值的环节，并将低技术与低附加值的生产环节转移给其他国家以求降低其经营成本和风险。于是建立了一个全球性的网络体系成为跨国公司全面获得竞争优势的战略选择。

三、全球价值链发展

（一）全球价值链呈现多极化的发展态势

在全球价值链中，发展中经济体与发达经济体存在较大差距，形成微笑曲线的国际分工格局，发达国家以跨国公司为主体，凭借其在技术、人才、资金、管理等方面的垄断优势，掌握价值链的中高端环节，处于全球价值链的核心部分和支配地位。而发展中国家则是利用其本身的劳动力成本优势来承接发达国家的产业转移，位于全球价值链的低端位置。众多新兴经济体国家的创新经济快速崛起，并且其通过学习发达国家跨国公司的先进技术和管理经验，不断进行创新，逐步打破了发达国家对于价值链高端垄断的局面，在价值链中获取了更大的份额，从而打破了全球价值链原有的国际格局，全球价值链逐步呈现出多极化发展的新态势。

（二）全球价值链分工逐步走向专业化和精细化

随着经济全球化的不断加深以及国际分工的日益加强，价值链各环节的分解越来越细化，产业价值链在全球不断延伸分解，基于价值链的国际分工体系初步形成。越来越多的机构、企业甚至个人成为全球价值链的参与者，使得价值链的链条变粗变长，全球价值链呈现出碎片化、分散化的发展趋势，价值链中增值的环节也越来越多。价值链的分解和配置方式将是多样化的，既可以在企业内部分工中完成，也可以通过外包的形式来实现。具有整合价值链能力的企业将可以通过分工和外包等形式，取得资源配置和业务分解的主动权，提高自身的核心竞争力。

（三）全球价值链呈现服务化转型趋向，服务要素成为其重要组成部分

信息技术的迅猛发展丰富了服务贸易的提供手段，经济全球化进入到服务全球化的新时期，技术、人才、资金等服务要素进一步嵌入到全球价值链之中。一方面，新兴服务业和传统制造业之间重叠的环节增多，形成服务型制造，其体现了研发和服务在全球价值链中的利润创造能力；另一方面，由于生产技术更新速度加快，产品周期缩短，跨国公司的生产制造优势受到挑战，因而其推出特色服务来增加其利润。由于制造业的生产需要知识技术等方面的服务来支持，因此生产性服务业嵌入全球价值链的环节将会增多，服务经济和服务贸易在全球价值链中的地位日益重要。

第三节 我国在全球价值链中的发展

一、我国成为全球价值链分工体系的重要参与者，在总体上仍处于全球价值链的低端位置

进入 21 世纪以来，我国的外资规模不断扩大，贸易和国际投资的速度高速增长，同时实施"走出去，引进来"的发展战略，从被动融入全球价值链变为主

动融入其中。我国参与国际分工主要是凭借劳动力成本方面的优势，虽然参与度不断提高，但是整体产业发展水平并不高，导致中国企业对全球价值链的整体控制和治理能力较弱，在国际分工中处于中低端环节，生产的产品附加值较低。由于我国的部分产业对国外技术的依赖度较高，我国在全球价值链体系中的话语权和影响力无法得到有效提升。

二、我国在全球价值链中的国际竞争力主要体现在制造业部门，服务业部门的国际竞争力相对偏弱

我国从传统制造业到先进制造业的大多数行业都处于竞争优势地位，中国不仅是一个"制造大国"，在一定程度上也已经具备"制造强国"的基本特征。不过，随着我国大力发展现代服务业，一些知识密集型服务业在近年得到充足发展，专业咨询、科学研发等行业目前已接近竞争均势状态，金融服务业甚至具有了较强的竞争优势。在传统制造业部门，中国多数行业的国际竞争力已经明显超过发达工业国，但普遍面临着新兴工业国的竞争压力。但在先进制造业部门，中国的竞争力水平与发达工业国存在全方位的差距，这种差距在化学制品业、交通运输设备制造业表现得尤为突出。不过，与新兴工业国相比，中国多数行业都具有较大的竞争优势，化学制品业、电子信息产业以及装备制造业的优势最为明显。

在现代服务业部门，中国的竞争力水平与发达国家也存在较大的差距，不仅全面落后于美国、法国等服务业高度发达的国家，而且多数行业落后于德国、日本等制造业高度发达的国家。尽管中国在金融服务业的竞争力指数较高，但在行业统计口径上主要是指中央银行主导的货币媒介服务，很大程度上反映的是货币供应量水平，在保险服务业以及金融市场服务行业的竞争力水平远低于发达国家。中国与新兴工业国的竞争力大致相当但各有侧重，例如中国在专业咨询和科学研发行业有着一定的竞争优势，但在信息服务、电信通讯行业的竞争力弱于印度、波兰等国。

三、在全球价值链中，中国与美、德、日、韩等制造强国以及亚洲新兴经济体联系密切

中国的国内增加值主要出口到发达国家，发展中国家占比相对较低，并且观察期内的比例变化不大。但后向联系的地区构成却发生了很大的变化，中国在产业升级过程中的需求转换，导致进口增加值的主要来源地从发达国家转向发展中国家（地区）。中国与大多数经济体的前向联系是浅层次增加值贸易主导的合作形式，但与泰国、墨西哥、中国台湾以及中东欧国家的前向生产合作多以深层参与形式来实现；后向联系的情况正好相反，中国与大多数经济体（主要是欧盟成

员国）的价值链联系是深层次增加值贸易主导的合作形式，但与大多数亚洲国家（地区）的后向联系主要是通过浅层参与形式实现的。随着中国经济的快速增长和国内市场的发展壮大，中国对发达国家的前向依存度显著降低，而发达国家对中国的前向依存度则显著提高，对中国市场形成了高度的依赖性。与此同时，中国成长为全球中间品的最大供应国，不仅对主要制造强国的后向依存度大幅降低，而且自身成为大多数国家进口中间品的主要来源甚至首要来源，在全球价值链中扮演着关键的"枢纽"角色。

本章案例

苹果公司的全球价值链分工[①]

在当代全球经济一体化的深化过程中，世界整体受教育人口数量与教育水平都得到显著提升，资本、技术、管理以及高素质劳动力等具有较高流动性的高级生产要素在不同国家间的流动愈加频繁。受现代国际贸易形势与政策的影响，国际贸易的关税壁垒以及非关税壁垒不断削减，商品及服务在全球的流动性也不断提升。各国都以不同的形式参与到了全球价值链分工环节中，一国依靠其特有的自然资源或人力资源发展其特定产业，企业则通过利用全球资源来弥补自身的生产要素的缺乏，从而达到优化资源配置，提高企业效益，促进国家进出口贸易的目的。其中苹果公司是一个典型的案例。

联合国工业发展组织提出了具有代表性的全球价值链的概念：为实现商品或服务价值而连接生产、销售、回收处理等过程的全球性跨企业网络组织，涉及从原料采购和运输，半成品和成品的生产和分销，直至最终消费和回收处理的整个过程。可见，全球价值链的概念相对于价值链的定义更加强调全球性跨企业网络组织。从苹果供应商的分布可以发现：苹果设备的零部件的设计、生产、组装服务皆由不同国家的不同企业提供，其核心技术含量高的关键芯片的设计和制造供应等资本密集型的核心零部件的生产和供应都由国外的厂商所占据，而中国内地的供应商，如富士康为苹果产业链提供的则是劳动力密集的制造业。正如微笑曲线理论所揭示：国际分工的模式从产品分工向要素分工转变，企业逐渐从生产最终产品向完成一个产品生产过程中的某个环节转变。通过对苹果产品的零部件分解，可以发现，其产品的设计由位于美国加利福尼亚州的苹果总部完成，其他关键零部件的生产则由日本、韩国、中国台湾等厂商供应，例如：影像传感芯片CCD为日本SONY提供，显示面板为日本夏普公司提供，韩国三星则为苹果提供了内存DRAM，而我国的富士康为苹果设备提供了组装代工业务，中国台湾则为

[①] 周苇：《苹果公司的全球价值链分工及其对中国经济的启示》，载《中国市场》2016年第37期，第219页。

苹果提供了晶圆制造，封测服务。以上国际分工与企业母国所拥有的生产要素的丰裕程度不无关系。深圳富士康分布于中国内地各地的工厂则提供了组装服务，最后由苹果公司进行销售并提供售后服务。甚至消费者可以在苹果产品的背面看到"Assembled in China"字样，可见中国企业在整个苹果公司全球价值链中所扮演的重要角色。然而这并不代表我国企业有很高的盈利能力。通过成本分析，可以发现在苹果产品的零部件中，手机设计、芯片设计与制造占据了产业链的利润制高点，面板、触控面板及存储器属于关键性的配件，但是其盈利能力则稍弱，而以富士康为例的组装工厂虽是苹果全球价值链中不可分割的一个环节，但是只能拿到微薄的代工费用。虽然 iPhone 的零部件的封装和组装主要还是靠中国企业，但是我国企业代工的利润率一直处于微笑曲线的最底端。可见，苹果全球价值链上主要利润分布在微笑曲线的两端，产品研发设计与品牌营销，中间才是生产和加工，而价值链的高利润区间往往被发达国家掌控，而发展中国家则靠廉价的劳动力处于价值链分工的底端。

参考文献

1. 盛洪：《分工与交易——一个一般及其对中国非专业化问题的应用分析》，上海三联书店、上海人民出版社 1994 年版。
2. 刘志彪等：《产业经济学》，机械工业出版社 2017 年版。
3. 苏东水等：《产业经济学》，高等教育出版社 2015 年版。
4. 臧旭恒、林平：《现代产业经济学前沿问题研究》，经济科学出版社 2006 年版。
5. 高志刚等：《产业经济学》，中国人民大学出版社 2016 年版。
6. 林恩·佩波尔等：《产业组织：现代理论与实践》，中国人民大学出版社 2014 年版。